Dictionnaire des gros et des petits sous

Leur possession et leur privation

Avec la participation éditoriale d'Emmanuel Vandelle.

Éditions Favre SA
Siège social
29, rue de Bourg – CH-1002 Lausanne
Tél. : +41 (0)21 312 17 17 – Fax : +41 (0)21 320 50 59
lausanne@editionsfavre.com
www.editionsfavre.com
Bureau de Paris
12, rue Duguay-Trouin – F-75006 Paris
Tél. : +33 (0)1 42 22 01 90
paris@editionsfavre.com
Dépôt légal en Suisse en septembre 2010

Couverture : Quentin Metsys ou Massys (env. 1466-1530), *Le Prêteur et sa femme* (détail), 1514, Musée du Louvre, Paris. Photo : © Giraudon/The Bridgeman Art Library.
Mise en pages : MGraphic, J.-P. Piantanida
ISBN : 978-2-8289-1162-1

Jean-Paul Colin

Préface de Pascal Lamy

Dictionnaire des gros et des petits sous

Leur possession et leur privation

FAVRE

Du même auteur

Principaux ouvrages

La Comprenotte : à l'écoute des mots francs-comtois, Cabédita, 2009.

Des Mots… à l'œuvre, Préface d'A. Rey, Lambert-Lucas, 2009.

Argot et poésie – Essais sur la déviance lexicale, Besançon, PUF-C, mai 2007.

Quand la raison n'a plus raison (Les mots de la bêtise à la folie), Lambert-Lucas, Limoges, 2006.

Expressions familières de Franche-Comté, C. Bonneton, 2001 ; rééd. 2009.

Boileau-Narcejac – Parcours d'une œuvre, Encrage, Amiens, 1999.

Dictionnaire des difficultés du français, Usuels du Robert, rééd.1993 ; 1994 : Édition de poche (1re éd. Tchou, 1971).

Trésor des mots exotiques, Belin, 1986.

Traductions de l'allemand

Un Allemand malgré tout – Ma traversée du siècle, de Rudolf Schottländer, Champion, 2003.

Un Étrange Amour – Être juif en RDA, de Vincent von Wroblewsky, Champion, 2005.

Un Inconnu, récit de Christoph Meckel, Éd. Le temps qu'il fait, 2007.

En collaboration

Le Grand Livre de la langue française (dir. Marina Yaguello), Seuil, 2003.

Encyclopédie Franche-Comté, Bonneton, 2002.

Dictionnaire de l'argot, Larousse, 1990 ; rééd. revue et enrichie, 1999 ; 3e Éd. 2006 ; 4e éd. 2010.

Dictionnaire des œuvres du XXe siècle, Usuels du Robert, 1995.

Trésors des parlers comtois, Cêtre, 1992, Besançon ; 3e éd., 2003 ; 4e éd. 2009.

Préface et notes pour *La Peau du lion*, de Charles de Bernard, La Chasse au Snark, 2005.

Préface

« Personne aujourd'hui ne semble s'intéresser à autre chose qu'à l'argent [...] La qualité, l'éducation, le civisme, les vertus publiques comptent de moins en moins[1]. » C'est ainsi que Winston Churchill justifiait en 1905 sa défection du parti conservateur britannique pour rejoindre le parti libéral. La critique de l'argent et du rôle prédominant qu'il tient dans nos sociétés, si elle a été ravivée par la récente crise financière, est une constante du débat politique et philosophique. Tantôt recherché, tantôt méprisé, l'argent cristallise les options politiques et métaphysiques les plus opposées.

La réflexion critique sur le règne de l'argent dans nos sociétés ne doit pas faire perdre de vue les fonctions économiques et sociales essentielles qu'il remplit, en tant qu'intermédiaire des échanges marchands. Le développement de la monnaie a en effet été la condition sine qua non de l'essor du commerce, levier considérable de croissance économique et vecteur de pacification des mœurs. La vertu de l'argent réside en sa capacité à relier les individus, les peuples et les civilisations. En scellant ainsi l'interdépendance des êtres, il contribue à l'établissement de relations pérennes, stables et pacifiées entre individus comme entre nations.

Mais « l'argent est une force aveugle, capable du bien et du mal[2] » : si sa circulation est bénéfique, sa possession tend à l'excès. Sa circulation est fructueuse, sa possession est stérile. Retirer l'argent de l'échange, en faire un objet distinct de convoitise, c'est lui refuser sa destination véritable. Alors que l'échange marchand est ouverture

[1]Roy Jenkins, *Churchill: a Biography.*

[2] Zola, *Gil Blas*, 16 novembre 1891.

aux autres, la thésaurisation est repli sur soi. Faire de l'argent une fin, et non un moyen en vue de la production et de l'échange de richesses, c'est s'y asservir. Et, s'il est bon serviteur, l'argent est mauvais maître...

Il existe dès lors une morale de l'argent : l'argent est moral comme intermédiaire dans un échange de biens et de services utiles ou nécessaires, il devient immoral dès que l'accumulation de l'argent est un but en soi. La morale de l'argent impose également des bornes à la marchandisation : l'argent ne peut pas tout acheter. La sphère marchande, au sein de laquelle l'échange passe par l'argent, a ses limites. Limites que le capitalisme de marché a sans doute repoussées au-delà de ce qui fait la richesse des communautés humaines, au risque de les appauvrir. Le moment est probablement venu de refaire place au don tel que le définit Marcel Mauss[3]. Ni « prestation purement libre et purement gratuite », ni « échange purement intéressé de l'utile », le don est une forme d'échange intéressé mais irréductible à l'intérêt marchand. Il comporte une triple obligation : donner, recevoir, rendre. Le don permet ainsi l'établissement d'échanges durables hors du lien marchand. Il engage l'individu dès lors que sa nature est d'obliger à terme. La morale du don est universelle et éternelle. Oui à l'argent utile. Non au veau d'or.

PASCAL LAMY
Directeur général
de l'Organisation mondiale du commerce

[3] Marcel Mauss, *Essai sur le don. Forme et raison de l'échange dans les sociétés archaïques.*

Avant-propos

Comme il est avéré qu'on ne lit guère les avant-propos, sinon parfois après les ouvrages qu'ils sont censés présenter, j'ai été tenté de remplacer celui-ci par un « après-propos », placé en tête naturellement et qui, vu l'esprit de contradiction de nombre de nos contemporains, aurait peut-être eu plus de chance de servir de guide préalable à mon entreprise. Et puis, finalement, crainte peut-être de passer précocement pour un esprit alzheimérien, j'ai fait comme tout le monde, et à partir de ces lignes, vous engage vivement à lire les pages qui suivent, avant de vous délecter à cette description du monde de l'argent…

Voici enfin l'ouvrage tant attendu, et qui, à n'en pas douter, enrichira fabuleusement son auteur : Jean-Paul Colin, chercheur et prof émérite (ça veut dire : doué d'un mérite hors normes) à l'Université de Besançon (en Franche-Comté – c.-à-d. en France, chers géographes parisiens !), se penche depuis des années sur les mots de tout le monde et de personne, banals, rares ou précieux. Et il s'est dit qu'il valait le coup de faire un vrai bouquin de vrai bon vulgarisateur sur ce thème pas si rebattu que ça : celui de l'Argent qui mène le monde, le fait et le défait d'une crise à l'autre :

Le dictionnaire des gros et des petits sous,
leur possession et leur privation

Le lecteur curieux trouvera en ce précieux dictionnaire une bonne partie du vocabulaire étonnamment riche de la pauvreté et de son contraire ; des pépites sonnantes et des billets qu'on froisse ; de la façon dont on s'y prend pour gagner sa vie… ou la perdre au casino-loto ; du nom que les Roys et les Républicains ont donné aux petites pièces de rien du tout et aux fabuleux *comptes* de fées dont on berce nos infortunés fantasmes, depuis que les hommes courent après l'ingrate Fortune !

Et tout cela, bien sûr, étudié de près quant à l'origine et l'histoire de ces mots, et illustré abondamment par les bons auteurs qui les ont employés dans les registres les plus divers, de la chanson populaire aux chefs-d'œuvre littéraires, en passant par les livres savoureux des argotiers, qui se sont amusés depuis le Moyen Âge à manipuler ces signifiants plus ou moins explosifs…

Donc, voici un ouvrage à la fois « sérieux » et distrayant, qui n'hésite pas, comme bien des dictionnaires du passé (ce qu'on ignore souvent) à associer la rigueur de la recherche et de l'information à un humour souvent considéré comme léger, mais qui peut se révéler assez incisif et critique ! Comme chez bien des auteurs depuis notre grand Victor, le sublime et le grotesque se côtoient souvent, dans la vie de tout un chacun, et le dictionnaire a pour vocation de rendre compte, autant que faire se peut, de la diversité dont nous sommes les hôtes, les manipulateurs et les victimes… On sait que, en ce qui concerne l'argent, l'ascension fulgurante des grandes fortunes du capitalisme triomphant du XIXe siècle, en Europe comme aux États-Unis, n'est pas si éloignée que cela de la catastrophe du krach boursier, et notre début de XXIe siècle devrait nous rendre prudents et modestes à l'égard de la scientificité supposée des « sciences éco » et de la « finançologie » qui s'affiche souvent sans vergogne.

Pour ce qui est du « sérieux », mettons les choses au point : trop souvent, le dictionnaire est considéré comme un ouvrage de référence exhaustif et sacré, une bible en quelque sorte ! C'est méconnaître la mouvance permanente du lexique d'une langue, qui échappe, avec une sveltesse d'anguille, à toute tentative d'enregistrement totalisateur !

J'ai essayé de regrouper ici l'essentiel des mots anciens et modernes concernant la monnaie sous toutes ses formes, de métal ou de papier, et les principaux termes connus de l'immense public humain concernant l'épargne, l'achat et la dépense. La difficulté a été, bien sûr, de tenir l'équilibre entre la rigueur des définitions, leur clarté, et le côté abscons, savant ou pseudo-savant, du vocabulaire spécialisé affecté à ce domaine : être compréhensible par un très vaste « panel » de lecteurs ne va pas sans quelque simplification, dont il faut espérer qu'elle n'est jamais abusive.

On doit reconnaître aussi que le *jargon* n'a pas, ipso facto, valeur scientifique, il peut, dans nombre de cas, servir à masquer des réalités peu avouables, et il est souvent facile d'invoquer l'impossibilité de traduire les termes techniques en mots accessibles à tous, qui dévoileraient avec trop d'évidence que l'honnêteté est une denrée fort rare, que l'escroc, le filou, le spéculateur est tout à coup mis à nu et que le législateur n'a pas toujours le courage de ses opinions « moralisatrices » à l'égard des excès réels ou supposés du capitalisme sauvage, etc.

Du reste, on oublie souvent, en prenant tous les lexicographes pour des gens d'un sérieux rigide, austère et sans faille, qu'il existe bien des exemples d'écart parfois énormes par rapport à une conception bornée et inquisitrice de l'objectivité et de la rigueur intellectuelle. Dans le passé, on peut faire état, dans maint dictionnaire « engagé », notamment sur le plan philosophique, du système des *renvois* : le *Dictionnaire historique et critique* de Pierre Bayle fut le premier du genre : paru en 1696, il se voulait « au service de la vérité » et critiquait en profondeur les conceptions contemporaines et officielles de l'histoire et de la religion, grâce à un fouillis considérable de notes en bas de page, en marge et de références complexes et artistement brouillées. Au milieu du XVIIIe siècle, les encyclopédistes, pour échapper à la vigilance de l'Église et aux poursuites judiciaires, pratiquaient couramment cette technique, qui leur permettait d'émettre de fortes critiques idéologiques de façon détournée, sans que les lecteurs trop pressés et bien pensants pussent les repérer aisément. D'autre part, l'abondance croissante, à partir du XVIIe siècle, des dictionnaires de français, entraîna chez beaucoup de lexicographes une tendance à recopier plus ou moins fidèlement les compilations de leurs prédécesseurs.

Enfin, le sérieux de la description lexicographique dépendait bien entendu de la culture des auteurs et surtout de l'ambiance qui régnait dans la sphère des possédants et des gouvernants. La fascination pour la littérature française, au « Siècle de Louis *XIV* », laissa de côté la plupart des domaines techniques, artisanaux, et puisa principalement son corpus dans des œuvres admirables, certes, mais souvent très détachées des réalités vécues par l'immense majorité des sujets. D'où, entre autres résultats, la rivalité entre le *Dictionnaire de l'Académie française*, 1re édition en 1694 (après soixante années de travail !) – de qualité et de nature très littéraire, culturelle et psychologique (même si les exemples qu'il fournit sont anonymes) – et l'*Essay d'un Dictionnaire universel,* beaucoup plus ancré dans la société de son temps, de l'académicien Furetière, paru en 1684 et qui valut à son auteur d'être vilainement exclu par ses pairs.

Quoi qu'il en soit, malgré toute l'attention et tout le scrupule du lexicographe, qu'il soit ancien ou moderne, il est quasiment impossible de décider avec une rigueur absolue du mot qui doit figurer et de celui qu'on doit bannir de l'œuvre dictionnairique, pour une raison très simple : l'usage fait que, de façon très peu prévisible, certains mots, en une ou deux générations, se démodent, deviennent obsolètes et disparaissent de l'usage, ce sont les *archaïsmes* ; d'autres, au contraire, surgissent chaque jour, sont élaborés et risqués dans le langage avec plus ou moins de bonheur, en fonction du savoir, de l'activité, des goûts du locuteur, ce sont les *néologismes*. Cela fait que tout dictionnaire est en décalage permanent par rapport aux connaissances et aux pratiques langagières de celui qui le consulte. Enfin, il est évident que la taille de l'ouvrage impose de fortes limites : si on ne trouve pas certains mots dans un dictionnaire scolaire, c'est souvent une simple question de calibrage. Inversement, si on recourt à un dictionnaire plus vaste, il y aura des écarts surprenants quant à l'enregistrement des items entre le début et la fin de l'opus. On ne saurait s'étonner de la différence considérable qui se manifeste entre la nomenclature d'un *Larousse pour débutants* en un petit volume, rédigé et publié dans le cours d'une année et celle du *Trésor de la langue française*, monument respectable en 16 volumes, dont la publication par une forte équipe du CNRS, basée à Nancy, s'étendit sur toute une génération, de 1971 à 1994.

Pour en revenir à ce *Dico des sous* – qui doit beaucoup à cette œuvre majeure, abrégée en TLF – l'auteur demande bien entendu, selon la formule classique, l'indulgence et mieux, la confiance du public des lecteurs, en espérant les avoir convaincus de l'extrême difficulté de « contenter tout le monde et son père », comme disait notre immortel La Fontaine, sage entre les Sages. J'ai apporté tout mon soin à l'organisation de chaque article, avec des définitions à la fois précises et claires, des étymologies aussi exactes que possible, sans tomber dans une vaine érudition, et une présentation groupée de façon éclairante – selon moi – des filiations, dérivations et variantes. De plus, il m'a semblé indispensable, étant donné le thème central de l'*argent,* de passer en revue tous les niveaux de langue, et de ne pas traiter exclusivement du français savant, technique ou standard, mais de tenir compte, avec quelque minutie, des très nombreuses façons de décrire et de dire la richesse, la pauvreté, la gestion du rien ou la maîtrise du pactole. Et c'est là que peut apparaître, me semble-t-il, de façon flagrante, l'humour et l'ironie, ce que Hugo et les romantiques dénommaient volontiers le *grotesque* humain, trop humain, face au *sublime* souvent artificiel, bâti de mots nobles et élégants comme un fragile château de cartes, ne résistant pas longtemps à l'assaut tempétueux des sombres réalités pécuniaires.

Oui, me direz-vous, mais que devient le « sérieux » dans cette affaire, et quelle confiance peut-on accorder à un livre qui jongle si allègrement avec les petits soucis de ceux qui ont presque tout et les gros soucis de ceux qui n'ont presque rien ? La réponse est facile : je prendrai un exemple de « canular » exemplaire tiré du fameux *Grand Dictionnaire universel* de Pierre Larousse, bourguignon et fils d'un charron-forgeron, un de nos grands hommes en matière d'encyclopédie. Son œuvre colossale – 17 volumes de 1866 à 1878 – atteste du « sérieux » de l'entreprise, n'est-ce pas ? Mais l'engagement du maître d'œuvre, sur le plan social, humain et idéologique était si fort qu'il prit souvent, au sein même des articles de ce monument, des positions très tranchées et tellement « personnelles » qu'elles nous paraissent aujourd'hui incompatibles avec les fameux critères d'objectivité et de neutralité, si discutables qu'ils puissent apparaître à l'analyse. Une seule illustration, qui fit scandale en son temps, et que l'on a bien oubliée aujourd'hui, est celle que voici :

BONAPARTE – *le nom le plus grand, le plus glorieux, le plus éclatant de l'histoire, sans en excepter celui de NAPOLÉON, général de la République française, né à Ajaccio (île de Corse) le 15 août 1769, mort au château de Saint-Cloud, près de Paris, le 18 Brumaire an VIII de la République française, une et indivisible (9 novembre 1799).*

Cet article, publié dans le vol. 2 en 1867, est « complété » dans le vol. 11, en 1874, soit quatre ans après la chute du Second Empire, par celui-ci :

NAPOLÉON 1er, *empereur des Français. À l'article BONAPARTE, nous avons envisagé ce personnage comme général de la République et nous avons amplement raconté son origine, son enfance, son éducation et toutes ses actions jusqu'au moment où il usurpa la puissance souveraine à la suite d'une conspiration heureuse. Par une fiction que nos lecteurs ont bien comprise, nous l'avons même enregistré comme mort le 19 Brumaire an VIII. Il était mort, en effet, et comme capitaine républicain et comme fils de la Révolution, et, à partir de ce moment on ne voit plus en lui que le dictateur politique et militaire et l'imitateur des Césars.*

Imagine-t-on, aujourd'hui, une encyclopédie qui présenterait, par exemple, la vie et la carrière de Charles de Gaulle en deux périodes aussi tranchées, péremptoires et en apparence contradictoires : le Libérateur de la France, puis le Président de la toute neuve IVe République, comme s'il ne s'agissait pas du même personnage ? Quel tollé médiatique, et quelles critiques furibondes ! Vous voyez donc que la manière d'« écrire l'histoire » a bien changé, et que nous nous sommes fabriqué depuis quelques décennies un « encyclopédiquement correct » plus rationnel peut-être en apparence, mais qui ne va pas sans une bonne dose d'hypocrisie. La satire et la polémique ont quitté, du moins officiellement, les rivages pédagogiques de l'enseignement des hauts faits de notre histoire de France, ce qui n'empêche pas, du reste, bien des contestations et des difficultés de rédaction en ce qui concerne les manuels proposés à nos chères têtes blondes.

Sans avoir la prétention de m'égaler à un modèle aussi prestigieux – je veux parler de Pierre Larousse, bien sûr ! – il me semble que l'on peut accepter que des livres qui ont le nom de dictionnaires ne soient pas aussi neutrement sages qu'on l'imagine en général. Nombre d'ouvrages bien plus modestes que son GDU ont pratiqué et pratiquent encore des recettes de diversion, de détournement plus ou moins drôles ou subversifs d'une « vérité » posée comme absolue, en dépit de tous les démentis de la réalité. Je ne vais pas vous accabler avec une biblio trop copieuse de toutes les facéties françaises en matière de dictionnaires, depuis le *Dictionnaire comique et proverbial* de Leroux (1718) ou le célèbre *Dictionnaire des idées reçues* de Flaubert, écrit entre 1850 et 1880, contemporain du dictionnaire de Larousse, mais paru seulement en 1913, et qui se veut un répertoire sarcastique de la bêtise humaine (est-il un sujet moins « sérieux » ?) jusqu'aux nombreux titres de nos contemporains Alain Schifres ou Pierre Merle, en passant par *Le Jacassin* de Pierre Daninos (1962), *L'Hexagonal tel qu'on le parle* de Robert Beauvais (1970), etc.

Donc, en ce qui concerne les sources des mots que j'aligne ci-après, et la conscience professionnelle dans la recherche de leurs avatars, je me sens absous d'avance. Quant au mélange détonnant des auteurs et des registres, pourquoi m'en tenir rigueur, si d'aventure, vous avez souri ou réfléchi en constatant les effets surprenants, parfois ravageurs par leur simple juxtaposition, des réflexions de nos écrivains si multiples touchant les tenants et les aboutissants de la recherche de « l'avoir », ruée vers l'or utopique ou dégringolade au-devant du désastre ? Il m'a bien plu de faire se rencontrer Bussy-Rabutin et Ponson du Terrail, La Fontaine et Jean Malaquais, Condorcet et Aristide Bruant, Boudard et Vidocq, Jules Vallès et Georges Darien, etc., sans parler, bien entendu, des citations de savants journalistes spécialistes de la chose. La littérature française dans tous ses états et ses repaires (et aussi ses repères) nous en apprend autant et même parfois plus que l'observation directe ! Du reste, chers lecteurs, on n'a qu'une vie (deux à la rigueur, mais durant la vie éternelle on n'est pas sûr de pouvoir lire grand-chose), et l'art de l'écriture nous permet de multiplier nos aventures, vécues ou rêvées, de passer de l'orpailleur au traîne-savate, du fricoteur à la dupe honnête, du voleur habile à l'honnête homme maladroit (ou l'inverse).

Chaque article d'un dictionnaire est un micro-univers ; m'appuyant sur une expérience déjà ancienne, j'ai privilégié ici la richesse d'information (notamment dans l'étymologie et la datation des formes) et un langage accessible à tout « honnête homme » (au sens classique, bien sûr). D'autre part, j'ai recherché également une certaine modération dans la longueur même des articles. Quand le mot d'entrée est monosémique, comme disent les lexicographes, c.-à-d. pourvu d'un seul sens, pas de problème de taille, seulement celui de trouver une citation ad hoc, ce qui n'est pas toujours facile. Quelques exemples : *bigorneau, billon, écosser, épingler, éponger, escale, gêne, herpelu,* etc. Comme tout le monde, j'ai économisé de la place en faisant des renvois réciproques, d'une entrée à l'autre. D'autre part, les dérivés sont faciles à aligner, quand il s'agit de mots suffixés, cf. par ex. *escroc, galette, goupiner, gratte, grincher, mise, piller,* etc. Mais la chose est bien plus complexe dès que le mot d'entrée est polysémique ou que ses dérivés sont préfixés (ce qui les éloigne de leur base, dans l'ordre alphabétique) : les significations diverses induisent parfois des séries dérivées, que j'ai préféré séparer dans le corps du dictionnaire, pour ne pas alourdir le « pavé » et afin de rendre la consultation plus aisée pour vous, « cher » lecteur : cf. *change* et *lettre de change, fiscal* et *niche (ou fraude), monnaie, monétaire* et *fausse monnaie, taxe* et *écotaxe, vendre* et *mévendre, vol, voler* et *voleur,* etc. Certes, les mots concernés se situent parfois à de grandes distances dans l'ouvrage, mais s'ils étaient tous regroupés, vous auriez encore plus de mal à les retrouver. Avant donc de dire que l'auteur a oublié tel ou tel item, tournez bien sept fois vos pages sous vos yeux, dans un sens et dans l'autre, selon l'alphabet, votre curiosité ou votre intuition : vous aurez, je l'espère, d'agréables surprises… Enfin, le lexique d'une langue n'est pas structuré de façon régulière et mathématique, comme le sont entre autres les séries numériques ; un simple exemple, pour vous convaincre ; le couple *production/consommation* représente un ensemble binaire satisfaisant pour l'esprit. Mais pour peu que l'on regarde de près les poussins éclos de ces deux grosses poules, on en viendra vite à se demander pourquoi d'un côté on a *productif, productivité, productivisme* et, de l'autre, rien d'équivalent pour la consommation, ce qui ne manque pas, à la réflexion, d'être sémantiquement fort éclairant…

Ce qui ne veut bien sûr pas dire que je n'ai rien oublié, je crois vous avoir expliqué plus haut que l'exhaustivité est impossible : même Dieu le Père, je veux dire tel grand patron de banque internationale ou d'organisme d'aide ou de conseil bancaire ou même tel spéculateur de haut vol, n'y retrouve pas toujours ses petits et commet oublis et erreurs, parfois phénoménaux. Ne tirez donc pas systématiquement sur le tireur (de chèques) que je suis, je connais l'art d'« encaisser », d'accord, mais il ne faut pas exagérer. Et puis, les compétences de chacun sont limitées, c'est pourquoi j'avoue ne pas être entré ici très avant dans le dédale des circuits-financiers-internationaux, il me manque une Ariane pour affronter le Minotaure tapi derrière ses remparts de biffetons. Je ne franchis pas non plus très souvent la porte des tripots et casingues en tout genre. Il faudrait plusieurs dicos (il en existe du reste quelques-uns) pour décrire l'univers complexe et bigarré des jeux de dés ou de cartes, dont les termes jonglent habilement avec l'évidence et la clarté… J'ai en tout cas tenté un tour du monde des monnaies nationales et internationales, et tenu compte des changements historiques dans la frappe et la distribution des médailles en or, argent et autres vils métaux : d'où la tentative, toujours délicate dans tous les ouvrages de ce type, d'utiliser les marques telles que *vx, anc., vieilli, autref.* et *auj.* !

Autre (dernier ?) classement chimérique : peut-on mettre sur tel nom, telle locution, tel emploi, l'étiquette *standard, recherché* ou *langue soutenue* ou, sur l'autre versant social, le « patch » *fam. pop. arg., vulg., triv.* et tutti quanti ? Et ce à l'heure où tant de gens distingués parlent – consciemment ou non – comme des incultes ou des charretiers ? Mais dans ce domaine, comment être complet, ou simplement « tomber juste », sans excès de subjectivité ni d'objectivité ? Je vais arrêter là, lecteur de bonne foi, le parcours de mes insuffisances, persuadé que vous percevrez bien tout seul l'énorme difficulté de ma coupable et cependant séduisante entreprise.

J'espère donc que vous aurez du plaisir pour pas cher, avec ce bouquin tintinnabulant de sacs emplis de pièces vraies ou fausses, et que vous aurez envie, finalement, envers et contre tout, de fabriquer à tire-larigot ce qui demeure la vraie monnaie de l'homme en tout lieu et en tout temps : une confraternité souriante et chaleureuse, qui vaut plus que les fausses valeurs dont on nous abreuve, à c't'heure de recettes faciles pour perdre la totalité de ce qu'on avait eu du mal à ne pas mettre de côté !

En voici, une lecture qui va être enrichissante (pour vous surtout) !

Jean-Paul Colin

Liste des abréviations

abrév. : abréviation
Acad. fr. : Académie française
adj . : adjectif
adv. : adverbe
all. : allemand
anc. : ancien ou anciennement
angl. : anglais
arg. : argotique
augm. : augmentatif
auj. : aujourd'hui
autref . : autrefois
bas-lat. : bas-latin
bret. : breton
cf . : voir
citat. : citation
chrét. : chrétien
dér. : dérivé
dial. : dialectal
dict. : dictionnaire
dimin. : diminutif
écon. : économie
empr. : emprunt
esp. : espagnol
fam. : familier
fém. : féminin
fin. : finances
fr. : français
gén. : généralement
interj. : interjection
ital. : italien
jur. : juridique
lat. : latin
litt. : littéralement
littér. : littéraire
loc. : locution
masc. : masculin
médiév. : médiéval
milit. : militaire
n. f. : nom féminin
n. m. : nom masculin
néerl. : néerlandais
op. cit. : ouvrage cité
orth. : orthographe
par ext. : par extension
péj. : péjoratif
p.-ê. : peut-être
pl. ou plur. : pluriel
pop. : populaire
port. : portugais
préf. : préfixe
prép. : préposition
probabl. : probablement
pron. : pronominal
prononc. : prononciation
qqch. : quelque chose
qqn. : quelqu'un
s.-ent. : sous-entendu
simpl. : simplement
subst. : substantif

suff. : suffixe
syn. : synonyme
trad. : traduction
triv. : trivial
v. : voir
v. intr. : verbe intransitif
v. tr. : verbe transitif
v. tr. ind. : verbe transitif indirect
var. : variante
vol. : volume
vulg. : vulgaire
vx : vieux

AAAAAAAAAAAAAAAA

ABATTEMENT n. m. (du verbe *abattre*, au sens de « réduire » ; 1re attestation en 1259). Retranchement, réduction d'une somme d'argent, notamment en matière fiscale. V. citat. à *fisc*. (Triste début pour un dico : n'en soyez cependant pas trop… abattu, cher lecteur !)

ABLOQUER ou **ABLOQUIR** v. tr. (de *ablo(c)*, « cale pour soutenir », au fig. « somme qui permet de faire un compte juste », selon Esnault ; sens 1 : 1628, Chéreau ; sens 2 : 1821, Ansiaume). Arg. anc. 1. Acheter. 2. Vendre. V. *bloquir* • DÉR. **abloquisseur, euse** n. (sens 1 : 1836, Vidocq ; sens 2 : 1850, Clémens). Arg. anc. 1. Acheteur, euse. 2. Vendeur ou revendeur, euse.

ABONDER v. tr. (du lat. *abundare*, « regorger de » ; cet emploi trans. est de création récente, Robert, 2007). Contribuer au financement de, alimenter : *La proposition du ministre des finances […] prévoit la création d'une taxe qui viendrait abonder un fonds dit de « restructuration »* (A. Michel et M. de Vergès, *Le Monde*, 1er avril 2010). *Abonder un chapitre, un plan d'épargne,* etc.

ABOULER v. tr. (du préf. *a-* et de *boule*, litt. « faire rouler », fréquent dans les dialectes ; 1790, *Le Rat du Châtelet*). Fam. Donner, lâcher (de l'argent) : *Venez-y demain matin tout seul, aboulez l'argent, vous m'y trouverez avec le portefeuille* (E. Sue, *Les Mystères de Paris,* 1842). Souvent employé par plaisanterie : *Aboulez le fric !*

ACCAPAREUR n. m. (du verbe lombard *accaparrare,* dér. de *caparra,* « arrhes », probablement composé de *capo,* « tête » et de *arra,* « arrhes », « accumuler, à des fins spéculatives, des produits ou des valeurs de première nécessité » ; avant 1724, et fréquent à l'époque de la Révolution de 1789). Celui qui s'empare de qqch., dans un but spéculatif : *Appelez-le comme vous voudrez : banquier véreux, chevalier d'industrie, accapareur, concussionnaire, cambrioleur, faussaire ou escroc, c'est lui qui maintient le globe en équilibre* (Georges Darien, *Le Voleur,* 1897).

ACHETER v. tr. (du lat. vulg. *accaptare,* de *captare,* « saisir » ; seconde moitié du XIIe s., Wace, *Roman de Rou*). Obtenir quelque chose moyennant paiement : *Panurge par Gymnaste feist achapter la vie et gestes de Achilles, en soixante et dixhuict pieces de tapisserie à hautes lices* (Rabelais, *Quart livre,* 1552). *Réduire un homme à l'esclavage, l'acheter, le vendre, le retenir dans la servitude, ce sont de véritables crimes* (Condorcet, *Réflexions sur l'esclavage des nègres,* 1781). *Je suis allé au marché à la ferraille / Et j'ai acheté des chaînes / De lourdes chaînes / Pour toi / mon amour* (J. Prévert, *Paroles,* 1949) • **acheter à tempérament** loc. verbale (1958, Romeuf). Acheter en obtenant du vendeur un échelonnement du prix sur plusieurs versements • **acheter au prix courant** loc. verbale (jeu de mots sur *courir* ; 1878, Esnault). Arg. Voler à l'étalage • DÉR. **achat** n. m. (de *achater,* forme ancienne d'acheter ; 1164, Gautier d'Arras). Action d'acheter ; ce qu'on a acheté : *Il fondait là-dessus l'achat d'une feuillette / Du meilleur vin des environs* (La Fontaine, *Le Curé et le mort,* 1678) • **acheteur, euse** n. (1180, *achatiere,* mot anglo-norm.). Personne qui achète : *Il entreprit la longue quête de chaque jour [...] à la poursuite des clients frais débarqués, des acheteurs des grands magasins de Berlin et de Budapest* (Aragon, *Les Voyageurs de l'impériale,* 1947) • **acheteur à la course, à la foire d'empoigne, à la sauvette** n. m. (définition ironique ; 1901, A. Bruant). Arg. Voleur à l'étalage. • **achetoir** n. m.,

achetoire ou **achetoires** n. f. (litt. « ce qui permet d'acheter » ; 1845, Alhoy). Pop. Moyens financiers : *Comme i'n'avait pas d'ach'toir, / I's'est envoyé l'mouchoir / À la tire* (Bruant).

ACOMPTE n. m. (d'abord *à compte*, 1740, *Dict. de l'Acad. fr.)*. Paiement partiel, effectué ou reçu, qui vient en déduction du paiement total d'une somme due : *Loue ou achète au mois, en donnant un acompte, les vêtements qu'il te faut* (Guy de Maupassant, *Bel-Ami*, 1885).

ACQUÉRIR v. tr. (réfection pop. du lat. classique *acquirere*, « ajouter à ce que l'on a » ; 1174, *Chroniques des Normands*). Devenir propriétaire d'un bien, à titre gratuit ou onéreux : *En France, on pourrait permettre aux protestants d'acquérir des habitations, avec la liberté de l'exercice public de leur religion* (Condorcet, *Réflexions sur l'esclavage des nègres*, 1781) • DÉR. **acquisition** n. f. (1283, Beaumanoir). Action d'acquérir ; bien acquis : *Quand on est jeune, souvent on est pauvre : ou l'on n'a pas encore fait d'acquisitions, ou les successions ne sont pas échues* (La Bruyère, *Les Caractères*, 1688) • **acquéreur** n. m. (1385, dans l'Anjou et le Maine). Personne qui acquiert (le fém. **acquéresse** existe, mais il est rare !) : *Il devint par la suite membre du club révolutionnaire poitevin et acquéreur de biens nationaux* (A. France, *Crainquebille*, 1904) • **acquisiteur** n. m. (1968, M. Corbellari). Nom donné en Suisse romande à un acheteur, un courtier.

ACTIF n. m. (1762, Robert). Ce qui, dans un bilan, constitue les biens non grevés de dettes d'une personne ou d'une entreprise. V. citat. *à liquide (liquidité)*. Contr. *passif.*

ACTION n. f. (emploi financier du mot usuel ; sens 1 : 1669, Colbert ; sens 2 : 1968, M. Corbellari). 1. Titre remis en échange de son apport à toute personne qui, lors de la constitution d'une société, adhère à ladite société en lui transférant une somme d'argent ou des biens en nature : *De quoi paniquer. C'est d'ailleurs ce que les investisseurs ont fait, en vendant massivement et dans le désordre leurs actions en début de semaine* (C. Gatinois, *Le Monde*, 31 janvier 2010). 2. En Suisse, vente promotionnelle • **actionnaire** n. (1675). Personne qui possède des actions dans une entreprise : *Ils expliquaient que M. Favoral était caissier principal et même probablement un des gros actionnaires du Comptoir de crédit mutuel* (E. Gaboriau, *L'Argent des autres*, 1874) • **actionnariat ouvrier** n. m. (1912). Système de participation ouvrière aux bénéfices d'une société par répartition de l'actif de ladite société en actions.

ACTUAIRE n. m. (de *acte*, emprunt à l'angl. *actuary* ; 1872, *Journal des actuaires*). Professionnel diplômé de l'École d'actuariat, chargé d'appliquer aux questions d'assurances, d'amortissement et de finances en général, les théories du calcul des probabilités et la statistique • DÉR. **actuariel, elle** adj. (1908, Larousse). Se dit des calculs qui sont effectués par les actuaires : *Taux de rendement actuariel brut* • **actuariat** n. m. (1948, Robert). Ensemble des techniques employées par les actuaires.

ADDITION n. f. (avant 1275, « chose ajoutée », *Roman de la rose* ; « Addition, s. f. Ce que nos pères appelaient la *carte à payer,* ce que les paysans appellent le *compte,* et les savants en goguette le *quantum* », 1866, Delvau ; en 1863, Littré estimait qu'il s'agissait d'une assez « mauvaise locution »). Note détaillant la somme due par un client pour ses consommations dans un restaurant, un café, etc. : *Comme je ne vais guère au restaurant, l'addition me semble exorbitante : 400 francs à quatre, pour des huîtres, un bœuf à la mode et un fromage* (Jean Galtier-Boissière, *Mon Journal pendant l'occupation*, 25 décembre 1940).

ADJUGER v. tr. (du lat. *adjudicare*, depuis Plaute ; 1243, Ph. Mouskes). Attribuer à quelqu'un par adjudication la propriété d'un bien meuble ou immeuble : *Le commissariat maritime lui a adjugé un lot d'épaves de quinze mille francs, qu'il a payé comptant et qu'il a revendu avec un fort bénéfice* (Octave Mirbeau, *Le Roman d'une femme de chambre*, 1900) • DÉR. **adjudication** n. f. (1374). Acte par lequel sont mis en libre concurrence des personnes qui désirent acquérir un bien meuble ou immeuble : *Quand on avait mis la maison et les terres en adjudication, c'était Lecoin qui l'avait emporté* (Georges Simenon, *Le Riche Homme*, 1970).

AFFAIRES n. f. pl. (emploi souvent péj. du mot usuel ; 1690, Furetière). Toute activité (licite ou non) d'achat, d'échange, de vente ; tractations ou spéculations financières : *ROUSSELINE - Les malhonnêtes et les maladroits font des friponneries. Nous, nous faisons des affaires. GLAPIEU* (à part) *- Dictionnaire des synonymes* (V. Hugo, *Mille francs de récompense*, 1866). *Elle s'entend en affaires, ma mère ; elle sait comment on fait rapporter à l'argent* (Jules Vallès, *L'Enfant*, 1884). *Les Affaires sont les affaires*, titre d'une pièce de théâtre d'Octave Mirbeau (1903) • **Homme** ou **femme d'affaires** n. (*homme d'affaires*, 1899, A. Ledieu). Personne qui traite d'affaires importantes : *Le manieur d'argent, l'homme d'affaires est un ours qu'on ne saurait apprivoiser ; on ne le voit dans sa loge qu'avec peine* (La Bruyère, *Les Caractères*, 1688). *Toi, mon petit, tu te croyais un grand homme d'affaires, tu n'es qu'un spéculateur* (I. Némirovsky, *David Golder*, 1929).

AFFERMER v. tr. (de *ferme* ; 1260, Morice). En droit, donner un bien à ferme (v. ce mot) : *Les terres abandonnées aux Nègres pour leur nourriture sont mal cultivées, elles le seraient mieux si elles leur étaient affermées comme à des colons libres* (Condorcet, *Réflexions sur l'esclavage des nègres*, 1781). *C'est alors que les pouvoirs publics* [en

Australie] *décidèrent de nationaliser l'or, d'affermer les gisements* (Pierre Gascar, *L'Or*, 1967).

AFFRANCHIR v. tr. (1821, Ansiaume). Arg. anc. Corrompre, soudoyer. / **Condé affranchi** (1836, Vidocq), magistrat qui s'est laissé corrompre • DÉR. **affranchisseur** n. m. (1901, A. Bruant). Corrupteur.

AFFURER v. tr. (du lat. class. *furari*, « voler » ; sens 1 : dès 1596 ; sens 2 : (Vidocq, *Dictionnaire d'argot*, 1836). 1. Arg. anc. Voler. 2. Gagner, obtenir : *Il se gourait bien que j'affurais pas mon carbure sans faire de misères aux lourdes* (Alphonse Boudard, *La Métamorphose des cloportes*, 1962) • DÉR. **affurage** (1836, Vidocq) et **affure** (1867, Delvau). n. m. Bénéfice, gain. / **Monsieur de l'Affur** (id.), celui qui gagne sa vie, plus ou moins honnêtement • **raffurer** v. tr. (1836, Vidocq). Regagner.

AF(A)NAF adv. (de l'anglais *half and half*, même sens ; 1916, M. Donnay). Arg. Moitié-moitié.

AGENT DE CHANGE n. m. (au sens de « changeur, entremetteur », dès 1709, Lesage, dans sa pièce *Turcaret ou le financier* ; sens actuel : 1967, Robert). Officier ministériel et commerçant qui a le monopole du courtage des opérations concernant des valeurs mobilières : *Avant la guerre, son père voulait lui faire épouser un agent de change, à ce qu'on dit, un homme très distingué* (E. Gaboriau, *L'Argent des autres*, 1874) • VAR. anc. *agent des échanges*.

AGIO n. m. (empr. à l'ital. *agio*, « aise » ; 1679, « bénéfice réalisé sur la différence entre la valeur nominale et la valeur réelle des monnaies », Savary). Terme bancaire. Spéculation malhonnête sur la hausse et la baisse des effets publics • **agioter** v. intr. (1716, Buvat, très usité pendant la Révolution de 1789 et sous la Régence, selon F. Brunot).

Fam. et péj. Se livrer au commerce de l'agio ou à toutes transactions monétaires susceptibles de rapporter un profit : *L'ennemi, aussi bien l'ennemi de Coblentz que l'ennemi de Londres, agiotait sur l'assignat. Des filles allaient et venaient, offrant de l'eau de lavande, des jarretières et des cadenettes, et faisant l'agio* (V. Hugo, *Quatre-vingt-treize*, 1874). Syn. *spéculer* • **agiotage** n. m. (1710, Saint- Simon, *Mémoires*). Trafic malhonnête sur les effets publics, le cours des monnaies et des valeurs • **agioteur, euse** n. (id.) Celui ou celle qui se livre à l'agiotage : *Ils n'ont pas l'air de voleurs, ces agioteurs qui pérorent bruyamment et gesticulent* (Georges Darien, *Le Voleur*, 1897).

AIGREFIN n. m. (jeu de mots métaphorique sur l'*aiglefin*, poisson à la bouche énorme et vorace ; 1670-1671, « nom donné aux officiers de mauvaise mine », Montfleury). Vx. Individu rusé et habile à duper autrui pour parvenir à ses fins : *En abolissant la piraterie, ils n'ont voulu que laisser la mer libre pour les évolutions des flottes qui vont appuyer les déprédations des aigrefins et les tentatives malhonnêtes des financiers* (Georges Darien, *Le Voleur*, 1897). Syn. *escroc, chevalier d'industrie.*

AIGUILLE n. f. (emploi euphémique du mot usuel ; Vidocq, *Dictionnaire d'argot,* 1836). Arg. anc. Clé (langage des voleurs de campagne, selon Vidocq).

AISANCE n. f. (du latin *adjacentia*, « environs » ; 1459, *aysance*, J. Meschinot). Situation matérielle considérée par rapport au bien-être qu'elle procure, et représentant un niveau de vie relativement élevé : *Les hommes, après avoir travaillé pour la subsistance, travaillent pour l'aisance lorsqu'ils peuvent y prétendre* (Condorcet, *Réflexions sur l'esclavage des nègres*, 1781).

ALIGNER v. tr. (litt. « mettre les pièces sur une même ligne » ; 1894, Virmaître). Fam. **Les aligner**, débourser (une somme relativement importante). Syn. *allonger.*

ALLER v. intr. **Aller à la chasse avec un fusil de toile** Vx. Mendier (avec une besace) • **aller à l'arche** Vx. Aller chercher de l'argent • **aller au safran** Vx. Manger son bien (ces trois loc. en 1867, chez Delvau).

ALLOCATION n. f. (1845, Bescherelle). Somme périodiquement versée à des particuliers par un organisme officiel en vertu de la législation existante : *Le non-respect d'un contrat de responsabilité parentale peut entraîner une contravention de 750 euros, la mise sous tutelle des allocations* [familiales] *ou leur suspension pour un an* (*Le Monde*, 1er avril 2010). On emploie en ce sens le vieux mot *octroi* au Québec (1990, J. Mercier).

ALLONGER v. tr. (s.-ent. les billets ; 1828, Vidocq). Pop. Payer (une somme). On rencontre aussi **s'allonger** v. pron. (1867, Delvau) : *Fallait quand même, rien que pour avoir le droit d'ouvrir la lourde, s'allonger cash, chacun, de trois unités, plus les frais…* (A. Simonin, *Le Cave se rebiffe*, 1954) • **les allonger** loc. verbale (1947, Jean Malaquais), débourser une grosse somme. Syn. *aligner.*

ALLUMEUR n. m. (de *allumer*, « exciter » ; sens 1 : 1867, Delvau ; sens 2 : 1883, Fustier). Arg. anc. 1. Complice qui fait de fausses enchères. 2. Voleur qui enivre sa victime pour la dépouiller.

AMENDE n. f. (du verbe *amender* ; sens 1 : 1268-71, E. Boileau ; sens 2 : 1928, J. Lacassagne). 1. Peine pécuniaire infligée pour une infraction : *Une personne charitable, que j'ai intéressée à votre position, m'a remis pour vous une somme de cinquante francs qui sera affectée au paiement* *de l'amende à laquelle vous avez été condamné* (A. France, *Crainquebille*, 1904). 2. Dans le Milieu, somme d'argent exigée d'un homme ou d'une fille, en dédommagement d'une incorrection (s'il s'agit d'un homme) ou d'une rupture (s'il s'agit d'une fille). V. citat. à *racket* • DÉR. **amendable** (1968, M. Corbellari). adj. En Suisse romande, qui est susceptible d'une amende.

AMÉRICAIN n. m. (on présente l'homme en question comme un riche américain ; 1835, Raspail). Arg. anc. Compère dans le vol au charriage.

AMORTIR v. tr. (du lat. vulg. *admortire*, « tuer ; mourir » ; 1680, Richelet). Éteindre une dette en remboursant le capital par paiements successifs • DÉR. **amortissement** n. m. (1604, Henri IV). Opération qui permet la reconstitution d'un capital : *N'eussent été l'intérêt, et l'amortissement de l'emprunt bancaire, on se fût trouvé tout à fait à l'aise* (Aragon, *Les Voyageurs de l'impériale,* 1947).

ANGLAIS n. m. (tout créancier est a priori un ennemi ; 1835, Raspail). Vx. Créancier • DÉR. **anglaise** n. f. (1867, Delvau). Vx. Écot, part de chacun. / **Jouer à l'anglaise** (id.), jouer aux sous (jeu de gouapeurs).

APPOINTEMENT(S) n. m. (gén. au plur.) (du verbe *apointier*, « régler, donner ce qui a été convenu », 1268 ; J. A. de Baïf, 1573). Ce qui a été convenu, salaire (surtout dans le domaine du commerce et des employés de bureau) : « *Qu'allons-nous devenir* », *murmura-t-elle, imaginant ce que pourrait être son mari, privé de ses appointements et désœuvré* (E. Gaboriau, *L'Argent des autres*, 1874).

APPROVISIONNER v. tr. (de *provision* ; contemporain). Verser de l'argent sur un compte, pour qu'il puisse être éventuellement débité. V. *provision.*

ARCAN ou **ARCANDIER** n. m. (mot régional, selon Esnault ; 1928, Lacassagne). Arg. et Vx. Individu louche et malhonnête : *En vieil arcandier, bourlingueur de toutes les combines possibles, il savait leur glisser les mots doux qui parlent au cœur* (A. Boudard, *La Fermeture*, 1986).

ARCASIENNE n. f. ou **ARCAT** n. m. (p.-ê. de l'esp. *arcaza*, « coffret » ; 1836, Vidocq). Arg. anc. Syn. de *lettre de Jérusalem* (v. ce mot) • DÉR. **arcasien** ou **arcasineur** n. m. (id.). Celui qui écrit des lettres de Jérusalem.

ARDOISE n. f. (de l'ardoise sur laquelle le cafetier inscrivait les comptes de clients ; 1868, Villemot, in Littré). Dette (chez un commerçant) : *Là, il avait laissé une ardoise de 41 marks* (M.-F. Goron, *Mémoires* publiés en 1897, cité par Bruant).

ARGENT n. m. (du lat. *argentum*, depuis Plaute ; vers 1160, *Roman de Thèbes*). Monnaie en argent, qui paraît-il, ne fait pas le bonheur – surtout pour ceux qui en sont dépourvus… : *Ma mère avait dit, sans avoir l'air de rien : « Mes poches sont plus grandes que les tiennes, l'argent y tiendra mieux ; c'est moi qui paierai en route »* (Jules Vallès, *L'Enfant*, 1884). *Oui, j'aime l'argent ; je n'aime que ça. C'est l'argent seul, je l'ai assez entendu dire, qui peut épargner toutes les souffrances et donner tous les bonheurs ; c'est l'argent seul qui ouvre la porte de la vie, cette porte au seuil de laquelle les déshérités végètent ; c'est l'argent seul qui donne la liberté* (Georges Darien, *Le Voleur*, 1897) • **jeter l'argent par les fenêtres**, v. citat. à *économiser*. N. B. Nous disons en France **un argent fou**, pour « une grande quantité d'argent » ; les Belges, selon A. Doppagne (1978), disent curieusement : **un argent bête**. L'argent, pour nous, n'a pas d'odeur, mais n'aurait-il pas non plus d'intelligence ? • DÉR. **argent blanc** n. m. (1800, Leclair, *Histoire des bandits d'Orgères*). Arg. anc. Monnaie en argent • **argent mignon** (1867, Delvau). Vx. Celui grâce auquel les bourgeoises satisfaisaient clandestinement certaines curiosités ou vanités • **argent de poche** n. m. (1860, Goncourt ; variante **sous de poche**, 1863, Hugo). Celui dont on dispose pour ses menus plaisirs : *Déjà les clients, ils faisaient leurs économies, ils se préparaient de l'argent de poche* (L.-F. Céline, *Mort à crédit*, 1936).

ARGENTÉ, E (de *argent* ; 1856, Goncourt). Fam. Riche, fortuné : *Quand tu recommenceras à être fauché, tu verras Madame, son caprice passé, chercher un partenaire plus argenté* (Léo Malet, *Trilogie noire*, 1948). • VAR. **argenteux** adj. m. (de *argent* ; 1534). Vx ou pop. Qui possède de l'argent, qui est dans l'aisance.

ARNAQUER v. tr. (sans doute forme picarde de *harnacher* au sens arg. « accoutrer, travestir » ; 1900 *arnaquer*, « truquer (un jeu) », Rossignol). Fam. Escroquer, voler ; arranger, falsifier • **arnaque** n. f. (1833 arg. *arnache*, « tromperie » (Moreau-Christophe), aussi dans le Vidocq, *Dictionnaire d'argot,* 1836 ; 1903 *arnaque*, Esnault). Escroquerie, opération malhonnête : *Les arnaques se multiplient, incitant à une meilleure régulation de ce système d'échange de quotas né en 2005* (G. Allix, *Le Monde*, 12 février 2010).

ARRACHÉ n. m. **Vol à l'arraché** ou (vx) **coup d'arraché** (1952, Esnault), vol commis brusquement, avec violence et dans la rue • VAR. **chéara** (verlan ; 2007, *Lexik des cités*).

ARRHES n. f. pl. (du lat. *arra* « gage », emprunté au grec αρραβων, Pline ; vers 1165 *erre*, « argent donné pour la garantie d'un marché »). Somme d'argent, remise, au moment de la conclusion d'un contrat, par l'une des parties à l'autre, soit : 1° pour permettre aux parties, qui n'ont pas entendu se lier définitivement par le contrat, de retirer mutuellement leur adhésion (moyen de dédit) ; 2° pour marquer, au contraire, la conclusion ferme du contrat (moyen de preuve) ; par ext. *acompte* : *Je vous ferai remarquer,* *papa, que l'affaire est de tout repos. Je pourrais demander une provision, exiger une provision, un gage, des arrhes...* (G. Duhamel, *La Passion de Joseph Pasquier,* 1945).

ARROSER v. tr. (emploi expressif du verbe usuel ; 1838, Hugo, mais dès 1835, *Dict. de l'Acad. fr.* en emploi absolu). Payer (qqn) pour le corrompre : *Ils durent avouer qu'ils étaient fonctionnaires, retraités, subventionnés, arrosés d'une façon quelconque* (Clément Vautel, *Le Fou de l'Élysée*, 1939).

ARSOUILLE n. m. (de *Milord l'Arsouille,* figure pittoresque connue du peuple de Paris, dans les *Mémoires* de Vidocq, 1828 ; 1867, Delvau). Pop. Homme peu recommandable, prêt à toutes les crapuleries : *C'étaient des arsouilles qui tiraient la savate* (Th. Gautier, cité par Larchey).

ARTICHE n. m. (1904, Jean Lorrain, apocope de *artichaut,* « portefeuille », en 1883). Arg. anc. Argent, qu'on dépense feuille à feuille : *Ell'pourra vivr'sans turbiner, / Sans s'fair'de mouron pour l'artiche* (Bernard Dimey, *Poèmes voyous*, 1978).

AS n. m. (du lat. *as*, unité monétaire de faible valeur ; 1559, « unité de monnaie chez les Romains », Amyot). **Être à l'as** (vx) (1878-1880 selon Bruant), **être aux as, être plein aux as** (de l'angl. *full*, « plein », au poker), être riche : *Y avait des choses qu'on payait. L'pognon, i'dansait aussi, va. On était encore aux as, en c'temps-là* (Henri Barbusse, *Le Feu*, 1915).

ASPINE n. m. (origine peu claire ; 1866, de *épinards*, « argent », selon Esnault ; usuel dans les années 50). Arg. et Vx. Argent monnayé.

ASSIETTE AU BEURRE n. f. (1876, Rigaud). Vieilli. Source d'avantages, profit : *Taisez-vous, quand par hasard / Nous attrapons une part / De l'assiette au beurre* (Jean

Richepin, *La Chanson des gueux,* 1876). *Hé oui, l'assiette au beurre, chers collègues, poussez-vous, place au nouveau convive !* (Jean Malaquais, *Les Javanais,* 1939). / **L'Assiette au beurre**, journal satirique et anarchiste français, qui parut de 1901 à 1912.

ASSIGNAT n.m. (*Décret* du 19-21 déc. 1789). Papier-monnaie émis en France de 1789 à 1796, dont la valeur était « assignée » (gagée) sur la vente des *biens nationaux.* V. citat. à *mince.*

ATOUT n. m. (1867, Delvau). Argent, dans le langage des joueurs.

ATTRIQUER v. tr. (de l'anc. français *atriquer,* « préparer, arranger » ; 1306, Guiart). Arg. anc. Acheter (d'abord des objets volés : Vidocq, *Dictionnaire d'argot,* 1836), puis acheter en général (1937, Esnault) • DÉR. **attriqueuse** n. f. (1867, Delvau). Femme qui achète des objets volés.

AUBER(T) n.m. (de *albus*, blanc ; 1455, *Procès des coquillards*). Arg. anc. Argent : « *Quand on n'avait pas d'marmite / On bouffait chez l'père Lafrite / Pour un peu d'auber* » (A. Bruant). Aucun rapport avec le médiéval **haubert**, « cote de mailles », même si la **maille** était aussi une petite monnaie ancienne !

AUMÔNE n. f. (du lat. chrétien *elemosina* (Tertullien), empr. au gr. eccl. ελεημοσυνη, « don charitable » ; 1re moitié Xe s.). Vx. Don matériel ou en espèces fait aux pauvres par charité : *C'est quand j'ai de l'argent dans ma poche que j'accepte, parce que je sens que l'on ne me fait pas l'aumône et qu'à mon tour je puis régaler* (Jules Vallès, *L'Enfant,* 1884) • DÉR. **aumônier** n. m. (sens ironique ; 1836, Vidocq). Arg. anc. Voleur de magasin, qui jette son « aumône » (objet volé) à un mendiant complice.

AVALE-TOUT-CRU n. m. (mot de composition évidente ! 1836, Vidocq). Arg. anc. Voleur de diamants ou de bijoux qui les dissimulait dans sa bouche.

AVANCE n. f. (emploi spécialisé du nom usuel ; sens 1 : 1478, Lettre de Louis XI ; sens 2 : 1952, *Le Figaro*). 1. Usuel. Prêt ou versement anticipé d'une somme d'argent : *Crois pas que le Grec me fait une fleur. Non. Y m'a juste donné une avance sur c'que j'vais gagner avec lui* (A. Le Breton, *La Loi des rues*, 1955). 2. Fin. Progression des titres dans leur cotation en bourse.

AVANTAGE n. m. (emploi spécialisé du mot usuel ; 1953, Albert Simonin). Faveur financière, remise : *Marco, je ne suis pas un rembineur, mais tu m'as fait un avantage ; j'espère que ça se retrouvera* (A. Simonin, *Touchez pas au grisbi*, 1953).

AVANT-COURRIER n. m. (acception ironique ! 1867, Delvau). Arg. anc. Mèche anglaise servant à percer les coffres.

AVARE adj. et n. (du latin *avarus,* de même sens, adj. depuis Plaute et subst. chez Cicéron ; adj. *aver de,* « peu généreux », 1186, *Chrétien de Troyes* ; n. m. « homme qui amasse de l'argent », 1265-68, Brunet Latin). Individu qui épargne jalousement, amasse et dépense le moins possible : *Jamais on ne parle de vous que sous les noms d'avare, de ladre, de vilain et de fesse-mathieu* (Molière, *L'Avare*, « of course », 1668). Syn. *pingre, radin, rapiat*, etc. Au Québec, on dit un **baise-la-piastre** ! (1990, J. Mercier) • DÉR. **avarice** n. f. (emprunt au lat. *avaritia,* chez Plaute, *Le Soldat fanfaron*, au sens de « désir de garder l'argent amassé » ; *averice* « défaut de l'avare », 1121, Philippe de Thaon). Comportement de l'avare : *C'est l'incontinence, l'avarice et la cruauté des Européens, qui dépeuplent les habitations* [des Nègres] (Condorcet, *Réflexions sur l'esclavage des nègres*, 1781)

• **avaricieux, euse** adj. (1283, Ph. de Beaumanoir). Syn. vieilli d'*avare*, qui ne s'emploie plus guère dans la langue courante : *Comme il n'y a point de telle libéralité que celle des avaricieux quand quelque autre passion les domine, il se laissa brider comme on voulut* (Furetière, *Le Roman bourgeois,* 1666) • **hyperavare** n. m. Superlatif très rare d'*avare* : *La maladie nerveuse met à la puissance deux, au carré – comme disent les algébristes – les qualités et les défauts de ceux qu'elle touche [...]. L'avare devient un hyperavare et rend des points à Harpagon* (Léon Daudet, *Mémoires,* vers 1895).

AVOINE n. f. (métaphore ; vers 1810). Vx. **Gagner l'avoine** ou **son avoine**, mériter d'être nourri pour son travail (J.-F. Rolland, *Dict. du mauvais langage,* 1813).

AVOIR v. tr. **Avoir de ce qui sonne** loc. verbale (cf. *espèces sonnantes...* ; chez Rétif de la Bretonne, avant 1800, selon Delvau). Vx. Être riche • **avoir du pain sur la planche** (1867, Delvau). Vx. Avoir des économies ou des rentes. Le sens de cette locution a bien changé !

BBBBBBBBBBBBBB

BADIGEON n. m. (de la couleur blanche ; 1925, Esnault). Arg. Pièce d'un franc (jusqu'en 1960).

BAISSE n. f. (déverbal de *baisser*, du lat. vulg. **bassiare* ; 1736 fin. « diminution de valeur des effets cotés en bourse » ; 1835, *Dict. de l'Acad. fr.*, « diminution de prix d'une denrée, ou d'une marchandise »). Le fait de diminuer, en parlant de la valeur ou du prix : *Une hausse des taux se traduit mécaniquement par une baisse de la Bourse* (C. Gatinois, *Le Monde,* 14 février 2010) • DÉR. **baissier, ère** n. et adj. (de *baisse* ; n. 1829, Boiste). Spéculateur qui compte sur une baisse, et qui vend des titres qu'il possède ou des titres qu'il n'a pas, mais qu'il espère acheter moins cher le jour où il devra les livrer : *Des gens se plaignaient bien* [...] *du ralentissement et de la difficulté des affaires, mais ces gens, à son avis, n'étaient que des baissiers* (E. Gaboriau, *L'Argent des autres*, 1874) ; adj. qui se rapporte à la baisse en Bourse : *Si la tendance baissière se poursuit* [...], *les produits fabriqués en Europe regagneraient en compétitivité* (Marie de Vergès, *Le Monde*, 7 février 2010).

BAKCHICH(E) n. m. (emprunt au turc *baksis*, « pourboire, don » ; 1846-48, Nerval ; orth. variable). Gratification, pourboire (souvent péj.) : *Autre calcul pour convertir les thalers à un taux lucratif. Puis, regard interrogateur en attendant le bakchiche pour la fourniture du papier et de l'encre* (Henri de Monfreid, *Les Secrets de la mer Rouge*, 1932).

BALLE n. f. (métonymie de la « rondeur » ; 1655, Esnault). Monnaie d'une livre, jadis, puis pièce d'un franc (1860, Goncourt) : *Voilà une marlouse qui fait la petite bouche et exige d'abord deux cents francs... deux cents balles : elle ne viendra pas à moins* (Jean Lorrain, *La Maison Philibert*, 1904). / **T'as pas cent balles ?** loc. stéréotypée de ceux qui faisaient la manche dans les années 50, avant l'invention du *nouveau franc*, et devenue, de ce fait, complètement obsolète.

BALOCHER v. intr. (d'un vieux verbe signifiant « flâner, paresser » ; 1836, Vidocq). Arg. anc. Faire des affaires illicites.

BALOURD n.m. (de l'argot italien, au sens de fou, puis « faux » ; 1954, A. Simonin). Vx. Faux billet.

BAL(L)UCHONNER v. tr. (de *baluchon* ; 1954, Esnault, d'abord intr., 1891). Arg. Dévaliser, cambrioler • **bal(l)uchonnage** n. m. (1953, Simonin). Cambriolage : *Un monde où on pouvait enfin laisser les clés sur la porte, sans redouter un baluchonnage express* (A. Simonin, *Touchez pas au grisbi*, 1953) • **bal(l)uchonneur, euse** n. (1885, Esnault). Cambrioleur, euse.

BANDIT MANCHOT n. m. (calque de l'anglo-américain *one-armed bandit*, métaphore désignant un appareil pourvu d'un levier (« un bras ») d'un seul côté ; années 1990-2000) n. m. Appareil qui, dans un casino, distribue parfois de l'argent en cascade (à ne pas confondre avec un banquier ayant perdu un bras à la guerre...). Syn. *machine* ou *appareil à sous*.

BANK(-)NOTE n. m. (mot anglais ; 1804, *banknote*). Vx. Billet de banque ayant cours en Angleterre.

BANQUE n. f. (emprunt à l'ital. *banca*, attesté au sens de « table, comptoir de vente », dep. le XIVe s., Sacchetti ; sens 1 : 1458, Lettre de Louis XI ; sens 2 : terme de jeu, 1680, Richelet). 1. Service public ou privé se chargeant des opérations de dépôt, d'achat, de prêt et de vente, auxquelles donne lieu le commerce de l'argent et des titres négociables : *Même les voleurs de grand chemin ont disparu : les uns, habitués au plein air, exercent la profession de pickpockets sur les champs de course ; les autres se sont adonnés à la haute banque* (A. Allais, vers 1900). / **Faire sauter la banque** (1812, Victor-Joseph Étienne de Jouy, *L'Hermite de la Chaussée d'Antin*), la mettre dans l'impossibilité de payer, la mettre en faillite. / **Faire une banque** (1867, Delvau). Vx. Imaginer un expédient d'une honnêteté douteuse pour gagner de l'argent. 2. Somme dont (à certains jeux de cartes, à la roulette, etc.) celui qui tient le jeu dispose pour payer ceux qui gagnent contre lui ; *p. ext.*, la fonction de banquier ; le banquier lui-même. / **Tailler une banque,** tenir les cartes au baccara (1907, A. France). / **Faire sauter la banque** (1740, J. de Varenne, *Mémoires du Chevalier de Ravanne*), au jeu, gagner une somme si importante que le banquier ne peut la régler : *La vieille dame* [...] *faisait signe au croupier de la main, banco sur banco, grossissant la banque jusqu'à la faire sauter* (Aragon, *Les Voyageurs de l'impériale,* 1947). • DÉR. **bancaire** adj. (début du XIXe s.). Qui a trait à la banque et à ses activités : *L'intervention publique a pu être ciblée sur le maintien des crédits bancaires à l'économie* (Michel Pébereau, *Le Monde*, 12 mars 2010). *Le secret bancaire a été institué en Suisse dans les années 30, de façon salutaire, pour protéger les Juifs des persécutions nazies ; depuis ce temps, il est toujours des mieux gardé : aucun cousinage avec celui de Polichinelle* ! • **banquer** v. intr. (1899, Esnault). Pop. Payer.

BANQUEROUTE n. f. (emprunt à l'ital. *bancarotta*, littéralement « banc rompu », parce qu'au Moyen Âge on cassait le comptoir du banquier en faillite ; 1466, H. Baude). Péj. Impossibilité déclarée de faire face à ses engagements et de payer ce qu'on doit : *L'Écossais* [Law] *à peine figure à un chapitre des manuels d'histoire, plus pour sa banque-*

route que pour ses inventions (Aragon, *Les Voyageurs de l'impériale*, 1947). / **Banqueroute simple, frauduleuse**. Syn. de *faillite* • DÉR. **banqueroutier, ère** adj. et n. (1536, *Ordonnance de Lyon,* dans Littré). Péj. Se dit de la personne qui a fait faillite ; cette personne elle-même.

BANQUIER, ÈRE n. (empr. à l'ital. *banchiero*, de même sens ; XIVe s., Oresme ; au fém., 1570, « entremetteuse »). 1. Personne se livrant professionnellement aux activités propres à une banque : *Mais le plus terrible ravage / Fut dans l'monde des banquiers / Où la grande java sauvage / Fit des victimes par milliers* (Charles Trénet, *La Java du diable*, 1955). *Nicolas Bazire a été recruté en 1999 comme directeur général du groupe Arnault, alors qu'il était depuis quatre ans banquier d'affaires chez Rotschild et Cie* (N. Vulser, *Le Monde*, 15 janvier 2010) ; propriétaire ou dirigeant d'une banque. V. citat. à *monte-en-l'air* • VAR. **banquezingue** n. m. (sens 1 : 1842, E. Sue ; sens 2 : 1939, Esnault, il s'agit du vol dit « à l'américaine »). 1. Arg. anc. Banquier et homme riche. 2. Arg. Escroc porteur d'une forte somme, à qui un compère présente la dupe.

BANQUISTE n. m. (de *banque*, « tréteaux de foire » ; 1789, Esnault). Vx. Charlatan. Syn. *chevalier d'industrie, faiseur.*

BARBOT(T)ER v. tr. et intr. (origine incertaine ; nombreuses var., image du canard qui fouille dans la boue ou la vase : *barboter,* « fouiller », 1836, Vidocq ; sens 1 : « cambrioler » : 1843, Esnault ; « voler » : 1865, Larchey ; sens 2 : 1891, Zola, *L'Argent*). Pop. 1. Cambrioler ; voler : *Une fois qu'il a eu tout repéré, il s'est amené une nuit en douce avec sa bande et il a barboté quatre cent mille balles. C'est quelque chose* (Francis Carco, *Traduit de l'argot*, 1927). 2. Se livrer à des opérations financières malhonnêtes, trafiquer • DÉR. **barbottage** n. m. (1880, Humbert). Vx.

Vol • **barbot(t)eur, euse** (1843, *Dictionnaire nain*). Arg. Voleur, voleuse : *Il était passé homme d'État et barboteur de fonds secrets* (Alphonse Daudet, *Soutien de famille*, 1897).

BARDA n. m. (jeu de mots sur *sac*, de même sens ; 1953, Le Breton). Vx. Billet de 1000 anciens francs.

BARRE n. f. (image visuelle du paquet de billets ; 1986, Le Breton). Arg. Somme de 10 000 nouveaux francs (un million d'anciens francs).

BAS n. m. **Bas de laine** n. m. (A. France, *Balthazar,* 1889). Fam. Cachette où l'on met l'argent économisé ; l'argent lui-même : *Le malheur, c'est que le Panama a surtout ruiné la petite épargne* [...] *et dévoré le bas de laine de nombre de modestes cultivateurs* (journal *La Nation*, cité par Bruant, vers 1900). Syn. *magot, pécule* • **bas percé** n. m. (1867, Delvau). Vx. Homme pauvre ou ruiné.

BÂTON n. m. (1950, Esnault). Arg. anc. Somme d'un million d'anciens francs, ou 10 000 nouveaux francs.

BATZ n. m. (mot patois, désignant une monnaie de billon qui valait dix rappes ; 1824, E. Develey, *Observations sur le langage du Pays de Vaud*). Ancienne monnaie de Neuchâtel (CH).

BAZAR n. m. (emploi spécialisé du mot usuel ; 1855, Esnault). Vx. Vente à bas prix d'effets militaires. • DÉR. **bazarder** v. tr. (de *bazar* ; 1846, *Intérieur des prisons*). Fam. Vendre (surtout à bas prix) : *Lorsque nous avons vendu notre stock... enfin, mon fils... oui, il a tout bazardé, lorsque nous nous sommes installés ici* (Alphonse Boudard, *La Métamorphose des cloportes*, 1962).

BÉBAR v. tr. (verlan approximatif de *barbot, « fouille »* ; 2007, *Lexik des cités).* Argot des cités. Voler, arnaquer.

BÉGNOL n. m. (origine obscure, p.-ê. altération de *bénéfice* ; 1900, H. Snell). Vx. À Genève, bénéfice, gain.

BÉNÉFICE n. m. (du lat. *beneficium*, « bienfait » ; fin du XIIe siècle). Ce qui revient d'une opération financière : *Il consentit à se retirer avec le produit de son fonds, et les bénéfices de ces dernières années* (Balzac, *Le Père Goriot*, 1834) • ABRÉV. **bénef** n. m. (1842, selon les *Datations et documents lexicographiques*). Fam. *D'un cran faut serrer sa ceinture / Car, en fait de bénef / Y en n'a pas bésef* (vers 1900, A. Bruant). *Le difficile c'est d'où vient le bénef, parce que juste en changeant de poche les vingt balles font des petits* (Jean Malaquais, *Les Javanais*, 1939). *C'est tout bénef* !

BERTELO(T) n. m. (origine incertaine ; 1821, Mézière). Arg. anc. Pièce d'un franc (encore en 1900 chez A. Bruant).

BÊTE n. f. (de *bête à cornes*, en un sens péj. ; 1829, Vidocq). Arg. anc. Complice jouant le troisième rôle dans une partie de billard. Syn. *bœuf.*

BEURRE n. m. (1625, Esnault). Arg. Argent monnayé. / **Faire son beurre** (1821, Ansiaume). Gagner largement sa vie : *Depuis que je suis dans la ronde, / Je fais mon beurr'conv'nablement* (Bernard Dimey, *Poèmes voyous*, 1978) • **y aller de son beurre** (1867, Delvau). Vx. Ne pas hésiter à faire des frais ou des avances financières • **tôle au beurre** n. f. (1901, A. Bruant). Arg. anc. Banque • **le beurre et l'argent du beurre**, se dit de profits cumulés de façon excessive : *Devinette : qui est suffisamment malin pour avoir le beurre, l'argent du beurre, le sourire de la crémière et la vache en prime ? Les banques* (*Le Canard enchaîné*,

24 février 2010). V. *assiette au beurre* • DÉR. **beurrier** n. m. (1836, Vidocq). Arg. anc. Banquier.

BIFFETON ou **BIFTON** n. m. (de **biffe**, chiffon (« de papier ») ; 1878, Zola). Billet de banque (seulement « missive » pour A. Bruant) : *Malgré ses protestations, je lui file un bifton de cinq raides dans son sac en cuir bleu turquoise, car elle assiste, comme il se doit, le pauvre Pascal* (A. Nolat, *Les Voyageurs du petit jour*, 2004).

BIGAILLE n. f. (1935, Albert Simonin et Bazin). Vx. Menue monnaie.

BIGORNEAUX n. m. (1925, chanson *Les Hiboux*, de Joullot et Dalbret). Vx. Menue monnaie.

BILAN n. m. (emprunt à l'ital. *bilancio,* de même sens attesté dep. le XVIe s., lui-même déverbal de *bilanciare*, « peser, mettre en équilibre », correspond au fr. *balancer* ; 1584, Thévet). Inventaire de la situation financière, établi à un moment donné et dressant un état de l'actif et du passif, dont on ne parle guère que quand il s'agit de **déposer son bilan** (1798, *Dict. de l'Acad. fr.)*, c.-à-d. reconnaître sa situation de faillite : *Les affaires du marchand de soieries étaient devenues détestables, il allait être forcé de déposer son bilan* (E. Gaboriau, *L'Argent des autres*, 1874).

BILLE n. f. (mot ancien, « argent », 1596, Péchon de Ruby). Arg. anc. Monnaie, argent. / **Rendre ses billes** (1928, Marc Stéphane), puis **retirer** ou **reprendre ses billes** (1954, A. Simonin ; p.-ê. du jeu de la roulette, au casino). Renoncer à participer à une entreprise : *Ces mecs, pas si tocs qu'ils avaient voulu nous le faire croire, voyant qu'ils parvenaient pas à nous impressionner, allaient retirer leurs billes* (A. Simonin, *Le Cave se rebiffe*, 1954). / **Fausse bille, bille à l'estorque** (1887, Hogier-Grison). Fausse monnaie

• DÉR. **billancher** v. tr. (1846, *marchands du Temple,* Esnault). Vx. Payer.

BILLET n. m. (forme masc. créée à partir de l'anc. fr. *billette,* « lettre, sauf-conduit », dès 1389 ; « promesse écrite de payer une certaine somme », 1680, *Dict.* de Richelet). **Billet (de banque)** n. m. (1832, Jean-Baptiste Say, *Traité d'économie politique*). Billet émis exclusivement par la Banque de France et circulant comme papier-monnaie (cours forcé) : *Elle s'éveilla, tendit les mains, les referma sur des billets pressés, froissés, que son père, debout devant elle, lui glissait entre les doigts* (I. Némirovsky, *David Golder,* 1929). *Nous devions tenir un discours aux types* [...], *leur démontrer que, pour quelques misérables billets par mois, ils n'allaient pas défendre les millions de leur patron* (Léo Malet, *Trilogie noire,* 1948) • **billet à ordre** n. m. (1832, Jean-Baptiste Say, *Traité d'économie politique*) « Un billet *à ordre,* une lettre de change, sont des obligations contractées de payer ou de faire payer une somme, soit dans un autre temps, soit dans un autre lieu » (Say) • **billet vert** n. m. (de la couleur du billet). Fam. Dollar : *N'en déplaise au chef de file d'Al-Qaida, le billet vert est justement en train de regagner en valeur après des mois de dérive* (M. de Vergès, *Le Monde,* 31 janvier 2010) • DÉR. **billemont** n. m. (de *billet* ; 1821, Ansiaume) et **billemuche** n. m. (1881, Rigaud). Arg. anc. Billet de banque.

BILLON n. m. (1276-77, Adam le Bossu). Monnaie ancienne de très faible valeur, faite d'un alliage de cuivre et d'une faible dose d'argent.

BINELLE n. f. (du verbe wallon *biner,* « fuir » et du suffixe franc-comtois qu'on trouve dans *de binelle,* « de travers » ; 1822, Mézière). Arg. anc. Faillite : *Beaucoup de faisans vivent en famille ; frères, beaux-frères, oncles et cousins exploitent souvent la même entreprise.* [...] *Cette union a sa raison d'être en ce que la faillite ou* binelle *ne doit pas* *interrompre la faisanderie* (Bruant, *Dict. français-argot)* • VAR. **binelle-lophe** (id.) • DÉR. **binellier, ère** n. (1836, Vidocq). Banqueroutier, ère.

BINETTE (FAIRE -) loc. verbale (altération de *binelle* (?) ; 1910, Esnault). Arg. Faire faillite.

BINGO n. m. (jeu de loto public très répandu au Canada, 1944). **Bingo !** (1999, P. Merle). Formule de défi ou, parfois, de triomphe quand on a gagné au jeu.

BIRR n. m. Unité monétaire principale de l'Éthiopie.

BISCUIT n. m. (1808, d'Hautel). Ressources indispensables, viatique • **s'embarquer sans biscuit** (1867, Delvau). Oublier l'essentiel, le « nerf de la guerre », quand on part pour une expédition.

BLAFARD n. m. (1901, A. Bruant). Vx. Pièce d'argent : *Un écu flambant neuf, un blafard de cinq balles* (Jean Richepin, cité par Bruant).

BLANC n. m. (de « pigeon (blanc) » au sens 1 : 1455, *Coquillards* ; sens 2 : « pièce blanche », 1807, d'Hautel). Arg. anc. 1. Individu facile à voler. 2. Argent monnayé.

BLANCHE n. f. (sens 1 : 1830, Esnault ; sens 2 : 1957, Sandry-Carrère). Arg. 1. Anc. Pièce d'argent. V. citat. à *jonc.* 2. Surnom de la livre sterling • DÉR. **blanchette** ou **blanchisseuse** n. f. (1901, A. Bruant). Arg. anc. Pièce d'argent de 0, 50 fr. : *Pour une malheureuse crotte de pie, pour une petite blanchette de rien, pour une goutte de lait qu't'as paumée, tu fais tout ce barouf-là* ? (J. Richepin).

BLANCHIR v. tr. (emploi métaphorique du verbe usuel ; vers 1980). Dissimuler l'origine frauduleuse d'une somme d'argent en recourant à divers procédés de haute finance (dont les succursales bancaires, les paradis fiscaux, etc.) : *Le marché de l'art peut être un moyen très fructueux et discret de blanchir l'argent de la drogue. Blanchir des narco-dollars, de l'argent sale*, etc. • DÉR. **blanchiment** n. m. (en anglais, *money laundering*, vers 1980). Action de dissimuler l'origine frauduleuse de certains capitaux : *La* Hypo Alpe Adria *est soupçonnée de blanchiment d'argent, de financement occulte des partis et de délits d'initiés* (J. Stolz, *Le Monde*, 4 février 2010).

BLANQUETTE n. f. (de la couleur blanche ; sens 1 : 1827, Demoraine ; sens 2 : 1828, Vidocq). Arg. anc. 1. Monnaie. 2. Argenterie : *Ce n'est pas cher... les bogues d'Orient et la blanquette. Allons, aboule du carle* (Vidocq, *Mémoires*, 1828).

BLAVINISTE n. m. (de *blavin*, « mouchoir », du prov. mod. *blaven,* « bleuâtre » ; 1836, Vidocq). Arg. anc. Voleur de mouchoirs (souvent en batiste, fin et précieux tissu : la victime n'avait plus que ses yeux pour pleurer...).

BLÉ n. m. (symbole de l'aisance, de la richesse ; 1850, forçat Clemens). Arg. Argent : *Quand on a pris son blé dans les fouill'à tout l'monde, / Un beau jour il arrive où qu'on sait pus l'planquer* (Bernard Dimey, *Poèmes voyous*, 1978). *Le « blé » détourné par le boulanger : en moins de deux ans, il a ponctionné plus de 39 000 € à la société qui l'employait* (titre de *L'Est Républicain*, 21 janvier 2010).

BLOQUIR v. tr. (var. de *bloquer*, selon Esnault ; 1821, Ansiaume et 1828, Vidocq). Arg. anc. Vendre : *Vas-y seul, ou emmène Lenoir. – Viens plutôt, toi qui lui as déjà bloqui, c'est plus sûr* (Vidocq, *Mémoires*, 1828). V. *abloquir.*

BLOT n. m. (1821, Mézière). Arg. anc. Prix : *L'affure solide qu'il devait quand même, à ce blot-là, se mettre dans la* *fouille* (A. Simonin, *Le Cave se rebiffe*, 1954). / **C'est mon blot** (1844, Esnault), c'est le compte juste, ça me convient.

BLUET n. m. (métonymie de couleur ; 1901, A. Bruant). Vx. Billet de banque : *A y a fait cadeau d'une belle image toute neuve, un bath bluet d'un demi-sac* (Bruant). / **Bluet mâle**, billet de 1000 fr. (d'avant 1914).

BOBÈCHE n. f. (métaphore, à partir du mot désignant une pièce du chandelier ; 1896, Delesalle). Arg. anc. Sou truqué, aux deux faces identiques (soit face soit pile !).

BŒUF n. m. (archétype de l'animal stupide ; sens 1 : 1835, Raspail, argot des joueurs ; sens 2 : 1867, Delvau). Arg. anc. 1. **Être le bœuf**, être dupé. 2. **Tomber dans le bœuf**, devenir pauvre.

BOÎTE À PANDORE loc. nom. (détournement du sens mythologique ; 1836, Vidocq). Arg. anc. Boîte contenant la cire avec laquelle le voleur prend l'empreinte d'une clé.

BOÎTERNE ou **BOUTERNE** n. f. (de *boîte* ; 1829, Esnault ; *bouterne* 1836, Vidocq). Arg. anc. Loterie portative (boîte carrée) qui contenait un lot précieux, généralement une belle montre, que l'on ne gagnait jamais, à cause des dés pipés • DÉR. **boîternière** ou **bouternière** n. f. (mêmes dates). Celle qui tenait la boîterne.

BOLIVAR n. m. (du nom de *Bolivar,* libérateur de l'Amérique du Sud (1783-1830) ; 1928). Unité monétaire du Venezuela : *Adieu le bolivar fort, dont Chavez était si fier. Après sa dévaluation massive* [...], *les Vénézuéliens vont effectivement beaucoup moins consommer* (P.-A. Delhommais, *Le Monde*, 24 janvier 2010).

BONAPARTE n. m. (à partir de 1960). Billet de 100 nouveaux francs (soit 10 000 anciens francs) à l'effigie du général • ABRÉV. **bona** ou **bonap'** (1977, François Caradec).

BONI n. m. (depuis 1612, de la loc. latine *aliquid boni*, « quelque chose de bon » ; employé par Balzac et Hugo). Surplus, bénéfice : *Estève faisait ses comptes. Pour du boni c'était du boni. Il n'en disconvenait pas* (Jean Malaquais, *Les Javanais*, 1939). *« Eh bien, Yves ! fit celui-ci en l'apercevant. T'es content ? Beaucoup de boni ? »* (A. Le Breton, *La Loi des rues*, 1955) • DÉR. **bonifier** v. tr. (1791, Mme de Staël ; encore « créditer » chez E. Pidoux, en Suisse romande, en 1984). Donner à titre de boni, accorder un avantage financier ; créditer.

BONJOURIER n. m. (de *bonjour* ; 1828, Vidocq). Arg. anc. Voleur qui pénétrait dans les logements et s'excusait, s'il était surpris, par un simple « bonjour ». On appelait cela **grinchir** ou **voler au bonjour** (1821, Ansiaume). V. *chevalier* et *rat.*

BON MARCHÉ adj., n. m. et adv. (1178, *a bon marchié*, in *Roman de Renart*). Peu cher : *[Le vieux tailleur] ne l'habillait plus que de quelques vêtements de rencontre que son état lui donnait occasion d'acquérir à bon marché* (Charles Nodier, *Jean-François-les-bas-bleus*, 1832) • VAR. Arg. **bon blot** (1836, Vidocq).

BONNE-MAIN n. f. (1864, L. Grangier, *Glossaire fribourgeois*). En Suisse romande, pourboire.

BONNET JAUNE n. m. (de la couleur de la pièce ; 1867, Delvau). Vx. Pièce de vingt francs.

BONNETEAU n. m. (de *bonnet*, idée qu'on recouvre le jeu, ou qu'on feint de saluer poliment sa victime ; 1708, Dauzat) ou **bonnet** (1883, Esnault). Vx. Jeu de cartes fondé sur une manipulation « en public », auquel le client ne gagne jamais : V. citat. à *bonus*. *L'aristocratie, dépositaire de l'honneur, de la santé morale d'un pays ... Les autres, ce sont des joueurs de bonneteau* (Aragon, *Les Voyageurs de l'impériale*, 1947) • **bonneteur** n. m. (1867, Delvau). Celui qui tient le jeu du bonneteau • **bonneter** (1880, Esnault). Tenir le jeu du bonneteau.

BONUS n. m. (de l'angl. *bonus*, « emprunté » au lat. *bonus*, « bon » ; depuis 1773). Argent ou son équivalent, donné en guise de récompense, ou comme rémunération supplémentaire, pour services rendus : *Cela ressemble à une partie de bonneteau. Valeur de la carte : 360 millions d'euros, soit le montant estimé de la taxation sur les bonus bancaires versés aux traders* (P. Roger, *Le Monde*, 5 février 2010). Et comme on dit en latin, langue qui peut « braver l'honnêteté », comme affirmait Boileau en 1674 dans son *Art poétique* : *Bonus malus, traditor panem suum obtinet*, traduction : *Bon an mal an, le trader gagne sa croûte* !

BOOKMAKER n. m. (mot anglais ; 1855, J. des Harras). Sur les champs de course, personne qui fait métier de recevoir des joueurs des paris à la cote qu'elle enregistre sur un livre : *Celui* [...] *qui me rafla toute ma recette en me mettant cinquante centimes à 10/1 sur Ramadan me considéra, sa vie durant, comme un bookmaker* (Adolphe de Neuter, *La Casaque rose*, 1925). • ABRÉV. **book** (1866, Esnault) et **bouc** (1936, L.-F. Céline).

BOOM n. m. (mot anglais ; 1945, Baudhuin). Phénomène de hausse générale de tous les indices économiques, concernant notamment la production, les prix et la spéculation boursière : *Le ballon rond est un étrange animal, roulant plus vite que l'économie en général en période de boom et ralentissant moins rapidement lors du ressac conjoncturel* (Marc Roche, *Le Monde*, 5 mars 2010).

BOTTE n. f. (1945, Esnault). Vx. Paquet de 100 billets de 10 anciens francs.

BOTTINER v. tr. (de *botter*, synonyme, issu de *coup de botte,* « emprunt » ; 1954, Le Breton). Arg. et Vx. Soumettre à une demande d'argent : *Foutons-lui la paix, merde ! On est toujours en train d'le bottiner... - Ben quoi !* [...] *C'est justement parce que c'est fête qu'on a une chance d'être bien reçus !* (A. Le Breton, *La Loi des rues*, 1955). Syn. *taper* • DÉR. **bottinage** n. m. (1966, Simonin). Action d'emprunter : *Le faible rendement du bottinage des amis par téléphone* (A. Simonin, *Lettre ouverte aux voyous*, 1966). Syn. *coup de botte* ou *de bottine.*

BOUCANADE n. f. (de l'ital. *boccone*, « poison » ; 1836, Vidocq). Arg. anc. Corruption par l'argent : *Coquer la boucanade* • **boucaner** v. tr. Corrompre. Syn. *affranchir.*

BOUCARDIER n. m. (de *boucard*, « boutique » ; 1836, Vidocq). Arg. anc. Voleur de nuit qui pille les boutiques.

BOUCLIER FISCAL n. m. (emploi figuré du mot bouclier ; mesure instituée en France par le gouvernement Villepin, dans la loi de finances pour 2006). Ensemble de privilèges fiscaux appelés « niches » : *La sortie de M. Copé sur le bouclier fiscal, à la veille de la rencontre entre les députés de l'U.M.P. et le chef de l'État, a toutefois été moyennement appréciée à l'Élysée* (Patrick Roger, Le Monde, 9 avril 2010).

BOUGIE n. f. (jeu de mot avec *éclairer* ; 1901, A. Bruant). Vx. et pop. Pièce d'argent de 5 fr. : *Combien qu'i y faudrait d'bougies pour s'éclairer* ? (Bruant).

BOUILLON n. m. (le *bouillon* est, chez les typographes, le livre ou le journal non vendu ; 1827, Delécluze, *Journal*). **Boire un bouillon** Fam. Subir une perte d'argent, suite à une mauvaise spéculation • DÉR. **bouillonner** (1867, Delvau). Vx. Même sens.

BOULANGE n. f. (1977, F. Caradec). Argent (vrai ou faux). Rigaud, dès 1881, appelait **Boulange aux faffes** la Banque de France !

BOULES n. f. (1953, Le Breton). Argent, avoir • **remonter ses boules**, faire rentrer des fonds, de l'argent : *Elle travaillait où elle voulait au moment qu'elle voulait. Gino s'en moquait. Il remontait ses boules lui-même* (A. Nolat, *Les Voyageurs du petit jour*, 2004). C'est pas le sens que vous pourriez croire, lecteur (ou lectrice) porté(e) sur la bagatelle !...

BOULINER v. tr. (de *bouliner*, « percer », de l'ital. *bura*, « burin » ; 1694, Ménage). Arg. anc. Dérober secrètement • DÉR. **boulineur** n. m. (même datation). Soldat voleur.

BOUQUET n. m. (équivalent de *fleur* au sens de « faveur » ; sens 1 : 1821, Ansiaume ; sens 2 : 1845, Alhoy). 1. Vx. Pot-de-vin préalable, pour corrompre. 2. Gratification, supplément après coup : *Même devant le bouquet au gérant, un gourmand pourtant celui-là, j'avais pas reculé* (A. Simonin, *Le Cave se rebiffe*, 1954).

BOURGEOIS n. m. (du lat. médiév. *burgensis* ; vers 1100, *Chanson de Roland* : *burgeis*, « habitant d'un bourg, d'une ville affranchi de la justice féodale » ; sens moderne, 1793, Jacobins, selon F. Brunot). Personne appartenant à la classe moyenne et dirigeante, n'exerçant aucun métier manuel et jouissant d'une situation aisée (par opposition au monde ouvrier ou paysan) • ABRÉV. Péj. **bourge** (1978, Ken George).

BOURGUE n. m. (de l'argot piémontais *borc* ; 1901, A. Bruant) ou **bourque, bourquin** n. m., **bourcaille** n. f. (1899, Nouguier). Arg. anc. Sou. V. citat. à *rotin*.

BOURRÉ, E adj. et n. m. (allusion au portefeuille rempli de billets ; 1927, Carco). Pop. Qui a de l'argent en abondance : *Oh ! il est plein, bourré, douillet… J'suis pas en peine pour lui. S'agit d'un type qui sait les gagner… et les retenir* (Francis Carco, *Traduit de l'argot,* 1927). V. citat. à *micheton*. N. B. On rencontre souvent des expressions renforcées : **bourré aux as, bourré de fric, d'oseille, de pognon**, etc. : *Je ne sais pas si tu es comme moi, mais j'éprouve le besoin d'être bourré de pognon* (Léo Malet, *Trilogie noire*, 1948).

1. BOURSE n. f. (du bas-lat. *byrsa (bursa)* « cuir », fin IVe siècle. (Tiberius Claudius Donatius), attesté en lat. médiéval au sens de « sac de cuir » (milieu du VIIIe s.) ; dès 1150, *Charroi de Nîmes* : *borse*, « sachet destiné à contenir de l'argent »). Symbole et réceptacle de l'argent qu'on possède : *J'avais plus le rond pour aller boire. Ma mère laissait traîner sa bourse, la petite en argent, sur le dessus des meubles… Je la biglais avidement* (L.-F. Céline, *Mort à crédit*, 1936). / **La bourse ou la vie !** (1855, George Sand). Interpellation ancienne des voleurs, qui aujourd'hui ont trouvé des formules beaucoup plus habiles et discrètes. / **Sans bourse délier** (1690, Furetière), « sans qu'il nous en coûte… un euro ! » / **Tenir le(s) cordon(s) de la bourse** (1798, *Dict. de l'Acad. fr.*), gérer son bien, sa fortune : *Elle lui a pourtant donné l'argent pour acheter sa nouvelle voiture. Elle sait que c'est sa belle-fille qui tient les cordons de la bourse* (Pascale Gautier, *Les Vieilles*, 2010). / Vx. **Marquis de la bourse plate** (1867, Delvau), homme sans ressources • DÉR. **boursier** n. m. (1430, Claude de Fauquembergue). Élève ou étudiant qui jouit d'une bourse pour faire ses études dans un établissement d'éducation, pour exécuter un travail déterminé, pour effectuer un voyage d'étude • **boursillonner**

v. intr. (1867, Delvau). Vx. Contribuer modestement à une dépense commune.

2. BOURSE (LA) n. m. (origine obscure : de *bourse,* nom commun, ou du nom d'une famille noble de Bruges ; édit de 1549, Littré). Lieu où des personnes (négociants, agents de changes, courtiers, etc.) s'assemblent périodiquement pour suivre les cours ou pour conclure des transactions sur les valeurs mobilières, industrielles, ou sur les biens de consommation : *On peut jeter des fortunes au gouffre de la Bourse, sans qu'il en reste une trace...* (E. Gaboriau, *L'Argent des autres*, 1874). *Tu as joué à la Bourse, je pense... Cette année, on dit qu'il suffit de toucher à un papier pour qu'il grimpe... ça ne durera pas toujours* (I. Némirovsky, *David Golder,* 1929). *La Bourse de Paris, de Wall Street, de Tokyo* • DÉR. **boursier** (sens 1 : adj. 1837, Balzac ; n. m. *bourcier,* 1512, P. Gringore ; sens 2 : 1990, A. Nicollier). 1. adj. Qui concerne la Bourse et ses diverses activités : *Cet optimisme mesuré permet aux indices boursiers de remonter peu à peu les marches qu'ils avaient dégringolées au moment de la tempête financière* (C. Gatinois, *Le Monde*, 28 mars 2010) ; n. m. celui qui effectue des opérations à la Bourse. 2. n. m. Dans le pays de Vaud, fonctionnaire communal qui perçoit certaines redevances • **boursicoter** v. intr. (1841, Balzac). Péj. Effectuer de petites opérations en Bourse. Syn. *spéculer* • **boursicotage** n. m. (1864, Goncourt) Péj. Action de faire de petites opérations de Bourse. Syn. *spéculation* • **boursicoteur, euse** et **boursicotier, ère** n. (vers 1850). Péj. Personne qui fait de petites opérations de Bourse. Syn. *spéculateur, trice.*

BOUTON n. m. (analogie de forme, de *bouton de haie*, 1545, Esnault ; sens 1 : 1833, Vidal-Delmart ; sens 2 : 1881, Rigaud ; sens 3 : 1821, Ansiaume). Arg. anc. 1. Écu ou louis d'or : pièce de 20 fr., dans l'argot des marchands de chevaux, selon Vidocq. 2. **Bouton de guêtre**, pièce de 5 fr. en or. 3. Passe-partout. N. B. On peut noter que, pour afficher son mépris de la monnaie « républicaine », Léon Daudet n'a pas hésité à l'assimiler, durant la crise de 1929, à des « boutons de culotte » (v. citat. à *shilling*).

BRACONNER v. intr. (métaphore cynégétique ; 1883, Fustier). Vx. Voler ou tricher au jeu.

BRADER v. tr. (emprunt au moyen néerl. *braden* « rôtir », devenu *bradi* dans le rouchi, parler wallon, qui a le sens de « gaspiller la marchandise en la vendant à vil prix » (Jean Haust) ; 1867, Larousse et Delvau). Vendre au-dessous de sa valeur • **braderie** n. f. (vers 1925, Wartburg). Vente de marchandises à bas prix, pratiquée hors boutique par les commerçants d'une ville ; art du bradeur • **bradage** n. m. (1963). Action de brader.

BRAISE n. f. (vient soit du lyonnais *braise*, « miette », soit du « charbon » servant à faire bouillir la marmite ; 1783, Esnault ; **braize** 1836, Vidocq). Argent : *J'dépense la brais'que j'gagne, / Nom de Dieu ! / Quand j'pompe un coup d'bleu* (Jean Richepin, *La Chanson des gueux*, 1876). *T'as des yeux de braise, ma poulette, mais j'aimerais mieux que t'en aies plein les fouilles, de la braise !* • DÉR. **braisard, e, braisé, e, braiseur** ou **braiseux, euse** adj. (de *braise* ; *braisard* 1903, Esnault ; *braisé* 1897, Rictus ; *braiseur* 1866, Delvau ; *braiseux* 1879, Gilles). Vx. Riche : *Quand on n'est pas braiseux d'naissance, / Pour viv'faut bien truquer un peu* (A. Bruant) • **braiser** v. tr. (1867, Delvau). Vx. Payer.

BRAQUER v. tr. Fam. Cambrioler (surtout une banque) • DÉR. **braquage** n. m. Action de braquer. Syn. *hold-up* • **brako** n. m. (2007, *Lexik des cités*). Arg. des cités. Syn. de *braquage*.

BRASSEUR D'AFFAIRES n. m. (de *brasser*, en un sens péj. ; entre 1825 et 1856, M. Alhoy). Celui qui s'occupe de nombreuses affaires (dont l'archétype est, depuis 1851, Mercadet, le *faiseur* (v. ce mot) de Balzac).

BREDOCHE n. f. (en rapport avec *bridon* ; 1821, Ansiaume). Vx. Liard.

BREF adj. **Être au bref** (emploi misérabiliste de l'adj. ; 1821, Ansiaume) ou **être bref** (1867, Delvau). Vx. Être démuni, à court d'argent (correspond à l'argot ital. des années 1940, *essere al brevo !*).

BRETON n. m. (souvenir des bandits de grands chemins de l'« après-guerre de Cent ans » ; 1455, *Coquillards*). Arg. anc. Voleur, larron.

BRIDON n. m. (de *bride* ; 1800, Leclair, *Histoire des bandits d'Orgères*). Arg. anc. Liard.

BRIQUE n. f. (analogie de forme ; 1945, Esnault). Pop. Liasse de 1000 billets de 1000 anciens francs, c.-à-d. somme d'un million d'anciens francs (ou 10 000 nouveaux francs) : *C'est comm'ça que j'me fais dans les vingt briqu'par an* (Bernard Dimey, *Poèmes voyous*, 1978) • **brique lourde** (1986). Somme d'un million de nouveaux francs (100 millions d'anciens francs) • DÉR. **briquette** n. f. (1954, Le Breton). Pop. Somme d'un million d'anciens francs (ou 10 000 nouveaux francs).

BRISER v. tr. (emploi métaphorique du verbe usuel (cf. « Brisons-la ! ») ; 1836, terme auvergnat, selon Vidocq !). Arg. anc. Escroquer en disparaissant sans respecter ses engagements de départ • DÉR. **briseur, euse** n. (id.) Escroc • **brisure** n. f. (id.). Escroquerie commise par le briseur.

BROC n. m. (forme picarde de *broche*, « morceau de métal » ; 1901, A. Bruant), **broche** n. f. (id.) ou **broque** (1627, Péchon de Ruby). Arg. anc. Liard, centime ; monnaie de très faible valeur • DÉR. **broquille** (1866, Delvau) et **brocaille** n. f. (1911, Esnault). Vx et pop. Pièces de faible valeur.

BROCANTER v. intr. (origine peu claire, p.-ê. du néerl. *brok*, « morceau, fragment » ; 1696, Régnard, *Le Joueur*). Faire commerce d'objets d'occasion, généralement de peu de valeur • DÉR. **brocante** n. f. (1782, Mercier, *Tableau de Paris*) ou **brocantage** (1897, A. Daudet ; rare). Le commerce en question ; lieu en plein air où il se tient parfois. / **De la brocante** (1867, Delvau), se dit en un sens collectif, objets de peu de valeur • **brocanteur, euse** n. (1694, Ménage). Personne qui se livre audit commerce.

BRODEUR n. m. (de *broder*, au sens de « fabuler, mentir »). Vx. Prêteur escroc d'un cercle de jeu, qui revient sur sa parole.

BROKER n. m. (mot anglais, « courtier » ; 1980, Robert). Intermédiaire dans des opérations financières ou commerciales. Cet anglicisme ne dit rien de plus que *courtier* (officiellement recommandé). V. *trader*.

BROQUE et **BROQUILLE** n. f. V. *broc*.

BROUILLARD n. m. (de *papier brouillard,* papier non encollé qui absorbe l'encre fraîche ; 1680, Richelet). Vx. Registre de commerce sur lequel on inscrit au jour le jour les opérations : *Vous devez l'avoir aussi sur vos livres, observa M. de Trégars. Le mari n'avait pas attendu l'observation. Déjà il feuilletait son brouillard…* (E. Gaboriau, *L'Argent des autres*, 1874). Syn. *main courante.*

BROUILLÉ AVEC LA MONNAIE loc. adj. (constat d'une ironie amère ; 1867, Delvau). Vx. Pauvre, ruiné.

BROÛLÉ n. m. (mot wallon ; 1933, J. Haust). Ancienne monnaie liégeoise de cuivre du XVIe s., de douze ou seize sous.

BRUGE n. m. (de l'argot piémontais *bruzi,* « forgeron » ; 1821, Ansiaume). Arg. anc. Serrurier « spécialisé » • DÉR. **brugerie** n. f. (1836, Vidocq). Serrurerie voyoute.

BRUT adj. et adv. (1751, *Encyclopédie*). Dont on ne déduit rien : *Et t'es payé combien ? – 1200 euros brut et 200 de prime de risque* (Tonino Benacquista, *Le serrurier volant*, 2006). *Taux brut, produit brut, valeur brute.* Anton. *net.*

BUDGET n. m. (de l'angl. *budget*, qui a été emprunté à l'ancien fr. *bougette*, « petit sac de cuir », syn. de *bourse* ; XIIe s.). Programme, généralement annuel, de recettes et de dépenses probables, exprimé en termes monétaires, établi par et/ou pour une personne, un groupe d'individus, une entreprise en vue de réaliser un équilibre financier : *Notre ministre du budget affirme qu'une amnistie serait contraire au pacte républicain. Cela clôt le débat. La gauche défend la morale avec force conviction* (Gérard de Bartillat, *Le Monde,* 12 mars 2010) • DÉR. **budgétaire** adj. (1825, Balzac). Qui se rapporte au budget • **budgétairement** adv. (1872, *Journal officiel*). Relativement ou conformément au budget • **budgétiser** ou **budgéter** v. tr. (*budgéter*, 1872, Littré ; *budgétiser*, 1953, Robert). Inscrire au budget • **budgétisation** n. f. (1953, *Combat*). Action de budgétiser • **débudgétiser** n. f. (1953, *Le Monde*). Retirer du budget une dépense qui y figurait jusque-là en la faisant financer par d'autres ressources • **débudgétisation** n. f. (1953, *Combat*). Action de débudgétiser. V. *lèche-budget.*

1. BULLE n. m. (origine obscure, p.-ê. de *papier bulle*, dont la couleur jaunâtre peut faire penser à l'or ; 1897, Esnault). Vx. Argent.

2. BULLE n. f. (sans doute d'un mot japonais, trad. en anglais par : *Japanese bubble* ; métaphore de l'« univers clos et apparemment cohérent de la spéculation, qui finit par éclater » ; 1re bulle financière au Japon entre 1986 et 1990). **Bulle économique**, **bulle de prix**, **bulle financière** ou **bulle spéculative,** niveau de prix d'échanges sur un marché financier gonflé artificiellement par rapport à la valeur intrinsèque des biens ou actifs échangés : *Tout juste les marchés financiers se remettent-ils de l'éclatement de la bulle des crédits subprimes que déjà plane la menace de nouvelles bulles* (P.-A. Delhommais, *Le Monde*, 31 janvier 2010).

BUQUE n. f. (mot de Haute-Normandie, « broutille » ; 1821, Ansiaume). Arg. anc. Vol de bijoux à la suite d'un marchandage. • **buquer** (1836, Vidocq). v. intr. Voler dans une boutique en demandant de la monnaie.

BUTIN n. m. (empr. au moyen bas-all. *bute*, « ce qui échoit à qqn à la suite d'un partage » ; d'abord « prise de guerre », 1350, G. de Charny, puis « se dit aussi des voleurs », 1690, Furetière). Produit d'un vol, d'un pillage : *Je raflai le butin en vitesse, en donnai une partie au bossu et nous rejoignîmes notre voiture* (Léo Malet, *Trilogie noire*, 1948).

CACHE-MAILLE ou **CACHE-MAGNE** n. f. (de *cacher* et de *maille* (v. ce mot) ; dès 1611, Cotgrave ; encore en 1827, Gaudy-Lefort, *Glossaire genevois* et 1900, H. Snell). En Suisse romande, tirelire.

CACHET n. m. (1733, « marque permettant de tenir le compte de certaines prestations : soit leçons particulières, soit numéros d'artistes, concerts », etc. ; *courir le cachet*, en parlant d'un artiste, 1835 fam. *(Dict. de l'Acad. fr.)*, chercher à obtenir une rémunération ; argot, 1901, A. Bruant). Somme versée à un artiste pour sa prestation ou à un proxénète (artiste en son genre) par une de ses « femmes » • DÉR. **cacheton** n. m. (1947, Esnault). Arg. Cachet d'un figurant : *Les deux mâles discutent cachetons, figurations à la télé, défilés de mannequins* (Jean-Luc Porquet, *La Débine,* 1987) • **cachetonner** v. t. et intr. (1957, Sandry & Carrère). Arg. Payer ou toucher un cachet.

CADEAU (PETIT) n. m. (euphémisme ; 1828, Vidocq). Gratification remise par le client à la prostituée : *Elle me réclama sans plus attendre son petit cadeau et je me montrai généreux* (Léo Malet, *Trilogie noire*, 1948).

CADET n. m. (sens de *valet*, « aide » ; 1725, Granval). Arg. anc. Syn. de *pince-monseigneur.*

CAGNOTTE n. f. (du prov. *cagnoto*, attesté dans l'Agenais au sens de « petite cuve utilisée pour la vendange », 1857 ; sens 1 : 1899, Nouguier ; sens 2 : 1926, Esnault). 1. Vx. Cachette où on place de l'argent. 2. Fam. Bénéfice plus ou moins avoué.

CAÏD n. m. (emprunt à l'arabe = « chef » ; 1943, Esnault). Vx. Billet de banque de 5000 francs. / **Un blé en caïds**, une somme d'un million de francs (en 1943).

CAIRE n. m. (de l'anc. provençal *caire*, « caillou » ; 1455, *Coquillards*). Arg. anc. Argent : *Les garçons d'mon poil / y leur faut d'la cuisse / du treffe et du caire* (Jehan Rictus, *Le Cœur populaire*, vers 1900).

CAISSE n. f. (par analogie de forme ; du prov. *caissa*, issu du lat. *capsa*, « caisse où on enfermait des livres », chez Cicéron ; sens financier actuel dès 1636, Monet, *Invantaire des deus lang., fr. et lat.,* Genève). Coffre, meuble, tiroir où l'on enferme l'argent, les valeurs : *Et la misère, tu l'aimes, espèc'de pomme ? / Passe à la caisse et barr'toi quand tu veux* ! (Bernard Dimey, *Poèmes voyous*, 1978). *Docteur, le trésorier de l'amicale vient de s'enfuir avec la caisse !* (Alphonse Boudard, *La Métamorphose des cloportes*, 1962). / **Tenir la caisse** loc. verbale (1690, Furetière). Gérer les fonds d'une entreprise, d'un commerce. / **Bander la caisse** ou **sauver la caisse** (ce dernier tour, ironique ! 1867, Delvau pour les deux loc.). Arg. anc. Partir en volant les fonds d'une entreprise. / **Battre la caisse** (1867, Delvau). Vx. Aller chercher de l'argent • DÉR. **Caisse d'épargne** n. f. (*caisse d'épargne et de prévoyance* en faveur des instituteurs primaires communaux, fondée en 1833 ; selon Delvau, en 1867, c'était le nom que le peuple donnait à… la bouche, car « les trois quarts du salaire sont absorbés par ce gouffre toujours ouvert » !) : *Ils songent avec émotion à leur livret de caisse d'épargne, aux 2988 francs et 23 centimes qu'ils y ont en commun et par moitié* (Jean Malaquais, *Les Javanais*, 1939). *La Caixa, la première caisse d'épargne espagnole, a ainsi dû renoncer à émettre des obligations hybrides* (I. Ehrhart, *Le Monde*, 31 janvier 2010) • **caisse noire** n. f. (1883, Fustier). Fonds qui n'entrent pas dans la comptabilité officielle. V. *grenouille* et *tiroir-caisse* • DÉR.

caissier, ère n. (*cassier*, 1585, Dampmartin). Employé(e) qui tient la caisse d'un commerce, d'une banque, etc. : *Cette caisse, vérifiée la veille par le caissier général du ministère, renfermait une somme de trois mille francs en or et en différentes espèces* (Ponson du Terrail, *Rocambole,* 1857). *Quand la caissière lui eut rendu la monnaie de sa pièce de cent sous, Georges Duroy sortit du restaurant* (Guy de Maupassant, *Bel-Ami*, 1885).

CALÉ, E adj. (de *cale* ; idée de confort, de stabilité assurée ; 1782, Esnault). Vx. Qui se trouve dans une situation aisée.

CALLERI n. m. (mot gitan, de même sens ; 1954, Le Breton). Vx. Argent.

CAMBRIOLE n. f. (emploi « délinquant » de *cambriole*, « chambre », du prov. *cambro*, encore en 1836, Vidocq ; 1790, *Le Rat du Châtelet*, pour les deux sens). Arg. et Vx. 1. Vol dans une maison citadine. 2. Confrérie ou activité des cambrioleurs. V. citat. à *rincer.*

CAMBRIOLER v. tr. et intr. (du précédent ; 1847, Balzac ; cette série de mots, aujourd'hui, n'a plus rien d'argotique !). Dévaliser (une chambre, un appartement) : *Il se voyait déjà conquérant Pigalle comme le héros du dernier film qu'il avait vu aux Gobelins. De là à voler des voitures, cambrioler quelques boutiques... un pas* ! (Alphonse Boudard, *La Métamorphose des cloportes*, 1962) • DÉR. **cambriolage** n. m. (1898, Esnault). Vol opéré dans une pièce, une maison : *J'ai appris hier qu'un de mes anciens élèves, un marquis authentique, grand nom, grande noblesse, vient d'être arrêté à Paris en flagrant délit de cambriolage* (Georges Darien, *Le Voleur*, 1897) • **cambrioleur, euse** n. (1828, Vidocq). Voleur, voleuse en chambre : *Le fils du chaudronnier d'Augsbourg et Arsène Lupin, prince des cambrioleurs, peuvent s'accorder sans honte ni pour l'un ni pour l'autre* (Maurice Leblanc,

813, 1910) • VAR. **cambri** ou **cambrio(t)** n. m. (abrègement du précédent ; 1895, A. Bruant) : *Le cambrio, le serreur, y* [à la Bastille] *fraient avec le hareng à deux thunes par jour* (Francis Carco, *Traduit de l'argot*, 1927).

CAMBROUSIER, ÈRE n. (de *cambrouse*, lié à *campus* ; 1836, Vidocq). Arg. anc. Écumeur, voleur de campagnes.

CAMELOTE n. f. (de *coesme*, « gros mercier » ; 1596, Péchon de Ruby). Arg. anc. Butin du voleur • DÉR. **cameloter** v. tr. (de *camelote* ; sens 1 : 1899, Nouguier ; sens 2 : 1821, Mézière). Arg. 1. Détourner à son profit. 2. Marchander, ou vendre • **cameloteuse** (1829, *Mémoires d'un forçat)* ou **camelotière** (1845, Alhoy). n. f. Arg. anc. Receleuse pour forçats • **camelotier** n. m. (sens 1 : 1612, Verville, selon Esnault ; sens 2 : 1821, Ansiaume). 1. Trafiquant sans scrupule. 2. Marchand.

CAMIONNAGE n. m. (de *camion* ; sens 1 : 1877, Littré ; sens 2 : 1900, Bruant). 1. Frais occasionnés par le transport de marchandises en camion. 2. Pourboire : *Et il n'y a rien pour le camionnage, dit Maxime en rendant la monnaie* (Bruant).

CANAILLE n. f. (empr. à l'ital. *canaglia*, de *cane*, « chien » ; 1639, Corneille). Individu malhonnête et sans scrupule : *Il va falloir que je glorifie les vertus, les travaux* [...] *de cette vieille canaille qui n'a jamais réussi qu'une chose, sa carrière* (Clément Vautel, *Le Fou de l'Élysée*, 1939). • DÉR. **canaillerie** n. f. (1821, Chateaubriand). Acte malhonnête : *Quand un gaillard que l'on estime une canaille se comporte comme un honnête homme, c'est la pire des canailleries, c'est surtout la moins pardonnable des canailleries, parce qu'il n'y a plus moyen de s'y reconnaître* (G. Duhamel, *La Passion de Joseph Pasquier*, 1945). Syn. *fripouille*, *fripouillerie*.

CANCRE n. m. (du lat. *cancer*, « crabe » ; d'abord « homme, misérable », 1668, La Fontaine ; sens pop. 1867, Delvau). Vx. Homme avare, qui n'aime pas prêter (il referme ses « pinces » sur ses sous). V. *chancre*.

CANDÉLABRE n. m. (1944, Esnault ; jeu de mots sur « deux bougies »). Vx et pop. Somme de 10 anciens francs.

CAPITAINE n. f. (emploi parodique du terme militaire ; sens 1 : 1830, Esnault ; sens 2 : 1836, Vidocq ; sens 3 : 1867, Delvau). Arg. anc. 1. Usurier de bagne. 2. Agioteur. 3. Capitaliste • DÉR. **capitainer** v. intr. (1836, Vidocq). Syn. d'*agioter* • **capitainage** n. m. (id.). Syn. *d'agiotage*.

CAPITAL n. m. (probablement de l'ital. *capitale*, « partie principale d'une richesse par rapport aux intérêts qu'elle produit » ; 1606, Nicot). Ensemble des biens que l'on fait valoir : *Demandez à Costeclar pourquoi il va fonder une société au capital de je ne sais combien de millions. Il vous répondra que c'est pour construire un chemin de fer* (E. Gaboriau, *L'Argent des autres*, 1874) • **capitaux** n. m. pl. (1832, Jean-Baptiste Say, « richesse considérée comme moyen de production »). Argent, ressources financières dont on dispose (et qu'on peut investir dans une entreprise) : *La destinée de l'homme qui travaille sans capitaux, quel que soit d'ailleurs le métier qu'il exerce, est d'être continuellement exploité par ceux qui possèdent* (Vidocq, *Dictionnaire d'argot*, 1836). *Je ne voudrais à aucun prix négliger d'employer, dans une large mesure, les capitaux français pour une telle entreprise* (Georges Darien, *Le Voleur*, 1897). *Marcus savait aussi bien que lui qu'en décembre il cherchait des capitaux en Amérique, pour la* Golmar, *cette affaire qui les liait depuis tant d'années* (I. Némirovsky, *David Golder*, 1929) • **capitalisme** n. m. (de *capital* ; 1842, J.-B. Richard de Radonvilliers). Système économique qui se caractérise par la propriété privée des moyens de production et d'échange et par la recherche exclusive du profit : *Nul n'ignore que le capitalisme s'est d'abord développé dans des pays catholiques, l'Italie et la Flandre* (Alain Touraine, *Critique de la modernité*, 1992) • **capitaliste** adj. et n. (1759, *Lettre à J.-J. Rousseau*). Personne qui possède des capitaux et qui en tire un revenu en les faisant valoir notamment par prêt ou investissement dans une entreprise ; partisan du capitalisme. V. citat. à *profit* • **capitalistique** adj. (1872). Qui se rapporte au capitalisme.

CAPITALISER v. tr. et intr. (« convertir en capital » ; 1770, P.-S. Dupont de Nemours ; v. intr. « accumuler de manière à former un capital », 1831, C.-L. Bergery). Accumuler (les intérêts ou les bénéfices) de manière à former ou à grossir un capital, et à les rendre productifs à leur tour • DÉR. **capitalisable** adj. (1842, J.-B. Richard de Radonvilliers). Qui peut s'ajouter de manière à constituer ou à grossir un capital • **capitalisation** n. f. (1838, *Dict. de l'Acad. fr.*). Accumulation d'intérêts ou de bénéfices de manière à former ou à augmenter un capital • **recapitaliser** (1987, Robert). Remettre des capitaux dans une entreprise pour la renflouer : *En recapitalisant les principaux groupes financiers de l'Eire, la coalition entre le Fianna Fail et les Verts amène les pouvoirs publics à détenir une majorité de l'Allied Irish Bank* (Marc Roche, *Le Monde,* 1er avril 2010) • **recapitalisation** n. f. (id.). Action de recapitaliser. V. citat. à *parachute doré.*

CARABAS n. pr. (du conte de Perrault ; 1867, Delvau). Vx. Riche propriétaire.

CARAMBOUILLE n. f. (altération de *carambole* (1792), « boule rouge du billard » ; 1918, Esnault). Escroquerie consistant à revendre rapidement une marchandise qu'on n'a pas payée • VAR. **carambouillage** n. m. (1900, Nouguier). Vol • DÉR. **carambouiller** v. tr. (1928, Esnault). Voler, dévaliser : *Qu'est-ce qu'il a encore fait, j'ai demandé, carambouillé la Tour Eiffel* ? (A. Simonin, *Touchez pas au grisbi*, 1953).

CARBI n. m. (du picard *carbon*, pour *charbon*, à rapprocher de *braise* ! 1953, Esnault). Vx. et arg. Argent.

CARBURE n. m. (sans doute du *carbure de calcium*, qui servait jadis à faire fonctionner les lampes à acétylène ; 1935, Esnault). Arg. Argent : *Dis, vermine, tu vas le lâcher ton carbure* ? (Alphonse Boudard, *La Métamorphose des cloportes*, 1962). *L'amour quand y a plus d'carbure, / C'est comme un vieux falzar pourri* (Bernard Dimey, *Poèmes voyous*, 1978).

CARCAGNIO (de l'argot esp. *carcagno*, « avare » ; 1833, Esnault) ou **carcaniau** (1841, id.). n. m. Arg. anc. Usurier de prison ; avare • DÉR. **carcan** n. m. (1842, Balzac). Vx. Femme avide de rentes.

CARIBEN n. m. (mot hybride, de *carrer* ; 1836, Vidocq). Arg. anc. Escamotage pratiqué lors d'un change de monnaie • DÉR. **caribéner** v. tr. (1836, Vidocq). Pratiquer l'escamotage. V. *vol*.

CARLE ou **CARLO** n. m. (troncation de *carlin*, monnaie italienne, ou bien emprunt au fourbesque, argot italien ; XVIIIe s. ; encore en 1836, Vidocq). Arg. anc. Argent amassé. V. citat. à *blanquette*.

CARME n. m. (du sens ancien « miche de pain blanc » en 1625, chez Olivier Chéreau ; 1835, Delcroix). Arg. Argent : *Sûr, c'est pas eun'gerce à la roue / Qui m'méprisera pour manqu'de carme* (Jehan Rictus) • DÉR. **carmer** v. tr. (de *carme* ; 1867, Delvau). Arg. Payer : *Tu fais pas crédit aux fabriques / Faut t'carmer aussitôt l'turbin* (P. Paillette, cité par Bruant).

CAROLUS n. m. (du lat. *Carolus*, pour *Charles* ; à partir du XVe s., sous Charles VIII, roi de France). Ancienne monnaie, généralement de cuivre alliée d'argent ou parfois d'or, de valeur diverse, frappée sous le règne de souverains prénommés Charles.

CAROTTE n. f. (analogie de forme ; encore sens d'« arnaque » en 2007, dans le *Lexik des cités* ; sens 1 : 1842, Stendhal ; sens 2 : 1867, Delvau ; sens 3 : 1882, joueurs de passe anglaise, Esnault). Arg. 1. **Tirer une carotte**, soutirer un maigre profit à qqn. 2. **Jouer la carotte**, au jeu, hasarder le moins possible, ne miser que de petites sommes. 3. Pile des pièces gagnées, tenue dans la main • DÉR. **carotter** v. tr. (de *carotte* ; 1835, *Dict. de l'Acad. fr.* ; v. intr. 1834, Balzac ; encore en 2007, dans le *Lexik des cités*). Fam. Soutirer (à qqn) des sommes d'argent relativement modestes, en abusant habilement de sa crédulité, de sa générosité ; v. intr. jouer avec mesquinerie : *Selon Vautrin* [...] *le père Goriot était un homme qui allait à la Bourse et qui, selon une expression assez énergique de la langue financière,* carottait *sur les rentes après s'y être ruiné* (Balzac, *Le Père Goriot*, 1834) • **carottage** (1883, Fustier) n. m. Action de carotter • **carotteur, euse** n. (1840, Esnault) et (vx) **carottier** n. m. (1833, Vidal-Delmart). Escroqueur, euse.

CAROUBLE n. f. (du romani *carobi*, « anneau » ou de l'argot ital. *carruba*, « clé » ; 1821, Ansiaume). Vx. Fausse clé : *Ce personnage s'appelait en réalité Fernand Carouble, et ce nom de « carouble », qui désigne en argot une fausse clé, lui convenait à merveille* (Francis Carco, *Traduit de l'argot*, 1927) • DÉR. **caroubler** v. tr. (1901, Esnault). Ouvrir avec de fausses clés • **caroub(l)age** (vers 1840, Esnault). n. f. Action de caroubler • **caroubleur** ou **caroubier** n. m. (1835, Raspail). Arg. anc. Cambrioleur qui utilise de fausses clés : *Ça avait été quelqu'un, ce mec, un des plus forts caroubleurs de la place, vingt ans plus tôt* (A. Simonin, *Le Cave se rebiffe*, 1954). V. citat. à *pince-monseigneur.* / **Caroubleur à la flan** n. m. (1848, Pierre). Cambrioleur qui vole selon la circonstance, sans préparation.

C

CAR(R)E n. f. (du lat. *quadrus*, « carré » ; mot d'origine régionale). Arg. anc. Cachette ; réserve d'argent : *Un coup qu'il a été chipé, il a boulotté toute sa care avec la grande Agathe* (1901, A. Bruant). Syn. *bas de laine, magot, pécule* • **Mettre à la carre** (1848, *Pierre*), **faire sa care** ou **sa carette** (1901, A. Bruant), économiser. • DÉR. **car(r)er** v. tr. (sens 1 : 1829, *Mémoires d'un forban* ; sens 2 : 1883, Esnault). 1. Voler par escamotage. 2. Économiser • **car(r)eur, euse** n. (sens 1 : « bijoux », 1829, *Mémoires d'un forban* ; « monnaie », 1835, Raspail ; sens 2 : 1846, *Intérieur des prisons* ; sens 3 : 1848, Pierre). 1. Escamoteur de bijoux ou de monnaie : *Les careurs se font aisément reconnaître ; car dès qu'on ouvre le comptoir afin de choisir la monnaie qui leur convient, ils ne manquent pas d'y plonger la main, comme pour aider au triage* (Vidocq, *Mémoires*, 1829). 2. Compère dans le vol à la tire. 3. Receleur.

CARRÉ DE SOIE ou **GRAND CARRÉ** n. m. (1932, bouchers de la Villette, Esnault). Billet de 1000 anciens francs. V. *papier.*

CARTON n. m. (1901, A. Bruant). Vx. **Revenir carton** ou **être carton**, rentrer sans argent (en parlant de la prostituée).

CASCARET n. m. (sobriquet péj. pour *galopin*, par rapport à l'écu de cinq francs ; 1836, Vidocq). Vx. Écu de trois francs.

CASH n. m. (emprunt à l'anglais *cash*, argent, XVIe s. ; 1985, *Nouvel Observateur*). Argent (généralement comptant) ; emploi comme adv. : *La partie des bonus versée cash, c'est-à-dire au comptant, est bien moindre qu'avant la crise* (C. Gatinois et A. Michel, *Le Monde*, 12 mars 2010). V. citat. à *allonger.*

CASINO n. m. (de l'ital. *casino*, « petite maison » ; 1866, P. Larousse). Lieu public où l'on joue et on perd son fric avec entrain : *Ils semblaient porter chacun une blessure, c'était peut-être là ce qui les rapprochait. Les relations de casino ont des ressemblances avec les relations de sanatorium* (Aragon, *Les Voyageurs de l'impériale*, 1947) • VAR. **cas'** (1886, Hogier-Grison), **casin** (1907, Esnault) et **casingue** (1959, id.).

CASQUER v. tr. et intr. (de l'ital. *cascare, « tomber »* ; 1844, Vidocq). Pop. Payer (qqn ou qqch.) : *Va-t'en trouver la grand'Nana, / Dis que j'la prie / D'casquer pour moi, j'y rendrai ça / À ma sortie* (A. Bruant, 1886) • DÉR. **casqueur** n. m. (1883, Fustier). Vx. Au théâtre, spectateur payant, par opposition à ceux qui ont des billets de faveur • **casque** n. m. (1887, Esnault). Achat ; action de payer • **casquement** (1881, id.). Le fait de payer.

CASSER v. tr. (de *casser*, dès 1796 au sens 1 ; emploi spécialisé du verbe usuel ; au sens 2, p.-ê. influence de *casser sa tirelire* ? 1901, Zola). 1. Fracturer (un coffre). 2. Dépenser • v. intr. (1932, Esnault). Être cambrioleur • DÉR. **casseur** n. m. (de *casser* ; 1627, Esnault au sens 1 ; d'abord *casseur de portes* au sens 2 : 1848, puis simpl. *casseur*, 1885, Esnault). 1. Vx. Coupe-bourses. 2. Cambrioleur : *Les casseurs ressemblent à leurs ennemis les flics. Ils ont des connaissances communes* (Alphonse Boudard, *La Métamorphose des cloportes*, 1962) • **casse** ou (vx) **cassement** n. m. (de *casser* ; 1899, Nouguier ; *cassement* : 1879, Esnault, rare avant 1930, aujourd'hui inusité). Fam. Cambriolage avec effraction : *Tiens, ajouta-t-il en riant, voilà ce que tu devrais faire, Jean, pour te sortir de la mouise : un cassement* (Léo Malet, *Trilogie noire*, 1948). *D'autres affaires m'étaient tombées sur la soie en cours d'instruction, des casses chez les antiquaires* (Alphonse Boudard, *La Métamorphose des cloportes*, 1962).

C

CASUEL n. m. (du lat. *casualis*, « fortuit, accidentel » ; 1669). Profit ou bénéfice variable, aléatoire ; en argot, revenu des passes, dans une maison close.

CAVALIER n. m. (1957, Sandry-Carrère). Surnom arg. de la monnaie anglaise appelée *souverain* (v. ce mot).

CAVALOT n. m. (p.-ê. « qui se cavale », qui quitte facilement le morlingue ? 1867, Delvau). Arg. anc. Pièce de menue monnaie.

CAVE n. f. (emploi imagé du mot usuel, suggestion du « trésor enfoui » ; 1690, Furetière). Arg. Somme d'argent, en monnaie ou en jetons, que chaque joueur met en jeu au début de la partie. V. *décavé*.

CÉ ou **GÉ** n. m. (du signe C en alchimie, qui figure le dernier quartier de la lune, symbole de l'argent ; 1790, *Le Rat du Châtelet*). Arg. anc. Argent. V. *roulant*.

CEINTURE n. f. (équivalent de *se serrer la ceinture* ; 1904, Esnault). **Faire ceinture** ou **se serrer la ceinture** loc. verbale. Fam. Ne pas obtenir ce qu'on espérait ; être contraint de se soumettre à des restrictions : *Depuis dix ans [...], les Allemands se serraient la ceinture sur les salaires, jouaient à fond la carte de la compétitivité et des exportations* (P.-A. Delhommais, *Le Monde*, 9-10 mai 2010). loc. verbale. Fam. Ne pas obtenir ce qu'on espérait • **Ceinture !** interj. Rien du tout !

CENNE n. f. (« francisation » de *cent ;* 1980, Léandre Bergeron). Au Canada, terme courant pour désigner la centième partie du dollar • VAR. **centin** n. m. (id.).

CENT (empr. à l'anglo-américain *cent* : sens 1 : subst. attesté dep. 1782 comme terme désignant une monnaie ; sens 2 : à partir de 1838 ; sens 3 : depuis 2002). 1. Monnaie équivalant au centième du dollar : *Le gardien, qui d'habitude exige une pièce de cinq* cents *pour débloquer le tourniquet, a déserté son poste* (Daniel de Roulet, *Kamikaze Mozart*, 2007). 2. Monnaie de cuivre du royaume des Pays-Bas, centième partie du florin. 3. Dans l'espace Schengen, centième partie de l'euro.

CENTIME n. m. (dixième partie du *décime* ; 24 août 1793, *Décret de la Convention Nationale*). Vx. Centième partie du franc : *Y en a qui se pos'nt en victimes, / Pour qu'on leur jette quelques centimes / Sur le pavé* (A. Bruant, 1882). *Au lieu d'avoir un seul timbre à 0,25 franc, vous pourriez avoir un timbre, d'abord à 10 centimes, vert pomme, plus un autre timbre à 5 centimes, rose bonbon. Ensuite, eh bien, un autre timbre à 5 centimes, violet pistache, alors ça fait 20 centimes ; plus deux timbres à 2 centimes, orange mauve et un timbre à 1 centime. Ça fait 0,25 franc…* (F. Raynaud, avant 1960) • VAR. arg. **fainin** ou **fénin** (origine obscure ; 1901, A. Bruant) • **centime additionnel** n. m. (1764, en termes de finances, « qui s'ajoute à (en parlant d'une taxe qui s'ajoute à une autre taxe) » ; Jacques Bainville, 1924). Partie aliquote (« qui est contenue un nombre exact de fois dans un tout ») d'un impôt, qui s'y ajoute, et qu'on fait payer en sus par les contribuables.

CERCLE n. m. (analogie de forme, dès 1455, *Coquillards* : « bague d'or ou d'argent » ; 1835, Raspail). Vx. Argent monnayé. / **Avoir du cercle**, de l'argent.

CERF-VOLANT n. f. (du jeu d'enfant ; 1836, Vidocq). Vx. Femme qui dépouille les petits enfants dans une allée ou un lieu écarté.

CHACAL n. m. (2007, *Lexik des cités*). Arg. Personne très avare.

C

CHANCRE n. m. (emploi métaphorique du mot usuel : « celui qui ronge le capital qu'on lui confie » ; 1901, A. Bruant). Vx. Usurier. V. *cancre.*

CHANGE n. m. (du verbe *changer* ; 1854, E. About). Opération par laquelle une monnaie est convertie en une autre monnaie : *Cette prééminence* [de l'euro] *n'allait pourtant pas de soi, au moment du lancement de la monnaie unique : le traité de Maastricht avait en théorie prévu une compétence partagée sur la gestion du taux de change entre les gouvernements et la BCE* (P-A. Delhommais, *Le Monde*, 17 janvier 2010). V. *flottant.* / **Lettre de change** (1690, Furetière). Document par lequel un créancier ou tireur, prescrit à son débiteur, ou tiré, de payer à une date donnée une certaine somme à une personne désignée, le bénéficiaire : *[Eugène] pensait au père Goriot tordant son vermeil et le vendant pour aller payer la lettre de change de sa fille* (Balzac, *Le Père Goriot*, 1834). Syn. *traite.* / **Agent de change,** v. *agent.*

CHANOINE, ESSE n. (emploi ironique du mot usuel ; 1836, Vidocq). Vx. Rentier, ère.

CHANTER v. intr. (sens 1 : 1718, Esnault ; sens 2 : 1807, d'Hautel). 1. Payer ce qui est demandé dans un marchandage. 2. Se laisser extorquer de l'argent. / **Faire chanter qqn** (1835, Esnault), lui extorquer de l'argent, sous peine de dévoiler un secret compromettant • DÉR. **chantage** n. m. Moyen de pression illicite exercée sur une personne pour lui extorquer de l'argent ou des valeurs, par la menace de révélations scandaleuses ou diffamatoires : *Il ne veut pas payer ce fripon de Zanni de cette façon désastreuse qu'il avait été contraint d'accepter sous menace de chantage* (Henri de Monfreid, *Les Secrets de la mer Rouge*, 1932) • **chanteur** n. m. V. *maître-chanteur.*

CHAPARDER v. tr. (ce serait une invention des militaires, durant les guerres d'Orient, et il viendrait du mot *chatpard*, « chat-tigre » ; 1859, Larchey ; hypothèse reprise par Littré dans son *Supplément* de 1877, ainsi que les dérivés). Fam. Voler en maraudant • DÉR. **chapardage** n. m. (1878, Esnault) et **chaparderie** n. f. (1863, id.). Fam. Syn. de maraude • **chapardeur, euse** adj. et n. 1858, id.). Fam. Maraudeur.

CHARGES n. f. pl. (emploi spécialisé du mot usuel ; 1936, René Capitant). Obligations accessoires résultant d'un contrat ayant pour objet le transfert ou la détention d'un immeuble. / Anc. **Charges publiques** (1856, Alexis de Tocqueville), impositions qui frappent l'ensemble de la population. / **Charges locatives** ou, absol., **charges**, ensemble des sommes que doit payer le locataire à des titres divers (taxe d'enlèvement des ordures ménagères, dépenses d'ascenseur, etc.) et qui s'ajoutent au montant du loyer • DÉR. **charger** v. tr. (1978, Doppagne). Au Québec, syn. de *facturer.*

CHARLES n. m. (selon Esnault, souvenir probable d'un illustre malandrin, p.-ê. le capitaine Charles, qu'on rencontre chez Péchon de Ruby, en 1596 ; 1800, bandits d'Orgères). Arg. anc. Voleur.

CHARRIER v. tr. (emploi métaphorique, cf. *mener en bateau* ; 1836, Vidocq). Vx. Voler grâce au procédé du charriage • **charriage** n. m. (id.) ou **charrida** (forme languedocienne ; 1886, Esnault). Vx. Type de vol reposant sur une tromperie, qui consiste à dépouiller un gogo en l'incitant à s'approprier un (faux) trésor enterré au pied d'un arbre • **charrieur** n. m. (1836, Vidocq) ou **charrida** (1835, Raspail). Vx. Voleur qui mystifie sa victime : *Les charrieurs sont en même temps voleurs et mystificateurs, et presque toujours ils spéculent sur la bonhomie d'un* *fripon qui n'exerce le métier que par occasion* (Vidocq, *Dictionnaire d'argot,* 1836). V. *américain* et *jardinier.*

CHATEAUBRIAND n. m. (billet à effigie de Chateaubriand ; 1954, Léo Malet). Vx. Billet de 500 anciens francs.

CHATTE n. f. (un félin figurait sur certaines pièces d'argent ; sens 1 : 1836, Vidocq ; sens 2 : 1867, Delvau, encore en 1901, A. Bruant). Vx. 1. Écu de six francs. 2. Pièce de 5 fr. : *De quoi qu'i r'naude ? J'y assure une chatte tous les jours !* (A. Bruant).

CHAUFFER v. tr. (idée de menace, voire de torture ; sens 1 : vers 1845, Esnault ; sens 2 : 1885, Courteline). 1. Détrousser : *Les fameux bandits d'Orgères, vers 1800, étaient des chauffeurs sachant chauffer !* 2. Voler : *Ils venaient travailler en France à différentes bricoles. Ils nous ont montré tout ce qu'ils avaient chauffé au Grand Prix, des portefeuilles de dames en maroquin, des petites montres* (Tristan Bernard, *Amants et voleurs*, 1905) • DÉR. **chauffeur** n. m. (1798, policiers de Beauce, d'après Esnault). Arg. anc. Bandit qui chauffait dans l'âtre les pieds des paysans pour leur faire avouer où ils cachaient leur bas de laine : *Ils profitent de ces circonstances et de la connaissance des localités, pour indiquer aux chauffeurs les fermes isolées où il y a de l'argent* (Vidocq, *Mémoires,* 1828). Syn. *riffaudeur, suageur.*

CHÈQUE n. m. (emprunt à l'angl. *check*, de même sens, emprunté lui-même à l'anc. fr. *eschec*, 1774 ; 1863, Littré). Écrit par lequel le titulaire ou procureur d'un compte donne l'ordre de payer à lui-même ou à un tiers, une somme déterminée, prélevable immédiatement sur les fonds portés au crédit de ce compte : *Tous ces messieurs c'est jamais des purées, /Y a l'carnet d'chèques sous les décorations* (Bernard Dimey, *Poèmes voyous*, 1978) • **chèque en bois**

ou **sans provision** (fin des années 20). Chèque tiré sur un compte non approvisionné ou à découvert : *Il est venu et il m'a proposé en paiement un chèque tiré sur la banque franco-américaine à New-York, et j'ai eu la sottise d'accepter* [...] - *Un chèque sans provision ? Mais ça ne se passera pas comme ça, j'attaquerai la veuve...* (I. Némirovsky, *David Golder*, 1929). / N. B. On dit aux États-Unis et au Canada **a rubber check**, litt. « un chèque en caoutchouc » et au Brésil **um cheque voador**, « un chèque volant » ! • DÉR. **chéquard** n. m. (de *chèque* ; 1893, Papillaud). Homme politique soupçonné d'avoir accepté des chèques pour favoriser l'entreprise du canal de Panama : *Il s'effeuillait d'innombrables carnets de chèques sur le Palais-Bourbon* [...], *nos chéquards du Parlement livrent la France à une puissance étrangère, la Finance* (A. France, *Le Mannequin d'osier*, 1897) ; par ext. individu qui s'est laissé corrompre par de l'argent • **chéquier** n. m. (1877, Darmsteter). Carnet de chèques. V. citat. à *jonc*.

CHER, CHÈRE adj. (du latin *carus*, de même sens ; *vendre cher*, 1100, *Chanson de Roland*). Qui est d'un prix élevé : *Il jeta son dévolu sur* L'Éclair, *qui précisément était à vendre. Pour acheter quelque chose de cher, il faut de l'argent et beaucoup d'argent* (Léon Daudet, *Mémoires*, vers 1910). ; emploi adv. À un prix élevé : *Je lui ai dit que j'étais prêt à payer cher pour récupérer des photos* (Yves Ravey, *L'Épave*, 2006). • DÉR. **chérot** adj. m. (1883, Esnault). Même sens : *I'voulait pas être insoumis pa'c'que ça finit toujours par coûter trop chérot* (A. Bruant).

CHEVALIER n. m. **Chevalier d'industrie** n. m. (traduction de l'esp. *caballero de industria*, le subst. *industrie* ayant ici le sens d'« activité douteuse » ; 1713, *Gongam ou l'Homme prodigieux*). Vx. Personne qui se livre à des activités malhonnêtes, aventurier. V. citat. à *accapareur*. • **chevalier grimpant** (1829, Vidocq). Vx. Syn. de *bonjourier* : *Les* chevaliers grimpants, *que l'on nomme aussi* voleurs au bonjour, donneurs de bonjours, bonjouriers, *sont ceux qui, s'étant introduits dans une maison, enlèvent à la passade le premier objet qui leur tombe sous la main* (Vidocq, *Mémoires*, 1828).

CHEVANCE n. f. (du vieux verbe *chevir*, « fournir, pourvoir » ; 1er tiers du XIIIe s.). Vx. Bien que l'on possède, domaine : *Il avait dans la terre une somme enfouie, / Son cœur avec, n'ayant autre déduit / Que d'y ruminer jour et nuit, / Et rendre sa chevance à lui-même sacrée* (La Fontaine, *L'Avare qui a perdu son trésor*, 1668).

CHICHE adj. et n. (sans doute d'un élément onomatopéique *tchitch-* exprimant l'idée de petitesse ; 1165-70, Chrétien de Troyes). Vx. Qui regarde à la dépense : *Belle leçon pour les gens chiches !* (La Fontaine, *La Poule aux œufs d'or*, 1668) • VAR. **chichard** (1867, Delvau) • DÉR. **chicherie** n. f. (id.). Syn. de *lésinerie*.

CHIE-GRAISSE n. f. (1901, A. Bruant). Pop. et Vx. Avare.

CHIER v. tr. **Chier de petites crottes** (parce qu'on n'a pas grand-chose à croûter… ; 1867, Delvau). Vx. Vivre dans la misère.

CHIFFON n. m. (par analogie de consistance ; 1829, *Mémoires d'un forçat*). Arg. anc. Billet de banque.

CHINE n. f. (sens 1 : 1867, Delvau ; sens 2 : 1844, E. Sue). Vx. 1. **Faire la chine**, augmenter frauduleusement la valeur apparente de certains objets. 2. **Aller à la chine**, faire du colportage, de la vente ambulante. Syn. *brocante* • DÉR. **chiner** v. tr. et intr. (sens 1 : 1878, Rigaud ; sens 2 : 1899, Nouguier). 1. Se moquer de : *Pour attraper les petits oiseaux, traduisit Ginette au bénéfice de Mme Michel ;*

pour chiner le pauvre monde, trancha celle-ci in petto (Jean Malaquais, *Les Javanais*, 1939). 2. Mendier • **chinage** n. m. (1887, Hogier-Grison). Colportage, escroquerie • **chineur** n. m. (1847, Balzac). Syn. *brocanteur.*

CHIPER v. tr. (de *chipe*, « lambeau », XIVe s. ; 1759, A.-Ch. Caillau). Fam. S'approprier un objet de faible valeur, sans payer : *Je n'ai pas même une bille chipée sur la conscience* (Jules Vallès, *L'Enfant*, 1884). Syn. *chaparder* • DÉR. **chiperie** n. f. (1868, Goncourt). Vx. Petit vol • **chipeur, euse** n. (1828, Vidocq). Vx. Personne qui commet de petits vols : *Si le chipeur est riche, on ne s'en fâche pas, on dit qu'il est trop au-dessus d'un pareil larcin pour le lui imputer à crime ; s'il est pauvre, on le dénonce au procureur du roi, et on l'envoie aux galères* (Vidocq, *Mémoires*, 1828).

CHIPOTER v. tr. (1880, *Frondeur*, in Fustier). Fam. Marchander, lésiner.

CHIPS n. m. pl. (analogie de minceur ; 1975, Arnal). Pop. Billets de faible valeur.

CHÔMER v. tr. (« ne pas travailler, par manque de travail ou pour des raisons techniques », 1333, *Actes Normands*). Cesser le travail par manque d'ouvrage • DÉR. **chômeur, euse** n. (1876, *L'Opinion nationale*, cité par Littré). Personne ayant la capacité de travailler, salariée ou non, et qui, à la recherche d'un travail rémunéré, se trouve involontairement réduite au chômage : *Enfin, ça se trouvait comme ça… Et puis chômeur si longtemps… enfin j'étais pas syndiqué* (Aragon, *Les Voyageurs de l'impériale*, 1947). **chômage** n. m. (1718, *Dict. de l'Acad. fr.*). Situation d'une personne, d'une entreprise, d'un secteur entier de l'activité économique caractérisée par le manque de travail : *Si on ajoute la cohorte des exclus du marché du travail qui ne sont même plus inscrits et la montée de la précarité, une* *conclusion s'impose : le chômage reste un des principaux maux de la société française* (Éditorial, *Le Monde*, 26 mars 2010) • **chôm(e)du** n. (sens 1 : 1953, Sandry-Carrère ; sens 2 : 1955, Simonin). Arg. 1. Chômeur, euse. 2. Chômage • **chôme** n. f. (1953, Sandry-Carrère). Chômage.

CHOPER v. tr. (de *çoper*, « trébucher, heurter », 1175, Chrétien de Troyes ; 1800, P. Leclair). Fam. Prendre, dérober. Syn. *chiper* • **chopin** n. m. (1815, chanson de Winter). Vx. Vol, butin : *Le garçon couvreur est ordinairement chargé, par le compagnon, de sortir le chopin du chantier, ce qu'il fait en l'attachant sur son ventre à l'aide d'une courroie* (Vidocq, *Dictionnaire d'argot,* 1836). / **Monter un chopin**, préparer un vol.

CHOURAVER v. tr. (du romani *tchorav*, même sens ; 1938, Esnault). Arg. Voler : *Mais le vieux, lui ? L'a bien fallu qu'il le fauche à quelqu'un, ce fric. Et si c'est pas lui qui l'a chouravé, c'est ses parents, alors* ? (A. Le Breton, *La Loi des rues*, 1955) • VAR. **chourer** v. tr. (1983, Spaggiari) • DÉR. **chouraveur** (1962, Boudard) ou **choureur** (1997, Smaïl). n. m. Voleur : *Des mauvais signes j'en voyais partout. Tous les malfrats, chouraveurs, écumeurs de nuit ont des ondes particulières* (Alphonse Boudard, *La Métamorphose des cloportes*, 1962).

CHTOURBE n. f. (de l'all. *sterben,* « mourir » ; 1898, Esnault). Pop. Misère : *Il faut que je fasse revenir une guitare d'Espagne pour remplacer celle que la chtourbe m'a fait fourguer* (A. Laborie, cité par Bruant) • DÉR. **chtourbard** adj. m. (1930, id.). Sans le sou.

CIGALE n. f. (1836, Vidocq). Arg. anc. Pièce d'or • DÉR. **cigue** ou **cigaillon** n. m. V. *sigue*.

CLAQUE-PATINS n. m. (du verbe *claquer* et de *patin*). Pop. Individu miséreux : *Venez à moi, claque-patins, / Loqueteux, joueurs de musette* (Jean Richepin, *La Chanson des gueux*, 1876). Syn. *traîne-patins*.

CLAQUER v. tr. (*donner une claque*, « faire disparaître » ; sens 1 : 1861, Larchey ; sens 2 : 1867, Delvau ; sens 3 : 1927, Esnault). 1. Dépenser avec largesse. 2. Vendre (pour se débarrasser). 3. Voler à l'étalage.

CLEPTOMANIE ou **KLEPTOMANIE** n. f. (du grec κλεπτω, « voler » ; *cleptomanie*, 1872, Maxime du Camp ; *kleptomanie* dep. 1902). Impulsion pathologique à voler • **cleptomane** ou **kleptomane** n. (*kleptomane*, 1896, Goncourt). Personne atteinte de cleptomanie.

CLOCHARD, E n. (de *clocher*, « boiter » ou de *cloche*, « individu incapable » ; 1895, Bruant). Vieilli. Homme, femme sans domicile fixe qui mène une vie d'oisiveté et de mendicité et refuse les contraintes sociales : *Alentour, une vingtaine de clochards attablés seuls ou en groupe mangent en silence, le visage penché sur l'assiette* (Jean-Luc Porquet, *La Débine*, 1987). *Il se souvenait de la clocharde à la gabardine, l'allure d'un ancien mannequin* (Patrick Modiano, *L'Horizon*, 2010). Dans le *politiquement correct*, ce mot a été supplanté dans les années 80 par SDF (sans domicile fixe) • VAR. nombreuses : **clocheton** (1925, Esnault), **cloclo** (1930, id.), **clodoche** (1953, id.), **clodot** (1926, id.) : *Je suis devenu le clodo Grabasse, sans domicile fixe, n'ayant à moi que mes nippes* (Brice Pelman, *In vino veritas*, 1982) • VERLAN **charclot** : *T'as des charclos, ils font la manche avec le litron à la main* (Jean-Luc Porquet, op. cit.) • DÉR. **cloche** n. f. (1891, Méténier). Syn. de *clochard* ; condition des clochards : *Un soir, j'avais emmené coucher chez moi le jeune poète Pierre Minet, qui était à la cloche* (Albert Paraz, *Le Gala des vaches*, 1948).

CLOPINETTES (DES - !) n. f. pl. (1925, Esnault). Fam. Pas d'argent, ou presque rien.

CLOU n. m. (il sert à accrocher l'objet, en attendant de le récupérer ; 1823, Esnault). Pop. Mont-de-piété : *Maudruc, mets ta pendule au clou ! Mets ta pendule au clou, Maudruc !* (G. Courteline, *La Pendule*, vers 1890). Syn. *ma tante* • DÉR. **déclouer** v. tr. (1836, Vidocq). Vx. Récupérer un objet mis au mont-de-piété.

COCANGE n. f. (resuffixation de *coquille* ; 1827, *Un Monsieur comme il faut*). Vx. Jeu des trois coquilles de noix, ancêtre du bonneteau (v. ce mot) • DÉR. **cocangeur** n. m. (1836, Vidocq). Vx. Celui qui tient le jeu. Syn. *bonneteur.*

COFFRE(-FORT) n. m. (de *coffre* et de *fort* ; 1543, Coyecque ; souvent abrégé en *coffre*). Coffre de métal blindé, muni de dispositifs secrets de sûreté, dans lequel on enferme des sommes d'argent et des objets de valeur pour les protéger contre le vol, l'incendie et les cambrioleurs : *Pour moi, les coffres-forts me sont suspects, et je ne veux jamais m'y fier. Je les tiens justement une franche amorce à voleurs, et c'est toujours la première chose que l'on va attaquer* (Molière, *L'Avare*, 1668). *C'était un vieux coffre, très volumineux, très lourd, comme on les faisait autrefois et qu'un cambrioleur un peu adroit aurait ouvert en un tour de main* (Georges Simenon, *Le Riche Homme*, 1970). *L'Élysée, c'était un coffre-fort de banque suisse. L'argent public y était en quelque sorte privatisé, sans qu'il y ait aucun contrôle* (René Dosière, dans la revue *XXI,* automne 2009) • VAR. arg. **coffio(t)** (resuffixation avec influence probable de *fafiot* ; 1901, A. Bruant ; *coffio*, 1957, A. Simonin) : *Y avait combien dans ce coffiot ? Plusieurs millions... elle ne pouvait pas dire au juste* (Alphonse Boudard, *La Métamorphose des cloportes*, 1962).

COGNER v. tr. (procédure agressive ; 1883, Macé). Vx. **Cogner qqn d'une somme d'argent**, la lui emprunter. Syn. *taper* • DÉR. **cognage** n. m. (1901, A. Bruant). Action d'emprunter : *Il est tout ce qu'il y a d'chien, i'n'marche pas au cognage* (A. Bruant) • **cogneur, euse** n. (id.). Emprunteur, euse. Syn. *tapeur, euse.*

COMBERGER ou **GOMBERGER** v. tr. (déformation arg. de *compter* ; 1836, Vidocq). Arg. anc. Compter. V. *gamberger.*

COMBINE n. f. (abrév. de *combinaison* ; « astuce, ruse », 1907, Esnault ; sens 1 : 1933, Malraux ; sens 2 : 1936, Aragon). 1. Moyen ingénieux et généralement malhonnête de parvenir à ses fins. 2. Affaire hasardeuse : *Cette escroquerie souligne à nouveau les faiblesses de régulation du jeune marché du carbone, face à une délinquance en col blanc qui trouve là un nouveau terrain pour de vieilles combines* (G. Allix, *Le Monde*, 12 février 2010) • DÉR. **combinard, e** (1920, H. Bauche). Personne habile à utiliser des moyens astucieux et peu honnêtes pour parvenir à ses fins.

COMÉDIENS (les – sont pas là) loc. (1928, Lacassagne). Pop. Il n'y a pas d'argent. V. *japonais.*

COMM' n. f. (abrègement de *commission* ; 1960, Le Breton) ou **commiss** n. f. (idem, 1925, Esnault). Part de bénéfice accordée à un complice.

COMMERCE n. m. (emprunt au lat. class. *commercium*, beau mot désignant à la fois le « négoce », le « lieu où se fait le commerce » et les « relations humaines » ; *commerque*, « échange, vente de marchandises », 1370, G. de Machaut, *Prise d'Alexandrie).* Activité qui consiste à vendre et acheter des marchandises, des produits ou des valeurs : *Le commerce c'est un métier ! C'est pas n'importe quelle personne qui peut faire du commerce !* (F. Raynaud, vers 1960) • ABRÉV.

Arg. **come** (1867, Delvau) • DÉR. **commercer** v. intr. (1405, Runk). Se livrer à cette activité • **commerçant, e** n. (1697, Boisguillebert, *Détail de la France*). Personne qui commerce • **commercial, e** adj. (sens 1 : 1749, d'Argenson ; sens 2 : 1859, Flaubert, *Correspondance*). 1. Relatif au commerce. 2. Péj. Dans le domaine artistique ou littéraire, qui se soucie d'attirer le plus large public possible en négligeant la qualité : *Un succès purement commercial* • **commercialiser** v. tr. (1845, J.-B. Richard de Radonvilliers). Faire entrer dans les circuits commerciaux • **commercialisable** adj. (1955 ; son syn. *commerçable*, apparu vers 1720, est devenu obsolète). Qui peut être commercialisé • **commercialisation** n. f. (sens 1 : vers 1970 ; sens 2 : 1936, R. Capitant). 1. Le fait de commercialiser un produit. 2. Le fait de transformer sa créance envers un État en titres négociables souscrits par le public.

COMMISSAIRE-PRISEUR n. m. (1753, *Encyclopédie*). Officier ministériel chargé de l'estimation et de la vente publique aux enchères des objets mobiliers.

COMMISSION n. f. (1675, Savary, *Parfait négociant* : « pourcentage, somme gagnée pour une opération de courtage »). Rétribution plus ou moins régulière perçue par un intermédiaire : *Est-ce qu'on ne devait pas partager par moitié toutes les commissions, tous les pots-de-vin des fournisseurs ?* (A. Daudet, *Les Rois en exil*, 1879). V. *comm'* et *fixe*.

COMPTANT adj. (1264-65, dans une charte : adj. *deniers contens* « deniers payés sur-le-champ » ; adv. *payer content*, « payer sur le champ », 1450, *Mistère du Viel Testament*). **Argent comptant**, payé immédiatement : *Quelqu'un de ces pâtres, qui habitent les sables voisins de Palmyre, devenu riche par les péages de vos rivières, achètera un jour à deniers comptants cette royale maison* (La Bruyère, *Les Caractères*, 1688). / **Prendre pour argent comptant**, croire quelque chose très facilement : *Il a pris ce qu'on lui* *a dit pour argent comptant* (*Dict. de l'Acad. fr.*, 1878) • adv. invar. V. citat. à *adjuger.*

COMPTE n. m. (du bas-latin *computus,* « calcul, quantité dénombrée » ; *cunte*, « calcul d'une quantité », dès 1100, *Chanson de Roland*). État détaillé des dépenses et des recettes, du doit et de l'avoir (souvent au plur.) au niveau d'un individu, d'une société ou d'une nation : *La dernière fois que j'ai montré mes comptes à ta femme, elle m'a fait remarquer que cela revenait cher...* (Georges Simenon, *Le Riche Homme*, 1970). *Quand y a d'l'oseille tout est parfait, / j'aim'bien m'y r'trouver dans mes comptes* (Bernard Dimey, *Poèmes voyous*, 1978). *Jusqu'à preuve du contraire, ce n'est pas non plus M. Soros qui a truqué les comptes publics grecs* (P.-A. Delhommais, *Le Monde*, 14 mars 2010). / **Faire le compte**, tomber juste, en parlant d'un paiement ; syn. **Faire la rue Michel** loc. pop. (jeu de mots sur la rue *Michel-le-Comte*, dans le IIIe arrond. de Paris ; 1896, Esnault) : *Eune orange ou deux sous d'marrons ; / va, M'man, ça f'ra la rue Michel !* (Jehan Rictus, *Le Cœur populaire*, vers 1900). V. *blot.* / **Relevé de compte** n. m. (1899, Léon Bloy). État détaillé d'un compte : *Mother me confie ses ruses de sacrifice, les trucages pieux dans les relevés de compte* (Albertine Sarrazin, *La Traversière*, 1966) • DÉR. **comptée** n. f. Arg. (1920, Esnault). Total des gains d'une prostituée pendant une journée : *Pour moi, y veut me doubler... Même une belle comptée, maintenant, il en a rien à foutre* (A. Simonin, *Touchez pas au grisbi*, 1953). V. citat. à *relever.*

CONCUSSION n. f. (emprunt au lat. impérial *concussio,* « secousse » ; 1558, Bonaventure des Périers). Malversation d'un fonctionnaire qui ordonne de percevoir ou perçoit sciemment des fonds par abus de l'autorité que lui donne sa charge : *Par les concussions, la violence, et l'abus qu'il a fait de ses pouvoirs, il s'est enfin, sur les ruines de plusieurs* *familles, élevé à quelque grade* (La Bruyère, *Les Caractères*, 1688) • DÉR. **concussionnaire** adj. et n. m. (subst. 1559, Amyot). Celui qui est coupable de concussion. V. citat. à *accapareur.*

CONSOMMER v. tr. et intr. (du lat. *consummare*, de *cum* et *summa*, « somme », litt. « faire la somme de », d'où d'abord « détruire », 1120, *Psautier d'Oxford*, puis « accomplir, achever, porter à sa perfection », fin du XIIe s. ; sens actuel, 1580, Montaigne ; au sens de « prendre une consommation dans un café », 1844, Balzac). Amener une chose à perdre sa valeur économique par l'usage qu'on en fait pour la satisfaction de besoins individuels ou collectifs : *L'important ici n'est pas de consommer. Étrange verbe ! Pas de consommer, mais d'être là, à égalité avec les autres clients* (Aragon, *Les Voyageurs de l'impériale*, 1947) • **consommation** n. f. (1580, Palissy ; « boisson », 1837, Balzac). Action de consommer un produit : *L'entrée dans la société de consommation signifie, plus que tout autre changement social, la sortie de la société moderne, puisque ce qui définit le mieux celle-ci, c'est que les conduites y sont déterminées par la place des acteurs dans le processus de modernisation* (Alain Touraine, *Critique de la modernité*, 1992) • **consommateur, trice** n. (sens 1 : 1745, Dupin ; sens 2 : 1836, Vidocq). 1. Personne ou collectivité qui consomme des biens : *Faute d'État, les entreprises favoriseront ainsi de plus en plus les consommateurs contre les travailleurs dont les revenus diminueront* (Jacques Attali, *Une Brève Histoire de l'avenir*, 2006). 2. Personne qui absorbe une boisson dans un café.

CONTREBANDE n. f. (emprunt à l'ital. *contrabbando* (de la loc. *di contrabando*, « sans payer de tribut ») ; vers 1520, Thénaud). Commerce frauduleux pratiqué en infraction aux lois d'un pays • VAR. arg. **contrebûche** (de *bûche*, « allumette » ; 1899, Nouguier) et **contre-mouche** (de *mouche*, *policier* ; 1951, Esnault) : *J'avais été client chez lui, à Anvers, à l'époque où je m'occupais un peu de contremouche* (A. Simonin, *Touchez pas au grisbi*, 1953) • DÉR. **contrebandier** n. m. (1715, Guyot de Pitaval). Homme qui se livre à la contrebande. V. citat. à *gabelle*.

CONTRE-PRODUCTIF, IVE adj. V. *produire*.

CONTRE-VALEUR n. f. V. *valeur*.

CONTRIBUTION n. f. (du verbe *contribuer* ; vers 1317). Part de chacun pour une dépense, une charge commune ; impôt ou taxation étatique : *En plus des contributions qui n'arrêtaient pas de pleuvoir et des semaines de l'ouvrière et le terme échu depuis deux mois…* (L.-F. Céline, *Mort à crédit*, 1936). Syn. *taxe* • **contribuable** n. (1401). Personne qui contribue aux charges publiques en payant des impôts : *Les actifs d'aujourd'hui seront donc les premières victimes du déclin qu'ils n'auront su éviter. Ils ne seront pas les seuls : les contribuables le seront aussi* (Jacques Attali, *Une Brève Histoire de l'avenir*, 2006).

CONVERTIBLE adj. (de *convertir* ; dès 1278, Jean de Meung). Se dit d'une monnaie, d'un billet, d'une devise que l'on peut échanger contre une autre • DÉR. **convertibilité** n. f. (id. ; sens moderne, 1971, Combe). Caractère d'une monnaie nationale qui peut être échangée contre des monnaies étrangères sans autorisation préalable de la banque centrale ou de l'État : *Le plan [Rueff] a trois volets. Une dévaluation énergique (17,5 %), la convertibilité du franc et le passage au franc lourd au 1er janvier 1960* (Eric Le Boucher, *Le Monde*, 30 octobre 2004).

CONVOYEUR (DE FONDS) n. m. (du verbe *convoyer*, « escorter », souvent usité dans la marine ; sens fin. 1907, Robert). Personne employée pour transporter des sommes importantes dans un fourgon mal blindé : c'est l'un des métiers les plus dangereux et les plus mal payés du monde (malgré l'obole de la prime de risque) : *Des dizaines de passants qui dévisageaient les convoyeurs sur leur parcours :* les chiens de garde du grand capital, *c'est ce qu'il lisait dans leur regard* (Tonino Benacquista, *Le Serrurier volant*, 2006).

COQ n. m. (1903, Esnault) ou **coquelicot** n. m. (1933, idem). Pop. et Vx. Pièce de 20 fr. (généralement en or).

COQUEUR n. m. (de *coqué*, « pris » ; 1829, Vidocq). Arg. anc. Complice du tireur qui reçoit l'objet volé et s'éloigne : *Une bourse est-elle le résultat de cette presse factice, à l'instant même elle passe dans les mains d'un affidé, le* coqueur, *qui s'éloigne le plus vite possible* (Vidocq, *Mémoires*). / **Coqueur de bille** n. m. (1836, Vidocq). Arg. Bailleur de fonds.

COQUILLARD n. m. (de la *coquille* des pèlerins de Saint-Jacques-de-Compostelle ; 1455, Dijon). Arg. anc. Faux mendiant et vrai voleur, à l'affût des dupes sur la voie du pèlerinage.

COSSU, E adj. (métaphore légumière, « qui a beaucoup de cosse, ou une cosse épaisse » ; « riche », 1378, *Miracles de Nostre-Dame*). Se dit de qqn qui vit dans une grande aisance. *Tout était plus beau que chez moi, plus riche que chez moi, plus cossu que chez moi* (G. Duhamel, *La Passion de Joseph Pasquier*, 1945).

COTE n. f. (en droit fiscal, dès 1390). Part que doit payer chaque contribuable, dans le cadre de la répartition d'un impôt. / **Cote G** (1867, Delvau). Vx. Objet de peu de valeur, dans l'estimation d'une succession.

COUPE-BOURSE(S) n. m. (de *couper* et de *bourse* ; 1845, Bescherelle). Vx. Voleur qui dérobe les bourses en coupant les cordons qui les retiennent • VAR. **gâte-bourse**, n. m. inv. (1877, A. Daudet, *Le Nabab*).

COUP n. m. 1. **Coup de botte** (1953, Esnault), **de bottine** (1957, Simonin), **de pied** (1867, Delvau), **de pompe** (1928, Esnault), **de soulier** (1901, id.). Pop. et Vx. Demande d'argent, emprunt. 2. Vx. **Coup de pistolet** ou **de fusil** (1856, Esnault). Opération boursière sans suite. 3. Pop. **Coup de masse** (1935, Simonin-Bazin), **de massue, de fusil** (1939, A. Arnoux), **de bambou, de barre,** note extrêmement élevée, dans un restaurant, un hôtel.

COUPER v. tr. **Couper les vivres** (1867, Delvau). Fam. Supprimer tout envoi d'argent (notamment à qqn qui est jugé trop dépensier).

COUPON n. m. (1718, Dupin). Partie détachable d'un titre permettant de percevoir, à chaque échéance, les intérêts attachés à ce titre : *Chacun a donc pu louer le sens du calendrier des financiers de l'entreprise : le coupon payé mercredi pour des obligations arrivant à échéance dans huit ans est de 4 %* (I. Ehrhart, *Le Monde*, 31 janvier 2010).

COUPURE n. f. (de *couper* ; en 1792, *coupure d'assignat*). Fraction du billet de banque type considéré comme unité : *De la Chapelle à Clichy, les maques décarrent de leurs fouilles des rouleaux, cerclés d'élastiques, de petites coupures remises en circulation* (A. Nolat, *Les Voyageurs du petit jour*, 2004).

COURONNE n. f. (du lat. *corona*, emprunté au grec κορωνη, « corneille », puis « tout objet recourbé » ; « pièce frappée d'une couronne royale » depuis 1340 ; 1842, *Dict. de l'Acad. fr.*). Monnaie d'argent anglaise ou de divers pays étrangers :

Danemark **(krone)**, Estonie **(kroon)**, Islande **(krona)**, Norvège **(krone)**, République tchèque, Slovaquie (**koruna**) et Suède (**krona**) : *Boris Karol, quelques mois auparavant, avait traversé la Finlande, perdu cinq millions de couronnes suédoises sur le change* (I. Némirovsky, *Le Vin de solitude*, 1935). En Wallonie, du temps de la Ire République française, il y eut une monnaie rare, frappée à Liège en 1793 : la **corone à l'andje**, écu de six livres, portant en face un « ange » ou « génie ». Cette pièce avait été précédée, en 1786, de la **corone al vatche**, portant en face l'effigie de Louis XVI, et en pile, au bas, une… petite vache ! (1933, J. Haust).

COURS n. m. (du lat. *cursus*, « action de courir » ; 1602, *Recueil général des anciennes lois françaises*). Taux auquel se négocient des valeurs, des marchandises : *[Le coupon] est augmenté de l'évolution du cours moyen de l'or, exprimé en dollars américains* (Isabelle Ehrhart, *Le Monde*, 28 février 2010).

COURTIER n. m. (dérivé avec le suffixe *-(et)ier* du verbe d'anc. fr. *corre*, « courir » ; XIIIe s.). Personne qui joue un rôle d'intermédiaire entre vendeurs et acheteurs (commerçants ou particuliers), moyennant un courtage, pour des opérations de Bourse ou de commerce : *De plus en plus de courtiers passent désormais leurs ordres par des bourses parallèles, apparues depuis 2007* (C. Gatinois, *Le Monde*, 31 janvier 2010). V. *broker* et *trader* • DÉR. **courtage** n. m. (XIIIe-XIVe s.). Profession de courtier ; activité d'un courtier.

COÛTER v. intr. et impers. (1165, impers., fig., Chrétien de Troyes, *Erec et Enide*). 1. Être acheté à tel prix : *Le poète, l'auteur des « Soleils morts », encore un homme dans les grands prix. Chaque conte qu'il nous donne coûte trois cents francs* (Guy de Maupassant, *Bel-Ami*, 1885). 2. Entraîner telle dépense : *Le père n'était pas ben riche… les enfants ly* *ont coûté gros* (Henri Monnier, *Scènes populaires*, 1835) • **Coûter bonbon** (milieu du XXe s.), **chaud** (1933, P. Morand), **gros** (1936, Aragon), **la peau des fesses** (1979, Cavanna) ou **du cul**, ou **les yeux de la tête** (1867, Delvau). Fam. Coûter très cher : *N'empêche que cela a dû te coûter gros. – Faut ce qu'il faut, non ?* (Georges Simenon, *Le Riche Homme*, 1970). *Tu es mon fils. Je t'entretiens. Tu me coûtes les yeux de la tête* (G. Duhamel, *La Passion de Joseph Pasquier*, 1945). *C'est vous qui n'auriez pas dû vous donner tant de mal ! Ça a dû vous coûter bonbon !* (Pascale Gautier, *Les Vieilles*, 2010) : *Il se rappelait le dernier bal de la sous-préfecture, et sa femme, Paulette, avec une robe qui avait coûté les yeux de la tête chez Worth* (Aragon, *Les Voyageurs de l'impériale*, 1947). • **Coûter une peur et une envie de courir** (1867, Delvau). Vx. Ne rien coûter du tout (en parlant d'un objet volé) • DÉR. **coût** n. m. (déverbal de *coûter* ; 1155 *cust*, Wace, *Roman de Brut*). Prix de revient ; dépense • **à bas coût** loc. (trad. de l'anglo-américain *low cost*, concept inventé par une compagnie aérienne vers 1970). Se dit des opérations de dumping (v. ce mot) ou de bradage • **coûteux, euse** adj. (de *coût* ; XIIe s.). Qui revient cher, qui entraîne une dépense élevée.

COUVERTURE n. f. (emplois spécialisés du nom usuel ; sens 1 : 1964, Perroux ; sens 2 : 1835, *Dict. de l'Acad. fr.*). 1. Somme d'argent destinée à compenser un déficit en servant de protection contre ses conséquences fâcheuses. 2. Avance, en espèces ou en nature, donnée en vue de garantir une opération.

CRACHER v. tr. (emploi métaphorique et péj. du verbe usuel ; 1759, Esnault). Pop. Payer • **cracher au bassinet** (1789, Duneton-Claval, mais **cracher au bassin**, dès le XVIe s., a le même sens). Pop. Payer sous la contrainte : *Dès septembre, il a fallu cracher au bassinet, glavioter son obole à l'horomachinchose, 15 francs, le tarif « résidant »* (Claude Dubois, *En parlant un peu de Paris*, 2001).

C

CRAN n. m. **Se serrer d'un cran** (1883, Fustier). Fam. Se priver de qqch., ne pas manger à sa faim.

CRAPAUD n. m. (métaphore visuelle ; sens 1 : 1821, Ansiaume, mais déjà au XVe s. ; sens 2 : 1847, « bourse », *Dict. nain* ; « porte-monnaie », 1899, Nouguier). Vx. 1. Cadenas. 2. Bourse, porte-monnaie : *Elle a envoyé Hortense au bazar Vivienne... Pour nous ramener des commissions un parfait morlingue... Le fort crapaud cousu main, à multiples compartiments, article inusable...* (L.-F. Céline, *Mort à crédit*, 1936) • DÉR. **crapautard** n. m. (1945, Esnault). Vieilli. Portefeuille ou porte-monnaie : *Ils sont tous en gaffe pour vous bichotter votre crapeautard* (F. Trignol, *Vaisselle de fouille*, 1955).

CRAPULE n. m. (emprunt au latin class. *crapula* « excès de vin », du grec κραιπαλη ; avant 1850, Balzac). Fam. Personne amorale, capable de commettre n'importe quelle malhonnêteté. V. citat. à *faisan* • DÉR. **crapuleux, euse** adj. (1578, *vie crapuleuse*, Joubert). Qui a l'appropriation délictueuse de l'argent d'autrui pour mobile : *Un crime, un procédé crapuleux* • **crapulerie** n. f. (1854, Goncourt). Bassesse, malhonnêteté d'une crapule : *C'est Rouletabille qui put prouver* [...] *que le pauvre Alexis était innocent et qu'il avait toujours ignoré les crapuleries de son maître* (G. Leroux, *Rouletabille chez le tsar,* 1913). Syn. *fripouillerie, canaillerie.*

CRAQUANT n. m. (il « craque » quand il est neuf ; 1999, P. Merle). Arg. Billet de banque.

CRASSE n. f. (de l'ancien adj. *cras*, issu du lat. *crassus* « épais, gras, grossier » ; sens 1 ; 1666, Boileau, *Satires* ; sens 2 : 1857, Flaubert). 1. Avarice, lésinerie. 2. Condition sociale misérable • DÉR. **crasseux** adj. et n. m. (1867, Delvau). Vx. Avare.

CRAYON n. m. (du mot *crayon (d'ardoise)*, qui commence par les mêmes lettres que *crédit*; sens 1 : 1883, Fustier; sens 2 : 1953, Le Breton). 1. Vx. Commis boursier. 2. Pop. **Avoir un crayon** ou **du crayon**, avoir un crédit.

CRÉANCE n. f. (*lettre de créance,* fin du XIIIe s.). Droit que possède une personne d'exiger l'exécution d'une obligation, en particulier le paiement d'une somme d'argent : *Votre père, à son retour en France, a trouvé sa ruine complète, moins une vieille créance de trente mille francs, non périmée* (V. Hugo, *Mille francs de récompense*, 1866). *Toutes les conditions sont donc réunies pour qu'elles cherchent à prêter le plus possible, d'autant que l'État* [chinois] *s'est toujours montré disposé à recycler leurs créances douteuses* (*Le Monde,* 5 février 2010) • DÉR. **créancier, ère** n. (1170, *Le Livre des Rois*). Celui (celle) à qui est due une somme d'argent : *Tu t'es si bien arrangé, n'est-ce pas ? que le jour de ta mort, quand tous tes créanciers se jetteront sur moi, je n'aurai rien, pas un sou !* (I. Némirovsky, *David Golder*, 1929). Contr. *débiteur.*

CRÉDIT (de l'italien *credito* ; 1819). Acte par lequel une personne, généralement un banquier, met à la disposition d'une autre personne, une somme d'argent ou un bien qui devra être restitué, ou son équivalent : *Mon patron m'avait fait crédit / en m'ret'nant deux francs par semaine* (Jehan Rictus, *Le Cœur populaire*, vers 1900). *C'est sa position qui nous servira quand nous solliciterons le crédit d'installation pour mon cabinet de radiologie* (D. de Roulet, *Kamikaze Mozart*, 2007). / N. B. Pour : *avoir un crédit de cent francs*, les Belges disent *avoir cent francs de bon* (1978, A. Doppagne) • **crédit enfoncier** (plaisanterie sur *Crédit foncier* ; 1901, A. Bruant). Arg. Banque véreuse • DÉR. **créditeur** n. m. (sens 1 : 1846, Bescherelle ; sens 2 : 1723, J. Savary des Bruslons). 1. Se dit d'un compte qui établit le crédit de qqn. 2. Se dit de la personne dont le compte est créditeur : *Cela est à mettre sur le compte d'un rapport entre le rendement et le risque un peu léger pour les créditeurs* (Isabelle Ehrhart, *Le Monde*, 28 février 2010) • **microcrédit** n. m. (1995, Robert). Organisation du système bancaire qui accorde des prêts réduits, à des taux très faibles, à des personnes démunies : *De gigantesques marchés s'ouvriront plus que jamais pour les produits destinés aux plus pauvres. En particulier, le microcrédit deviendra plus important que le système bancaire traditionnel* (Jacques Attali, *Une Brève Histoire de l'avenir,* 2006).

CRÉMERIE n. f. (de *crème* ; emploi péjoratif, « petit restaurant » chez Zola, en 1867, puis « banque » en 1901, Bruant). Pop. Banque.

CRÉPINE n. f. (terme de boucher, désignant une « membrane graisseuse qui enveloppe certains viscères » ; 1836, Vidocq). Arg. anc. Bourse.

CRESSON n. m. (1750, Halles). Pop. et Vx. Argent.

CRÉSUS n. m. (du nom d'un roi de Lydie (VIe s. av. J.-C.), célèbre par ses richesses). Homme opulent : *L'on porte Crésus au cimetière : de toutes ses immenses richesses, que le vol et la concussion lui avaient acquises, et qu'il a épuisées par le luxe et la bonne chère, il ne lui est pas demeuré de quoi se faire enterrer* (La Bruyère, *Les Caractères*, 1688). *Nos bourgeois du Marais* [...], *nos Crésus de la Chaussée-d'Antin* (Victor-Joseph Étienne de Jouy, *L'Hermite de la Chaussée d'Antin,* 1812). V. *nabab.*

CREVARD, E n. (de *crever* ; 2007, *Lexik des cités*). Arg. Personne avare ou avide.

CRÈVE-LA-FAIM n. m. (1870, Poulot). Fam. Individu qui n'a pas de quoi se nourrir : *La cohue des besogneux, des crève-la-faim, prêts à tout pour le griller* (Aragon, *Les Voyageurs de l'impériale,* 1947).

CRIBLE-FUMÉE n. m. (de *cribler,* « tamiser », et de *fumée* ; 1990, J. Mercier). En Suisse romande, avare.

CROCHER ou **CROCHETER** v. tr. (proche de *agricher, agripper* ; 1457, *crocheter*). Arg. anc. Fracturer, dans le dessein de voler • DÉR. **crocheteur** n. m. (1455, *Coquillards*). Voleur qui crochète les serrures • **crochetage** n. m. (1803, Boiste). Action de crocheter • **incrochetable** adj. (1836, Landais). Qui est impossible à crocheter : *Sur place, rien ne se déroula comme Mathieu l'avait prévu. Devant la porte d'entrée de la maison, il ne fallut que quelques secondes à Marc pour la déclarer incrochetable* (Tonino Benacquista, *Le Serrurier volant*, 2006).

CROCODILE n. m. (métaphore de l'animal vorace ; 1866, Delvau, encore en 1901, A. Bruant). Pop. et Vx. Créancier ; usurier.

CROISSANCE n. f. (emploi spécialisé du nom usuel ; 1963, Lesourd et Gérard, *Histoire économique*). En économie, développement caractérisé par l'accroissement de la production et l'augmentation du revenu national global et par tête d'habitant : *Il n'y a pas que les investisseurs qui s'interrogent sur le retour de la croissance économique. S'il tarde trop ou si ce renouveau est trop ténu, l'intérêt de s'endetter ne sera certainement pas au rendez-vous de 2010* (I. Ehrhart, *Le Monde*, 14 février 2010). *Les débats actuels sur la croissance font fureur et ne sont pas près de décroître, alors que ceux sur la décroissance ne cessent de s'accroître de jour en jour...* • DÉR. **décroissance** n. f. (vers 2005). Situation ou politique économique correspondant à une diminution progressive du produit national brut : *Mais Attali ne peut accepter le terme de* « décroissance ». *Il propose* « l'adéqroissance ». *Heureusement, personne n'a prêté attention à ce néologisme. Il va donc recommencer à* « libérer la croissance » (Hervé Kempf, *Le Monde*, 14 février 2010). Syn. *récession.*

C

CROIX (pièce portant une croix sur une face ; sens 1 : 1836, Vidocq ; sens 2 : 1957, Sandry-Carrère). 1. Arg. anc. Écu de six francs ; par ext. monnaie de métal. 2. Arg. Louis d'or suisse.

CROQUER v. tr. **En croquer** (emplois spécialisés du verbe usuel ; sens 1 : 1850, Esnault ; sens 2 : 1938, id.). 1. Faire le délateur. 2. Tirer sa subsistance d'une activité frauduleuse : *Il est fondé de pouvoir chez Murville. Mais il n'est pas le seul à en avoir croqué* (P. Pécherot, *Les brouillards de la Butte*, 2001).

CROTTE n. f. (emploi généralisant du mot usuel ; 1867, Delvau). Fam. Misère, condition abjecte : *Tomber* ou *vivre dans la crotte.*

CROTTE DE PIE (image de la petitesse ; 1889, Macé). Vx. Pièce d'argent de 0, 50 fr. V. citat. à *blanchette.*

CROUME n. m. (déformation de *crédit*, sous l'influence probable du prov. *croumpo*, achat ; 1878, Rigaud). **Acheter à croume**, à crédit • DÉR. **croumier** n. m. (1867, Delvau). Vx. Agent d'affaires marron.

CROUSILLE, CRUSILLE ou **GROULETTE** n. f. (sans doute du patois *crusilletta*, « boîte recevant les aumônes dans le Temple » ; 1864, L. Grangier, *Glossaire fribourgeois,* cité par Nicollier). En Suisse romande, tirelire.

CRUZEIRO n. m. (de *cruz*, « croix » ; 1952, Larousse). Ancienne unité monétaire du Brésil, remplacée par le réal.

CUIVRE (métal de certaines pièces de monnaie ; 1867, Delvau). Vx. Monnaie : *Mais si la condisse est sans cuivre* [...] / *Ah ! bien maraud qui voudrait suivre / Les bons conseils que vous bayez !* (Léon de Bercy).

CUL n. m. (les deux locutions, 1878, Rigaud ; cf. le français standard et « correct » : *être acculé*). **Être à cul**, être ruiné. / **Montrer son cul**, faire faillite. V. *se déculotter.*

CULBUTE n. f. (emploi figuré du mot usuel ; sens 1 : 1867, Delvau ; sens 2 : 1846, Esnault). Pop. 1. Faillite : *Faire la culbute.* 2. Revendre une marchandise le double de ce qu'on l'a achetée.

CULOTTE n. f. (baisser ou perdre sa culotte a toujours été considéré, pour un mâle, comme déshonorant... ; 1838, *Compl.* au *Dict. de l'Acad. fr.*). Fam. Perte importante au jeu ou dans les affaires : *Attraper, prendre une culotte.*

CUMUL n. m. (de *cumuler* ; 1835, « action de cumuler une chose avec une autre », *Dict. de l'Acad. fr.*). Avantage financier accordé à certains travailleurs qui bossent treize mois sur douze, vingt-cinq heures par jour et huit jours sur sept • **cumulard, e** n. (1821, *Almanach des cumulards*). Individu qui jouit de cet avantage exorbitant.

CUPIDE adj. (emprunt au latin class. *cupidus* « désireux, avide de » ; XVe-XVIe s., dict. de La Curne). Qui est avide d'argent et de richesse. Syn. *avare, avide, intéressé, rapace.*

DAIM HUPPÉ n. m. (de *daim* au sens de « niais » ; 1835, Raspail). Vx. Bourgeois riche et facile à voler : *Il y a de l'argent à gagner* ; *c'est des daims huppés qui veulent monter un coup à un ennemi* (E. Sue, *Les Mystères de Paris,* 1842).

DALLE n. f. (du flamand *daaler,* selon Esnault ; sens 1 : 1836, Vidocq ; sens 2 : 1901, A. Bruant). Arg. anc. 1. Écu de six francs. 2. Pièce de 5 francs d'avant 1914.

DANSER v. intr. **Danser de plusieurs consommations** loc. verbale (emploi ironique du verbe ; 1866, Delvau). Arg. anc. Payer ce qui n'est pas dû, souvent les consommations de ceux qui sont déjà partis. / **Danser devant le buffet** (1828, Vidocq), n'avoir plus rien à manger : *C'est que ce n'est pas gai d'être toujours à tirer la langue ; ça m'ennuie, à la fin, de danser devant le buffet* (Vidocq, *Mémoires*). / **Faire danser l'anse du panier** (1622, *Les Caquets de l'accouchée*), se disait d'une domestique qui se procurait de menus bénéfices en faisant de la « gratte ». / **Faire danser ses écus** (1867, Delvau), dépenser joyeusement sa fortune. / **Faire danser un homme sur la pelle à feu** ou **la poêle à frire** (id.), le ruiner par des « emprunts » continuels. / **La danser** (id.), perdre son emploi.

DAUF(F)E ou **DAUPHIN** n. m. (de *dauphin*, jeu de mots sur *pince-monseigneur* et *monseigneur le dauphin* ; *dauf(f)e* 1790, *Le Rat du Châtelet* ; *dauphin* 1821, Ansiaume). Arg. anc. Levier à effraction : *Les assises, pendant lesquelles devaient être jugés les nommés Peyois, Leblanc, Berthelet et Lefébure, prévenus de vol avec effraction, à l'aide d'une* *pince ou monseigneur le dauphin* (Vidocq, *Mémoires*, 1829). Syn. *pince-monseigneur.*

DAVYOT n. m. V. *roy David.*

DEAL n. m. (de l'anglais *to deal*, « distribuer, vendre » ; 1980). Trafic ; spéc. vente de drogue • DÉR. **dealer** [pron. *eur*] n. m. ou **dealeur, euse** (calque de l'anglais *drug dealer* ; 1975, Rey-Debove). Revendeur, revendeuse de drogue : *Bensoussan, voleur d'oranges [...], tentait de passer la vitesse supérieure en devenant un de ces petits dealers qui hantent les alentours de Belleville* (A. Page, *Tchao Pantin*, 1982). *Une dealeuse ! Une escroqueuse ! s'exclame Paul* (Pascale Gautier, *Les Vieilles*, 2010) • **dealer** [pron. *é*] v. tr. et intr. (vers 1980). Vendre de la drogue, faire du trafic de drogue.

DE QUOI (AVOIR –) loc. pop. (sans doute abrègement d'une loc. comme *avoir de quoi faire bouillir la marmite*, 1622, Oudin). Posséder suffisamment d'argent pour parvenir au but recherché : *Va-t'en voir maintenant ! il n'y a que les gueux qui partent. Celui qui a de quoi reste au pays* (Stendhal, *Le Rouge et le noir,* 1830, cité par Alain Rey). / N. B. Les Belges ont en ce sens la locution **avoir pour faire** (1978, Doppagne).

DÉBANQUER v. intr. (de *banque* et du préfixe *dé-* ; 1901, A. Bruant). Arg. des joueurs. Syn. de *faire sauter la banque.* V. *sauter.*

DÉBINE n. f. (mot d'origine wallonne ; 1807, d'Hautel). Dénuement, pauvreté extrême : *Je m'suis laissé glisser dans la débine, tous les jours plus bas... La faim, la soif, la manche, les puces...* (Brice Pelman, *In vino veritas*, 1982) • DÉR. **débiner** v. tr. (1899, Nouguier). Arg. anc. Dépenser.
DÉBITEUR, TRICE adj. et n. (empr. au latin class. *debitor*, même sens ; 1238). Se dit d'une personne qui a contracté une

D

dette envers qqn : *DOM JUAN : Je veux qu'on vous escorte, et je m'intéresse trop à votre personne. Je suis votre serviteur, et de plus votre débiteur. M. DIMANCHE : - Ah ! Monsieur...* (Molière, *Dom Juan*, 1665). *J'oubliais que nous ne sommes plus chez nous. Un débiteur, c'est un esclave. Oh ! tous les abaissements à la fois* ! (V. Hugo, *Mille francs de récompense*, 1866). Contr. *créancier.*

DÉBOUCLER v. tr. (l'inverse de *boucler*, « fermer » ; 1844, Esnault). Fracturer (une porte, un coffre) • DÉR. **déboucleur (de lourdes)** (1835, Raspail ; *débandeur de lourdes,* 1883, Fustier). Vx. Cambrioleur (par effraction).

DÉBOURSER v. tr. (de *bourse* ; seconde moitié du XIIIe siècle). Tirer de sa bourse, et *par ext.* de son avoir : *Pour pouvoir emprunter, le pays doit débourser plus du double de l'Allemagne, référence de la zone euro* (Ph. Ricard et M. Roche, *Le Monde,* 9 avril 2010). • DÉR. **débours** n. m. (1599). Somme avancée pour le compte de quelqu'un ; dépense.

DÉBRIDER v. tr. (contraire de *brider* ; 1628, O. Chéreau). Arg. anc. Fracturer (un coffre). Syn. *déboucler* • DÉR. **débridage** n. f. Effraction : *À cent lieues de me la donner qu'il allait finir son débridage, pendant ce temps-là ! Faut reconnaître qu'il sait se servir du chalumeau !* (Alphonse Boudard, *La Métamorphose des cloportes*, 1962) • **débrideur** n. m. (1967, A. Simonin). Perceur de coffres-forts • **débridoir** n. m. (1836, Vidocq). Vx. Clé.

DÉCAISSER v. tr. (de *caisse* ; 1878, Larousse). Retirer de l'argent d'une caisse : *Telle quelle, votre taule me donne pas envie de décaisser huit millions pour l'avoir !* (A. Simonin, *Le Cave se rebiffe*, 1954) • DÉR. **décaissement** n. m. (1877, Littré). Action de décaisser.

DÉCAVÉ, E adj. et n. (de *cave*, somme d'argent, en monnaie ou en jetons, que chaque joueur met en jeu au début de la partie ; 1868, Maupassant). Fam. Se dit de qqn qui a perdu toute sa fortune, qui est ruiné.

DÈCHE n. f. (probablement issu de *déchoir, déchet* ; 1835, Raspail, « perte au jeu » ; 1836, Vidocq « dépense, déficit » ; 1846, *Intérieur des prisons*, « dénuement »). Manque d'argent, misère : *Cela se passait justement un de ces jours d'effroyable dèche qui occupaient pour nous tant de place dans le mois* (G. Courteline, *La Pendule,* vers 1890) • DÉR. **décher** v. tr. (de *dèche* ; sens 1 : 1876, Esnault ; sens 2 : 1901, A. Bruant). Vx. 1. Dépenser : *Ce troquet pour lequel j'allais décher cet artiche, c'était un placement à longue échéance* (A. Simonin, *Le Cave se rebiffe*, 1954). 2. Payer • **décheux** adj. et n. m. (1867, Delvau). Homme pauvre, misérable • **décheur** adj. et n. m. (1901, A. Bruant). Vx. Dépensier.

DÉCLARATION DE REVENUS n. f. (1932, F. Mauriac). Déclaration de ses revenus que tout contribuable est tenu de faire parvenir chaque année à l'administration fiscale. / N. B. Est-il nécessaire de rappeler qu'on ne déclare pas (plus ou moins honnêtement) ses impôts, mais ses revenus ? Déclarer soi-même le montant désiré de ses impôts, ce serait pas mal !

DÉCONFITURE n. f. (du vieux verbe *déconfire*, « briser complètement » ; 1160, Benoît de Sainte-Maure). État d'insolvabilité notoire d'un débiteur ne pouvant faire face à ses engagements et dont les biens sont insuffisants pour payer les dettes. Syn. *faillite*.

DÉCOUVERT n. m. (emploi spécialisé du part. passé du verbe *découvrir* ; 1835, *Dict. de l'Acad. fr.*). Avance de fonds consentie contre agio au titulaire d'un compte qui se trouve ainsi débiteur vis-à-vis de sa banque : *S'ils ne sont* *pas couverts, sous huitaine, ils procéderont d'office à la vente de vos titres* [...] – *Il ne l'emportera pas en paradis, je vous jure... Mon découvert chez eux est bien de quatre millions ?* (I. Némirovsky, *David Golder*, 1929). *La vente à découvert consiste à vendre un titre que l'on ne possède pas encore pour tirer profit de sa baisse* (C. Gatinois, *Le Monde*, 21 mai 2010). / **Être à découvert**, ne plus disposer de la moindre liquidité sur son compte.

D

DÉCROCHER v. tr. (emplois métaphoriques du verbe usuel ; sens 1 : 1855, Esnault ; sens 2 : 1867, Delvau). Vx. 1. Chaparder ; voler à la tire. 2. Retirer un objet placé au mont-de-piété. Syn. *déclouer.*

DECRY n. m. (du verbe *décrier*, « notifier la dépréciation ou la suppression d'une monnaie » ; XIIIe s.). Syn. ancien de *dévaluation* : *Il s'estoit fait un tariffe lors du decry des monnoies pour l'évaluation des espèces* (Furetière, *Le Roman bourgeois,* 1666).

DÉCULOTTER (SE) v. pron. (équivalent de *montrer son cul,* v. *cul* ; 1901, Bruant). Faire faillite.

DÉDOMMAGER v. tr. (de *dommage* ; 1262 d'apr. Jadart). Indemniser qqn en lui donnant, en guise de compensation, l'équivalent d'un dommage, d'un préjudice subi • DÉR. **dédommagement** n. m. (du verbe *dédommager*, « réparer » ; 1723, Marivaux). Action de réparer un dommage, un tort subi (par quelqu'un) : *Le Souverain ne doit donc aucun dédommagement au maître des esclaves, de même qu'il n'en doit pas à un voleur qu'un jugement a privé de la possession d'une chose volée* (Condorcet, *Réflexions sur l'esclavage des nègres*, 1781). Ce substantif est souvent accompagné des adjectifs *financier* ou *pécuniaire.*

DEFFARDEUX n. m. (du vieux verbe *défarder*, « déballer » ; 1561, Rasse des Nœuds, encore **deffardeur** en 1867, Delvau). Arg. anc. Voleur qui défonce les boutiques et les portes (Pas si ancien que ça : c'est pour certains chauffeurs de 4 x 4 leur façon d'entrer dans les banques sans frapper...).

DÉFICIT n. m. (mot latin signifiant « il manque » ; 1711, *Dictionnaire de Trévoux*). Ce qui manque pour compléter une quantité donnée de numéraire ou pour balancer un compte, dans les finances publiques ou privées ; situation qui résulte de ce manque : *Je sais bien que pour cacher pendant des années un déficit considérable, il faut le creuser chaque jour davantage* (E. Gaboriau, *L'Argent des autres*, 1874). *Le déficit public de la Grèce a atteint, en 2009, 12,7 % du produit intérieur brut* (PIB) (C. Gatinois, *Le Monde*, 17 janvier 2010) • DÉR. **déficitaire** adj. (1909, Larousse). Qui se solde par une perte, un déficit. *Budget déficitaire.*

DÉFLATION n. f. (formé à partir d'*inflation* – les mots anglais *inflation* et *deflation* apparaissent dès 1891 ; 1909, Larousse). Ensemble de mesures économiques et financières qui ont pour objectif de réduire la circulation monétaire, pour stabiliser ou faire baisser les prix et les salaires : *La déflation programmée* [en Grèce] *détériorera les finances publiques du pays, donc sa solvabilité, au lieu de l'améliorer* (P.-A. Delhommais, *Le Monde*, 9-10 mai 2010). Contr. *inflation* • DÉR. **déflationniste**, adj. (1964, Perroux). Qui est propre ou qui conduit à la déflation : *Situation, mesure déflationniste* • n. m. (1965, Quillet). Partisan de la déflation • **désinflation** n. f. (vers 1970). Réduction de l'inflation : *L'Allemagne, menant une politique de désinflation salariale compétitive au sein de la zone, affaiblit ses partenaires en croquant des pans entiers de leur demande intérieure* (Chr. Saint-Étienne, *Le Monde*, 5 février 2010) • **désinflationniste** adj. (1964, Perroux). Qui conduit à la désinflation.

DÉFOURGUER v. tr. (de *fourguer* et du préfixe *dé-* ; 1901, A. Bruant). Arg. Racheter.

D

DÉGAUCHIR v. tr. (du verbe technique : « rendre plane ou lisse une surface », c.-à-d. au fig. « s'approprier ce qui dépasse » ; 1867, Delvau). Vieilli. Voler, chaparder.

DÉGRAISSER v. tr. (« ôter la graisse superflue, la richesse » ! 1867, Delvau). Vx. Ruiner • DÉR. **dégraisseur** n. m. (1881, Rigaud, mais *dégraisseur de bourses*, « tricheur » dès 1677, Dassoucy). Vx. Filou.

DÉGRINGOLER v. tr. (d'une famille germ. occidentale *krink* ayant le sens gén. de « tourner » ; 1595 *desgringueler* intr. « faire une chute » ; ici, idée de « faire tomber », comme une pluie d'or ! sens 1 : 1876, Esnault ; sens 2 et 3 : 1947, id.). Pop. et Vx. 1. Voler. 2. Verser ou prêter (de l'argent). 3. **Dégringoler qqn d'une somme**, la lui emprunter • DÉR. **dégringolade** n. f. (sens 1 : 1887, Goncourt ; sens 2 : 1804). 1. Baisse, descente brusque des cours, du marché financier, effectuée souvent par paliers successifs : *La dégringolade du franc est à peu près inévitable, avec tous les Fourdillat et tous les gens de cette espèce* (G. Duhamel, *La Passion de Joseph Pasquier*, 1945). 2. Ruine, déchéance : *La Dégringolade*, titre d'un roman d'E. Gaboriau (1873) • **dégringolage** n. m. ou **dégringolade** n. f. (*-age*, 1885, Méténier ; *-ade*, 1881, Rigaud). Arg. Escamotage opéré sur un client par une prostituée.

DÉJETER v. tr. (cf. la loc. *jeter l'argent par les fenêtres* ; 1978, Doppagne). En Belgique, dépenser avec largesse, dissiper.

DELACROIX n. m. (billet à l'effigie du peintre ; 1978). Billet de 100 anciens francs.

DÉLOURDAGE n. m. (de *lourde*, « porte » en argot, dès 1628, Olivier Chéreau ; 1962, Boudard). Arg. Ouverture d'une porte (gén. avec effraction) : *Moi qui me farcissais l'essentiel, le crochetage, le délourdage* (Alphonse Boudard, *La Métamorphose des cloportes*, 1962) • **délourder** v. tr. (1953, Esnault). Ouvrir une porte.

DEMI-COURONNE n. f. (trad. de l'anglais *half-(a)-crown* ; 1723, Savary des Bruslons). Monnaie anglaise valant la moitié d'une couronne.

DEMI-JAMBE n. f. (1926, Esnault). Pop. Somme de 50 anciens francs. V. *jambe.*

DEMI-JETÉE n. f. (1894, Esnault). Pop. Somme de 50 anciens francs : *À l'un je remettais vingt francs pour fréquenter la Maubert, à l'autre trente, quarante balles, souvent une demi-jetée (ou une demi-livre, comme vous voudrez, ou encore cinquante francs en bon langage honnête)* (Francis Carco, *Traduit de l'argot*, 1927). V. *jetée.*

DEMI-LIVRE n. f. (1899, Nouguier). Pop. Somme de 50 anciens francs.

DEMI-PENNY n. m. (trad. de *half-penny* ; 1896). Pièce anglaise, valant la moitié du penny. V. ce mot.

DEMI-PILE (1935, Simonin & Bazin). Arg. Somme de 50 anciens francs. V. *pile.*

DEMI-SAC n. m. (de *demi* et de *sac*). Arg. 500 anciens francs (1953, Sandry & Carrère) ; 5000 nouveaux, après 1960 (1988, Caradec). V. *sac.*

DÉMONÉTISER v. tr. (du préf. privatif *dé-* et du latin *moneta*, « monnaie » ; 1793, Beaulieu). Dépouiller (une monnaie, un papier-monnaie, un timbre-poste) de la valeur que la loi lui avait conférée.

DENIER n. m. (du lat. class. *denarius*, xe s., « denier, pièce d'argent qui, à l'origine, valait dix as ; poids d'une drachme attique » ; 1100, *Chanson de Roland* : *dener*, « monnaie française valant le douzième du sou »). Monnaie de faible valeur : *Si vous vouliez, lui dit-il, m'accorder quelques faveurs sur et tant de moins de ces deniers, je vous serais fort obligé* (Bussy-Rabutin, *Histoire amoureuse des Gaules*, 1665). / Anc. **Prêter au n^ième denier**, demander un intérêt d'un denier pour *n* deniers prêtés : *Son mari est entré dans le huitième denier* : *quelle monstrueuse fortune en moins de six années* ! (La Bruyère, *Les Caractères*, 1688 ; l'intérêt demandé ici est de plus de 12 % !). / **Denier du culte** (1906), somme versée par les croyants pour assurer l'existence de leur curé : *Les églises sont vides, l'enfer sera plein ! Même pas cinquante euros pour le denier du culte, même pas de quoi régler la facture d'électricité* ! (Pascale Gautier, *Les Vieilles,* 2010).

DÉPENSE n. f. (du lat. *dispensa*, part. passé fém. substantivé de *dispendere*, « peser en distribuant » ; 1176, Chrétien de Troyes, « action de dépenser ; somme dépensée, frais »). Action de donner de l'argent pour acquérir ou payer quelque chose : *Ce Mareschal estoit bien aise aussi de faire paroître, aux yeux de Mme de Clèves, cette dépense éclatante qui alloit jusqu'à la profusion* (Mme de Lafayette, *La Princesse de Clèves*, 1678). *Tu es d'âge à te débrouiller. Ça ferait trop de dépenses à deux* (Eugène Dabit, *Petit-Louis*, 1930) • DÉR. **dépenser** v. tr. (1611, Cotgrave). Employer une certaine somme d'argent : *On a maintenant la sotte coustume de dépenser en meubles, presens et frais de nopces la moitié de la dot d'une femme, et quelquefois le tout* (Furetière, *Le Roman bourgeois,* 1666). *Dans not'pays nous dépensons / D'la monnai'parc'que nous* *avons/D'l'oseille* (A. Bruant, 1881) • **dépensier, ère** adj. et n. (de *dépense* ; 1821-24, Barante). Qui dépense (trop) facilement : *Il lui reprochait d'être follement dépensière, ce qui ne le surprenait pas, ajoutait-il, de la fille d'un homme qui avait dissipé une grosse fortune* (E. Gaboriau, *L'Argent des autres*, 1874).

DÉPLANQUER v. tr. (du verbe *planquer* et du préfixe *dé-* ; sens 1 : 1867, Delvau ; sens 2 : 1901, A. Bruant). Arg. 1. Retirer (de l'argent) d'une cachette. 2. Racheter : *J'ai déplanqué les reconnaissances à la dab* (A. Bruant).

DÉPOUILLER v. tr. (emploi « humain » de ce verbe de chasseur signifiant « enlever la peau » ; 1er quart XIIIe s., Reclus de Molliens). Voler, dévaliser : *À eux deux, ils écumaient les quartiers la nuit, dépouillaient les passants attardés* (A. Le Breton, *La Loi des rues*, 1955) • DÉR. **pouille-d** (verlan ; 2007, *Lexik des cités*). Arg. *Je suis dégoûté, je me suis fait pouille-d mon vélo.*

DÉROBER v. tr. (de l'anc. verbe *rober*, de même sens ; *desrober*, fin du XIIe s.). Voler : *C'était une môme de seize ans environ, vêtue de frusques dérobées selon toute vraisemblance à divers épouvantails à moineaux de la région* (Léo Malet, *Trilogie noire*, 1948).

DESROSCHEUR n. m. (terme de jeu selon Esnault ; 1455, *Coquillards*). Arg. anc. Voleur qui ne laisse rien à sa victime.

DÉSARGENTÉ adj. (du préf. *dé-* et de *argent*, emploi fig. ; 1864, Littré). Fam. Qui est à court d'argent liquide. Syn. *fauché, raide.*

DÉSINFLATION n. f. V. *déflation.*

D

DÉSINTÉRESSEMENT n. m. (du verbe *désintéresser*; 1656, Pascal). Comportement d'une personne qui néglige ses intérêts propres pour servir ceux d'autrui : *Voilà un noble désintéressement que M. votre père trouverait sans doute incompréhensible* (G. Duhamel, *La Passion de Joseph Pasquier*, 1945) • DÉR. **désintéressé, e** (1859, Ponson du Terrail). Qui agit ou qui s'exerce sans but lucratif : LE COMTE : *S'il ne faut que de l'argent pour le mettre dans nos intérêts, je ne l'épargnerai pas.* MARTON : - *Oh ! non ! ce n'est point un homme à mener par là, c'est le garçon de France le plus désintéressé* (Marivaux, *Les Fausses Confidences*, 1737). Contr. *intéressé.*

DESSOUS-DE-TABLE n. m. (idée de la somme donnée discrètement, par-dessous la table de négociation ; 1941, *L'Œuvre*). Somme d'argent que l'on donne secrètement à un partenaire, un négociateur pour obtenir ses bons offices : *En matière fiscale, le tarif de leur dessous-de-table a même ses codes, ses règles « équitables »* (C. Georgoutsos et M. Van Renterghem, *Le Monde*, 15 janvier 2010). Syn. *pot-de-vin.*

DÉTOCE ou **DÉTOSSE** n. f. (resuffixation arg. de *débine* ; 1841, Lucas ; parfois altéré en *détorse,* sous l'influence probable de *entorse*). Vx. Détresse, misère.

DÉTOURNER v. tr. (emploi spécialisé du verbe usuel signifiant « écarter » ; sens 1 : 1383, département de l'Eure ; sens 2 : 1821, Ansiaume). 1. S'approprier frauduleusement (une somme d'argent), en parlant d'un caissier, d'un comptable : *Qu'importe d'ailleurs que votre mari ait dépensé à ceci ou à cela les sommes qu'on l'accuse d'avoir détournées* ? (E. Gaboriau, *L'Argent des autres*, 1874). 2. Arg. anc. Voler en escamotant, dans un magasin • DÉR. **détournement** n. m. (1877, Flaubert). Le fait de s'approprier indûment une somme d'argent • **détourneur, euse** n. (1829, Vidocq). Arg. anc. Voleur, voleuse par escamotage : *Les détourneuses* *sont en général réputées plus habiles que les détourneurs. La raison de cette supériorité est tout entière dans la différence du vêtement : les femmes peuvent facilement cacher des objets d'un volume assez considérable* (Vidocq, *Mémoires*) • **détourne** n. f. (1821, Ansiaume). Vol dans une boutique.

DÉTROUSSER v. tr. (dérivé inverse de *trousser*, « mettre en paquet » ; 1119, *destrusser*, Philippe de Thaon). Vieilli. Dépouiller de son argent, de ses bagages, sur la voie publique et par la violence : *Il ne passe personne en ce maudit quartier : / Mais si quelqu'un y vient, il faut qu'on le détrousse* (Claude de l'Estoile, *L'Intrigue des filous*, comédie, 1644) • DÉR. **détrousseur** n. m. (avant 1501, J. Aubrion). Voleur qui détrousse les voyageurs.

DETTE n. f. (du latin *debita*, de *debere*, « devoir » ; *dete*, 1174-76, G. de Pont-Sainte-Maxence). Somme d'argent que le débiteur est tenu de verser à son créancier : *L'argent que vous preniez, je ne sais où, vous fait défaut, sans doute, ou ne vous suffit plus, et vous contractez des dettes de tous côtés, chez des tailleurs, chez des chemisiers, chez des bijoutiers* (E. Gaboriau, *L'Argent des autres*, 1874). *La société* [Thomson], *qui a frôlé une nouvelle fois la faillite à l'été 2009, avec une dette massive de 2,8 milliards d'euros, a choisi de tourner le dos à un passé qui a débuté en 1893* (L. Girard, *Le Monde*, 29 janvier 2010) • DÉR. **endetter** v. tr. (1180-90, Alexandre de Paris, *Roman d'Alexandre*). Charger de dettes, surtout à la voix pron. **s'endetter**, contracter une dette, faire des dettes. V. citat. à *croissance* • **endettement** n. m. (1611 *endebtement*, Cotgrave). / **endettement (public)** (1877, suppl. Littré). Total de tous les emprunts contractés par l'État, les collectivités publiques, les entreprises nationalisées : *Cette crise a en effet mis en évidence, pour ceux qui l'ignoraient encore, les niveaux d'endettement public colossaux de nombreux pays au regard du poids de leur économie* (C.

Gatinois, *Le Monde*, 14 février 2010) • **surendetté, e** adj. et n. (1990, *Le Monde*). Qui est lourdement endetté : *Des centaines de ménages, dont le remboursement des crédits absorbe parfois tous les revenus, sont surendettés et saisis par les banques* (I. Rey-Lefebvre, *Le Monde*, 31 janvier 2010) • **surendettement** n. m. (id.). Endettement excessif : *Aujourd'hui, tous les pays en situation de surendettement redoutent de subir le même sort qu'Athènes* (P.-A. Delhommais, *Le Monde*, 7 février 2010).

DÉVALISER v. tr. (du préf. *dé-* et de *valise ;* 1555, *devalizer*, Ronsard). Dépouiller qqn ; vider un lieu des biens qu'il contient : *Comment ! J'aurai été dévalisé avec la complicité de la loi, et même à son instigation, et je n'oserais pas renier cette loi et reprendre par la force ce qu'elle m'a arraché !* (Georges Darien, *Le Voleur*, 1897). *C'est en dévalisant la case / D'un'gerce, un'gironde à rupins, / Qu'on m'a fait avec Nib de naze, / Un monte-en-l'air de mes copains* (A. Bruant, 1891) • DÉR. **dévaliseur** n. m. Syn. rare de *détrousseur* : *La bande des dévaliseurs de cadavres* (M. Barrès, *Cahiers*, 1907).

DÉVALUER v. tr. (du préf. *dé-* et de *évaluer* ; d'abord part. adj. *dévalué*, 1928, R. Rolland, puis v. *dévaluer*, 1941, M. Aymé). Procéder à la dévaluation d'une monnaie : *Sans l'euro, avec un tel déficit extérieur et une telle dette, il y a longtemps que le franc aurait dû être dévalué* (Jacques Attali, *Une Brève Histoire de l'avenir*, 2006) • **dévaluation** n. f. (1928, R. Rolland). Technique financière consistant à diminuer par un acte gouvernemental la valeur de la monnaie d'un pays par rapport à l'or et/ou aux devises étrangères : *Tout est au beau fixe à Patreksfjördur. La dévaluation de la couronne revalorise le prix du poisson dans la monnaie locale* (G. Lemarquis, *Le Monde*, 12 février 2010).

DÉVEINE n. f. (contraire de *veine*, « chance » ; 1854, Alyge). Fam. Suite de coups malheureux au jeu ou dans les affaires.

DEVIS n. m. (déverbal du verbe *deviser*, 1223-26, « construire, établir un plan » ; vers 1450, *Mistère du Viel Testament*). État détaillé des travaux à effectuer ou des fournitures à prévoir avec estimation des dépenses : *Courtial, il présentait un devis vraiment étudié au plus juste ! Tout à fait modeste et correct : deux cent vingt francs* (L.-F. Céline, *Mort à crédit*, 1936) • **deviser** v. tr. (E. Pidoux, 1984). En Suisse romande, équivalent de *budgéter.*

DEVISE n. f. (depuis 1800 environ, on imprimait des devises sur les formulaires de change ; probablement emprunté à l'all. *Devise,* attesté dans ce sens en 1833 dans le *Deutsches Wörterbuch* des frères Grimm, auteurs des fameux *Contes*). Monnaie étrangère : *Gouvernements et banques centrales ont donc fini par laisser le cours des devises vagabonder en toute liberté dans une sorte de « laisser-flotter » absolu, au gré de l'offre et de la demande et de l'humeur des spéculateurs* (P.-A. Delhommais, *Le Monde*, 17 janvier 2010).

DEVOIR v. tr. (du lat. *debere*, de même sens ; vers 115, Wace). Avoir à payer (une somme), à fournir qqch. à qqn : *Je ne veulx pourtant inférer que jamais ne faille devoir, jamais ne faille prester. Il n'est si riche qui quelques foys ne doibve. Il n'est si paouvre, de qui quelques foys on ne puisse emprunter* (Rabelais, *Tiers livre,* 1546).

DIFFÉRENTIEL adj. et n. m. (*droit différentiel*, « taxe de douane variable selon la provenance des marchandises », 1846, Proudhon). Dans le jargon économique, tient souvent lieu de synonyme « chic » de *variable, variabilité* : *Les importations d'Emmenthal – un fromage très sensible aux différentiels de prix, car il faut 12 litres de lait pour* *en faire un kilo – ont ainsi augmenté de 21 % en 2009* (C. Lacombe, *Le Monde*, 28 mars 2010).

D

DILAPIDER v. tr. (emprunt au lat. class. *dilapidare*, « cribler de pierres », d'où « disperser, dissiper, gaspiller » ; vers 1223 (G. de Coincy). Dépenser de manière excessive et inconsidérée. Syn. *dissiper, gaspiller* • DÉR. **dilapidation** n. f. (1465, A. de Reilhac). Le fait de dépenser avec une prodigalité blâmable des biens privés ou publics dont on a la propriété ou la gestion. Syn. *gaspillage.*

DÎME n. f. (*d'abord, vers* 1135 n. m. *disme*, « le dixième », *Couronnement de Louis*). Au Moyen Âge, impôt sur les récoltes (de fraction variable, parfois le dixième) prélevé par le clergé ou la noblesse ; auj. prélèvement plus ou moins arbitraire, taxe (1951, Hervé Bazin) : *Dans la rue anonyme / Y a partout des Jésus, / Qui vont quêter leur dîme / Avec des yeux battus* (Léo Ferré, *Barbarie*, 1952).

DINAR n. m. (de l'arabe *dinar*, issu du grec δεναριον ; depuis 1697, nom donné à des poids et monnaies arabes). Unité monétaire principale de l'Algérie, de Bahrein, de l'Iraq, de la Jordanie, du Koweit, de la Lybie, de l'île Maurice, de la Serbie, du Soudan et de la Tunisie ; unité monétaire divisionnaire de l'Iran.

DIRHAM n. m. Monnaie des États arabes unis et du Maroc.

DIRLING n. m. (de l'all. *Dreiling*, pièce de 3 liards ; 1889, Macé). Vx. Petit sou.

DISCOUNT n. m. (de l'angl. *discount*, « rabais, réduction », emprunté lui-même au fr. *desconte, décompte* ; 1962, *L'Express*). Réduction sur le prix de vente des marchandises. Syn. *escompte, rabais.* / N. B. L'équivalent français, moins « chicos », est le vieux mot *ristourne* (XVIIIe s.).

DISPENDIEUX, EUSE adj. (du lat. impérial *dispendiosus*, « dommageable, préjudiciable » ; 1495, J. de Vignay). Qui exige beaucoup de dépense, entraîne de grands frais. Syn. recherché de *coûteux*.

DISPONIBILITÉS n. f. pl. (1864, Littré). En termes bancaires, les fonds dont on peut disposer.

DISSIPER v. tr. (du lat. class. *dissipare,* « disperser ; anéantir » ; dès 1350). Dépenser avec trop de largesse : *Il se dit que s'il allait dissiper deux des précieuses pièces de cent sous qui lui restaient, elles seraient heureusement employées à la conservation de son habit* (Balzac, *Le Père Goriot*, 1834). Syn. *dilapider, gaspiller.*

DIVIDENDES n. m. pl. (du bas-lat. *dividendus*, « dividende », adj. verbal de *dividere,* « diviser » ; sens 1 : 1837, Balzac ; sens 2 : 1891, Zola). 1. Anc. Quote-part des sommes qui proviennent de la réalisation des biens d'un failli, attribuée à chacun des créanciers, ceux-ci étant en état d'union : *Les syndics de la faillite agiraient au gré des inspirations de Du Tillet qui* [...] *ferait liciter les terrains et les achèterait pour la moitié de leur valeur en payant avec* [...] *le dividende de la faillite* (Balzac, *César Birotteau,* 1837). 2. Auj. Somme annuelle distribuée par une société à ses actionnaires ou à ses associés au prorata du capital souscrit par eux et en proportion des bénéfices réalisés. V. citat. à *liquider.*

DIXIÈME n. f. (1899, Nouguier). Pop. et Vx. Pièce de 10 sous.

DJÈSE n. m. (mot nouchi, emprunt à l'argot ivoirien ; 2007, *Lexik des cités*). Arg. Arrangement financier ; commerces plus ou moins officiels.

D

DOIT (ET AVOIR) n. m. Syn. de *débit* : *Au rez-de-chaussée, des comptoirs de bois, des livres de doit-et-avoir pareils à des registres de plain-chant, hauts comme le comptable, reliés d'une seule peau de bœuf cloutée* (Paul Morand, *Lewis et Irène,* 1924).

DOLLAR n. m. (issu, par le bas-all. *daler*, du *thaler*, très utilisé à partir du XVe siècle, dans l'empire des Habsbourg, puis dans le monde entier ; décembre 1776). Unité monétaire des États-Unis et du Canada, divisée en 100 cents : *Cent mille dollars, confirma Hans. Des dollars canadiens. Plus une ferme grande comme Java* (Jean Malaquais, *Les Javanais*, 1939). *De faux dollars, de vrais bijoux, / Y en a vraiment pour tous les goûts* (Léo Ferré, *Vitrines*, 1954). *Jamais t'as vu le dollar-coupure de vingt et de cent demandé comme maintenant à vingt francs, alors qu'on te l'offrait à quinze il y a pas six mois* (A. Simonin, *Le Cave se rebiffe*, 1954). Il existe également le dollar australien, celui des Bahamas, des Caraïbes, le dollar fidjien, celui de la Guyane, de la Jamaïque, du Libéria, de la Malaisie (v. *ringitt*), de la Namibie, de la Nouvelle-Zélande, des îles Salomon, de Singapour, du Suriname, de Taïwan et du Zimbabwe • VAR. **dolluche** (1957, Sandry & Carrère). V. *billet vert.*

DOMMAGES ET INTÉRÊTS n. m. pl. (loc. du droit financier ; sens 1 : *Code civil,* 1804 ; sens 2 : 1666, Furetière, puis 1936, R. Capitant). 1. Somme d'argent attribuée au créancier pour l'indemniser de l'inexécution partielle ou totale du contrat *(dommages et intérêts compensatoires)* ou pour l'exécution tardive de cette obligation *(dommages et intérêts moratoires*). 2. Indemnités dues pour la réparation du dommage causé par un délit ou un quasi-délit : *Ne vous avois-je pas bien dit que je vous ferois avoir des dommages et interests ? Tenez, voilà deux mille écus que j'en ay tirés* (Furetière, *Le Roman bourgeois,* 1666).

DONG n. m. (mot vietnamien). Unité monétaire principale du Vietnam.

DONNEUR D'AFFAIRES n. m. (de *donner* au sens de « indiquer » ; 1836, Esnault). Vx. Celui qui indique des coups à faire, cambriolages entre autres.

DOT n. f. (emprunt au lat. *dos*, de même sens ; rare avant 1558, Bonaventure des Périers). Vx. Biens apportés lors du mariage par la femme, qui sont inaliénables et insaisissables et soumis à l'administration du mari : *Il arrive, je ne sais par quels chemins, jusques à donner en revenu à l'une de ses filles, pour sa dot, ce qu'il désirait lui-même d'avoir en fonds pour toute fortune durant sa vie* (La Bruyère, *Les Caractères*, 1688). V. citat. à *dépense* • DÉR. **doter** v. tr. (*doter*, « pourvoir de certains avantages », 1180-90, *Roman de Renart* ; « pourvoir d'une dot », 1522) : *Toute religieuse doit être dotée, sans quoi elle est le rebut du couvent. Il n'y eut jamais d'abus plus intolérable* (Voltaire, *L'Homme aux quarante écus,* 1768) • **dotation** n. f. (du lat. médiéval *dotatio* ; 1325, « fonds assignés à un établissement, à un service »). Action d'attribuer un revenu à une personne physique ou morale.

DOUBLE n. f. (1899, Nouguier). Vx. Pièce de 2 sous.

DOUBLER v. tr. (emploi du verbe usuel au sens de « tromper » ; 1628, Chéreau). Arg. anc. Dérober • DÉR. **doubleur (de sorgue)** n. m. (1867, Delvau). Vx. Voleur (de nuit) • **doublage** n. m. (1628, Chéreau, encore en 1867, Delvau). Vx. Vol.

DOUBLIN n. m. (var. de *doublon* ; 1848, Esnault). Vx. Gros sou.

DOUBLON n. m. (empr. à l'esp. *doblón* ; 1534). Anc. Monnaie d'or espagnole. V. citat. à *jacobus*.

DOUILLES n. f. pl. (peut-être abrègement de *guindouilles*, « sous » ; 1827, *Un Monsieur comme il faut)*. Vx. Argent : *Du croquant fais une lessive, / Chope-lui cornant, douille et sive* (Hogier-Grison) • DÉR. **douiller** v. tr. (de *douille(s)* ; 1858, Larchey ; encore en 2007, *Lexik des cités*). Pop. Payer, régler : *Chez les Wurzem, l'agréable c'est qu'ils avaient pas de rancune. Après les pires engueulades, dès qu'on les douillait un peu, ils se remettaient à chanter* (L.-F. Céline, *Mort à crédit*, 1936). / **Ça douille** (1988, Caradec). Pop. Ça rapporte, ou au contraire : ça coûte cher • **douillance** n. f. (de *douille* ; 1977, A. Simonin). Arg. Paie, appointements • **douillard, e** adj. et n. (de *douilles* ; 1857, Esnault). Pop. Se dit d'une personne riche : *Toutes tant que vous êtes, les douillardes comme les purées, vous devez avoir vos peines* (Paul Alexis, entre 1883 et 1888).

DRACHME n. f. (du grec δραχμη ; 1435). Anc. Monnaie d'argent en usage en Grèce valant six oboles et un centième de mine, et qui se définissait par son poids d'argent ; auj. unité monétaire de la Grèce.

DRAGUEUR n. m. (de *draguer*, « extraire » ; 1836, Vidocq). Arg. anc. Escamoteur, charlatan.

DRAPEAU n. m. (p.-ê. de la serviette qu'on laisse dans le casier du gargotier ; 1894, Virmaître). Vx. Dette : *Laisser* ou *planter un drapeau*.

DRINGUE n. f. (1901, A. Bruant). Pièce de 5 francs d'avant 1914 : *Une dringue toute ronde, dit le fourgat* (A. Bruant).

DRING-GELT ou **DRINGUELLE** n. m. (de l'all. *Drinkgeld* ; sens 1 : 1836, Vidocq ; sens 2 : 1901, A. Bruant). Arg. anc.

1. Argent envoyé à un détenu. 2. Pourboire (**dringuelle** s'emploie encore en Belgique).

DROGUEUR n. m. (de l'ital. *bater la droga*, mendier ; 1836, Vidocq). Arg. anc. Faux mendiant, de belle présentation • DÉR. **droguerie** n. f. (id.). ou **drogue** (1899, Nouguier). Vx. Mendicité.

DROIT n. m. (souvent au plur.) (du bas-latin *directum,* substantivation de l'adj. *directus* ; sens 1 : vers 1100, *Chanson de Roland* ; sens 2 : 1455). 1. Ce qui est permis ou exigible selon la législation ou des règlements officiels : *Laissez faire Ergaste, et il exigera un droit de tous ceux qui boivent de l'eau de la rivière, ou qui marchent sur la terre ferme* (La Bruyère, *Les Caractères*, 1688). 2. Revenu, salaire en échange de quelque chose : *Comptez et n'en oubliez rien :* ***droit*** *d'entrée,* ***droit*** *de remuage,* ***droit*** *de patente,* ***droit*** *de police,* ***droit*** *direct,* ***droits*** *indirects,* ***droits*** *réunis plusieurs ensemble,* ***droit*** *de mutation, c'est tout ; faisant bien chaque année treize cents francs pour les courtisans, ou douze cent nonante et six, que je ne mente* (Paul-Louis Courier, *Pamphlets politiques,* Gazette du village, 1823) • **droits d'auteur** n. m. (au sing. 1833, Balzac ; au plur., 1895, Léon Bloy). Pourcentage du prix de vente d'un ouvrage, versé (en principe) à l'auteur par l'éditeur, au moment du bilan annuel.

DÛ n. m. (part. passé substantivé du verbe *devoir* ; 1306 *deu*, « ce à quoi l'on a droit », G. Guiart, *Royaux Lignages*). Ce qu'on doit à quelqu'un ; dette.

DUCAT n. m. (de l'ital. *ducato*, « monnaie frappée à l'image d'un duc » ; XIVe s., au plur., dans *Chronique de Flandre*). Anc. Monnaie d'or fin (plus rarement d'argent) de valeur variable selon les pays : *Un homme accumulait. On sait que cette erreur / Va souvent jusqu'à la fureur. / Celui-ci ne songeait que ducats et pistoles* (La Fontaine, *Du Thé-*

sauriseur et du Singe, 1685). *Tout est au duc / Il possède à lui seul des millions de ducats / Ah oui vraiment monsieur c'est fou ce que le duc a* (Charles Trénet, *Tout est au duc*, 1936) • DÉR. **ducaton** n. m. (*ducquaton*, 1596, Jean Burel). Anc. Ducat d'argent valant la moitié du ducat. V. citat. à *jacobus*.

DUMPING n. m. (mot anglo-américain, de *to dump*, « décharger, déverser sur le marché » ; 1904, G. Fleurey). Pratique commerciale qui consiste à vendre un produit moins cher sur les marchés extérieurs que sur le marché intérieur, ou parfois à le vendre à perte : *M. Barnier a rappelé qu'il tenait à l'application de la directive de libéralisation des services, tout en luttant contre le « dumping social »* (P. Ricard, *Le Monde*, 15 janvier 2010). Syn. *bradage*.

DUPE n. f. (var. de *huppe*, oiseau (facile à « plumer ») ; *duppe*, 1455, *Coquillards*). Arg. Personne naïve, facile à dépouiller.

1. DUR n. m. (1957, Sandry-Carrère). Syn. arg. de dollar-or.

2. DUR, E adj. (1867, Delvau). **Dur à la détente** ou (vx) **à la desserre**, se dit d'une personne avare, qui ne les « lâche » pas volontiers.

EAU n. f. **Les eaux sont basses** loc. pop. (1808, d'Hautel ; *qui est dans les eaux basses,* pauvre, miséreux : 1901, A. Bruant). Vx. On manque d'argent. / **Être dans les eaux grasses** (1883, Fustier). Occuper une haute situation, dans l'Administration.

ÉCHAUDER v. tr. (emploi métaphorique, cf. *coûter* ; à partir de 1940). Surfaire un prix, surtout à la forme passive **être échaudé**, être victime d'un commerçant qui donne un coup de pouce à sa balance ou fait valser ses étiquettes.

ÉCHUTE n. f. (du verbe *échoir* ; 1842, A. Peter, *Corrigé de la nouvelle cacologie*). En Suisse romande, équivalent de *adjudication.*

ÉCLAIRER v. tr. (sans doute de la loc. des joueurs *éclairer (le tapis),* dès le XVIe s., « miser », le sens est « faire briller l'argent, faire luire son or, le mettre au jour » ; 1859, Esnault). Arg. anc. Payer.

ÉCOLAGE n. m. (de *école* ; 1827, Gaudy-Lefort, *Glossaire genevois*). En Suisse romande, nom donné aux frais de scolarité dans certaines écoles.

ÉCONOME adj. (du nom désignant le « religieux chargé de la dépense d'un couvent », 1337, Saint-Benoît-sur-Loire ; 1690, Furetière). Qui dépense avec prudence et parcimonie et, de ce fait, réalise éventuellement des économies : *Vous devenez si économe que vous finirez par trouver le moyen de vous nourrir en humant l'air de la cuisine* (Balzac, *Le Père Goriot*, 1834).

ÉCONOMIE n. f. (du lat. class. *œconomia*, issu du grec οικονομια, « organisation, disposition » ; sens 1 : « épargne dans la dépense », 1665, La Rochefoucault ; sens 2 : 1615, H. de Montchrestien, *Traicté de l'économie politique*). 1. Art d'administrer un bien, une entreprise par une gestion prudente et sage afin d'obtenir le meilleur rendement en utilisant les moindres ressources ; le fait d'économiser : *Il enleva ma jeune tante, l'emmena à Paris par le train en première classe, ce qui prouvait bien son manque d'économie, et l'épousa sans autorisation* (Jean L'Hôte, *La Communale*, 1957). 2. Science qui étudie l'ensemble de ce qui concerne la production, la répartition et la consommation des richesses et de l'activité que les hommes vivant en société déploient dans ce domaine : *L'économie de marché correspond à une définition négative de la modernité ; elle signifie la disparition de tout contrôle holiste de l'activité économique* (Alain Touraine, *Critique de la modernité*, 1992). Syn. *économie politique, sciences économiques* • **économies** n. f. pl. (Zola, 1882). Sommes d'argent mises de côté : *Tréguier ouvrit l'armoire et fouilla dans la manche de son chandail. Il en ramena un mince rouleau de billets, ses petites économies* (A. Le Breton, *La Loi des rues*, 1955). *Il y en a des qui brûlent la chandelle par les deux bouts* (1640, Oudin), *et d'autres qui font des économies de bouts de chandelle* (1867, Delvau) : in medio stat virtus ! (pour ceux qui n'ont pas été enfants de chœur, voir les pages roses du Petit Larousse…) • VAR. **éconocroques** n. f. pl. (resuffixation de *économies* avec jeu de mots plaisant sur le verbe *croquer* ; 1913, Esnault). Pop. Même sens • DÉR. **économiser** v. tr. et intr. (1718, *Dict. de l'Acad. fr.*). Mettre (de l'argent) de côté : *À la tête d'une fortune ! Si jeune, à mon âge* […] *avec le droit d'en disposer comme je l'entendrai, de faire des folies ou d'économiser, de mettre cet argent dans un pot ou de le jeter par les fenêtres !* (Jules Vallès, *L'Enfant*, 1884) • **économiquement faible** n. (années 60). Vieilli. Se disait d'une personne qui disposait de peu de ressources, sans être tout à fait pauvre.

ÉCORCHER v. tr. (emploi métaphorique du verbe usuel ; 1673, Molière). Demander à qqn un prix excessif. Syn. *échauder, estamper.*

E

ÉCORNER v. tr. (de *corne* ; Vidocq). Arg. anc. Fracturer pour voler • DÉR. **écornage** ou **écorne** n. m. (1843-45). Bris de vitre en vue du vol • **écorneur** n. m. (1844, Esnault). Briseur de devantures.

ÉCOSSER v. tr. (c.-à-d. « débarrasser (qqn de son argent) » ! 1881, Esnault). Vx. Dépenser.

ÉCOT n. m. (de l'anc. bas-francique **skot* « impôt » ; 1176, *escoz* chez Chrétien de Troyes). Quote-part que convient d'acquitter chaque personne dans une dépense commune, en particulier pour payer un repas ; resté usuel surtout dans la loc. verbale **payer son écot** : *Chacun paie son écot. Malgré qu'il en ait, je règle, avec la mienne, la note de Bertrand, de mon vieux Bertrand que j'aime bien et qui n'est pas rupin* (A. Nolat, *Les Voyageurs du petit jour*, 2004).

ÉCOTAXE n. f. (du préf. *éco-* et de *taxe* ; 1992, Robert). Taxe à prétexte écologique, prélevée sur certaines sources de pollution : *Des montagnes d'écotaxes à recycler* (titre du *Canard enchaîné*, 24 février 2010).

ÉCU n. m. (de l'écu, « bouclier », figurant en effigie). Monnaie d'or créée sous le règne de saint Louis (XIIIe s.) et portant sur sa face l'écu de France : *Je n'ay acheté ce projet que cent écus, et si j'en ai des-jà retiré près de mille* francs (Furetière, *Le Roman bourgeois,* 1666). *Je suis bien aise d'apprendre à l'univers que j'ai une terre qui me vaudrait net quarante écus de rente, n'était la taxe à laquelle elle* *est imposée* (Voltaire, *L'Homme aux quarante écus,* 1768). *J'en sais qui sont heureux, et qui n'ont pour fortune / Que ces louis d'un jour nommés les fleurs des bois / Et cet écu rogné qu'on appelle la lune* (Jean Richepin, *La Chanson des gueux,* 1876). / N. B. Notons, à titre de curiosité, que l'E.C.U, sigle de *European Currency Unit,* a été le nom tout provisoire donné à la monnaie européenne de 1978 jusqu'à l'adoption de l'euro, en décembre 1999. / **Écu blanc** ou **écu d'argent** ou **petit écu**, pièce de monnaie d'argent d'une valeur de trois livres frappée sous Louis XIII ; monnaie d'or ou d'argent en France et en différents pays, au taux variable, encore courante jusqu'à la fin du XIXe siècle. / Vx. **Retirer un écu de six francs de la poche du médecin** (1867, Delvau). Boire un coup de vin frais juste après le potage.

EFFAROUCHER v. tr. (image amusante : il s'agit de « faire peur » à l'objet pour qu'il quitte son propriétaire légitime ! 1827, *Un Monsieur comme il faut*). Vx. Voler (qqch.) : *Vous avez effarouché mon portefeuille* (Th. Gautier, *Fortunio,* 1837).

EFFET n. m. (1867, Delvau). Vx. **Faire des effets de poche**, étaler pièces d'or et billets de banque au moment de payer.

EFFRACTION n. f. (du latin *effractus,* part. passé de *effringere,* « briser, ouvrir avec effraction » ; cf. bas-lat. jur. *effractura,* « effraction »). Bris de clôture, fracture de serrure effectué(e) ou dégradation de meubles en vue de s'en approprier le contenu : *Cette fois le vol semblait commis par un seul individu, et avec une adresse singulière. Nulle trace d'effraction, pas d'empreintes de souliers dans la terre humide* (A. France, *Crainquebille*, 1904).

ELDORADO n. m. invar. (mot espagnol, « le doré » ; 1836, Vidocq). Pays imaginaire, supposé être le lieu où se précipitent avec succès les chercheurs d'or : *Les estaminets du quartier de la Cité sont pour les voleurs de véritables eldorado, dans lesquels ils trouvent tout ce qu'ils chérissent* (Vidocq, *Les Voleurs*, 1836).

E

EMBLER v. tr. (du lat. class. *involare*, proprement « voler dans », d'où « se précipiter sur, se saisir de » ; vers 980, « voler, dérober », *Passion* ; repris en 1831 par Balzac). Anc. Voler, dérober.

EMMILLIARDER (S') et **EMMILLIONNER (S')** v. pron. (1883, Fustier). Fam. S'enrichir à millions et milliards : *Des crapules qui donnent de l'instruction au peuple pour éviter de lui donner de l'argent, et pour pouvoir s'enrichir, s'emmillionner et s'emmilliarder tout à leur aise aux dépens des ouvriers* (Le Constitutionnel, cité par Fustier).

ÉMOLUMENTS n. m. pl. (du lat. class. *emolumentum,* « avantage, profit, gain » ; 1832, Balzac). Rémunération nette des fonctionnaires, indemnités et allocations incluses : *Inutile de te dire que je t'allouerai des émoluments* [...] *sur ma cassette personnelle. Comme faisait François Ier avec Triboulet* (Clément Vautel, *Le Fou de l'Élysée*, 1939).

EMPAQUETER v. tr. (emploi détourné du verbe usuel ; 1916, Esnault). Pop. Voler.

EMPAUMER v. tr. (de *paume* ; sens 1 : 1837, Balzac ; sens 2 : 1843, E. Sue). 1. Prendre un avantage sur quelqu'un en le dupant. 2. Escamoter, mettre dans sa poche • VAR. **empalmer** (du prov., selon Esnault ; sens 1 ; 1915, Esnault ; sens 2 ; 1950, id.). 1. Chaparder. 2. Escamoter dans sa paume.

EMPLÂTRER v. tr. (de *emplâtre*, « cire ou enduit » souvent utilisé jadis dans certains vols ; sens 1 : depuis 1876, Esnault ; sens 2 : 1905, id.). Arg. anc. 1. Mettre la main sur de l'argent ou des bijoux. V. citat. à *raide*. 2. Dissimuler une carte à jouer.

EMPOCHER v. tr. (de *poche* ; 1690, Furetière). Fam. Mettre dans sa poche ; s'approprier avec avidité et empressement de l'argent, des biens.

EMPORTAGE n. m. (de *emporter* ; 1836, Vidocq). Arg. anc. **Emportage à la côtelette**, escroquerie de joueur, commise dans un tripot, en alléchant la dupe par une fausse invitation à déjeuner • DÉR. **emporteur** n. m. (1829, Vidocq). Escroc qui rançonne les dupes.

EMPRUNT n. m. (déverbal du verbe *emprunter ;* 1195). Le fait de recevoir une somme d'argent à titre de prêt : *Le seul moyen juste et compatible avec l'état où se trouveraient alors les possesseurs des Nègres serait un emprunt public, remboursable par un impôt levé sur les seules terres des colons* (Condorcet, *Réflexions sur l'esclavage des nègres*, 1781). *Ça n'était pas sa faute s'il avait été ruiné dans l'affaire de l'emprunt russe et si les actions des tramways de Shang-Haï ne valaient presque plus rien* (Jean L'Hôte, *La Communale*, 1957). *Le grand emprunt des vioques d'aujourd'hui, c'est demain la grosse dette des minots...*

EMPRUNTER v. tr. (déformation du latin classique *promutuari,* de même sens ; *vers* 1150, « se faire prêter », Wace, *St Nicolas*). Recevoir une somme à titre de prêt : *Deux sociétés très différentes ont préféré emprunter auprès de particuliers plutôt que de faire appel aux investisseurs institutionnels* (Isabelle Ehrhart, *Le Monde*, 28 février 2010). / N. B. Ne pas confondre avec le verbe inverse **prêter**, « accorder de l'argent à qqn », même si cette confusion a existé très tôt, comme en témoigne dès 1125-50 un passage du *Pèlerinage de Charlemagne* ! V. *devoir*.

E

ENCAISSER v. tr. (de *caisse* ; 1690, Furetière). Toucher, recouvrer une somme d'argent, de valeurs : *Je suis passé encaisser mon salaire. À la caisse, un moustachu à lorgnon comptait les billets d'un index à l'ongle en deuil* (P. Pécherot, *Les Brouillards de la Butte*, 2001) • **encaisseur** n. m. (1908, F. de Miomandre). Employé de banque ou de commerce chargé d'encaisser des sommes : *Ces croquemitaines sous les verrous, la tranquillité revint. Les encaisseurs recommencèrent à circuler sans salir leur pantalon* (Léo Malet, *Trilogie noire*, 1948).

ENCHÈRE n. f. (de *enchérir* ; 1259, *Baillies de Xaintonge*). Offre d'achat ou de bail supérieure à celles qui ont été précédemment faites au cours d'une adjudication. / **Vente aux enchères** ou simpl. **enchères (publiques)** : *Une sculpture en bronze d'A. Giacometti,* L'Homme qui marche, *a battu, mercredi 3 février, le record mondial pour une œuvre d'art vendue aux enchères publiques* (AFP, 5 février 2010). V. *mise* / **Folle enchère** (1668, Molière, *G. Dandin*), enchère trop haute et qu'on ne peut payer. / **Enchère brûlée** (cf. « le feu des enchères ! » mai 1876, *Gazette des tribunaux,* cité par Littré), enchère précipitée, faite dans des conditions plus ou moins frauduleuses • **être à l'enchère** (1864, Littré). Vx. Être vénal, corruptible • DÉR. • **enchérir** (vers 1195) ou (vx) **renchérir** v. tr. (1340). Faire une enchère sur quelqu'un • **enchérissement** n. m. (1846, Proudhon). Hausse, augmentation des prix : *Il résulterait de cette diminution de la récolte un enchérissement de la denrée* (Condorcet, *Réflexions sur l'esclavage des nègres*, 1781) • **surenchérir** v. intr. (1re moitié du XVIe s., « faire une surenchère »). Faire monter le prix d'un article, dans une vente à la criée, faire monter les enchères • **surenchère** n. f. (1569, J. Papon) et **surenchérissement** n. m. (1792, Pétition de la Ville de Nantes). Enchère plus élevée que l'enchère précédente : *Le culte de l'or relève ainsi d'un esprit de surenchère, traduit notre aspiration à un sur-or, à une lumière* *qui ferait à jamais reculer la nuit autour de nous* (Pierre Gascar, *L'Or*, 1967) • **surenchérisseur, euse** n. (1804, *Code civil*). Personne qui fait une surenchère.

ENFONCEUR n. m. (de *enfoncer* ; 1836, Vidocq). Arg. anc. Agent d'affaires ou payeur de rentes indélicat : *Là, ils ne tardèrent pas à apprendre que le camarade qui avait joué le personnage de Vidocq l'*enfoncé *était Vidocq l'*enfonceur (M. Mario et L. Launay, cités par Bruant) • **enfonçoir** n. m. (1889, Macé). Vx. Agence véreuse.

ENFOUILLER v. tr. (de *fouille*, « poche » ; 1901, A. Bruant). Arg. anc. Mettre (de l'argent) dans sa poche : *Ces héritages qu'une singerie des hommes de loi vous empêche longtemps d'enfouiller* (A. Simonin, *Touchez pas au grisbi*, 1953).

ENGOURDIR v. tr. (emploi humoristique du verbe usuel ; 1947, Esnault). Fam. Voler, chaparder : *J'ai même engourdi une boîte de sardines à un étalage* (A. Le Breton, *La Loi des rues*, 1955).

ENQUILLER v. tr. (de *quille*, « jambe » ; 1847, Esnault). Arg. anc. Cacher entre ses cuisses un objet volé • DÉR. **enquilleuse** n. f. (1725, Grandval). Voleuse qui procédait de cette manière, dans les boutiques. Syn. *détourneuse*.

ENRICHIR v. tr. (de *riche* ; 1re moitié du XIIe s., *Psautier d'Oxford*). Rendre riche : *Je pense que j'ai assez fait pour toi… je t'ai assez enrichie, toi et tes amants…* (I. Némirovsky, *David Golder*, 1929).

ENTAULER ou **ENTÔLER** v. tr. (de *taule*, « maison » ; sens 1 : 1903, Esnault ; sens 2 : 1901, A. Bruant). Arg. 1. Dérober. 2. Escroquer (qqn) : *Cette petite, dans ce tripot* […], *avec des paquets de billets de banque entre les doigts, comme une fille qui a entôlé un vieux !* (I. Némirovsky, *David*

Golder, 1929) • DÉR. **entaulage** n. m. (« vol… » 1903, Esnault ; par ext., 1945, id.). Vol pratiqué par une prostituée sur son client ; *par ext.* extorsion quelconque • **entauleuse** n. f. (« prostituée » 1903, Esnault ; « voleuse » 1901, id.). Prostituée voleuse ; voleuse (en général).

E

ÉPARGNE n. f. (*esperne*, 1269-78 « somme épargnée », J. de Meung, *Roman de la Rose*). Action d'épargner sur la dépense par réduction ou suppression, ou sur l'emploi par consommation moindre ou nulle ; l'argent ainsi épargné : *[La France] continue à épargner plus que la moyenne mondiale et place encore l'essentiel de son épargne chez elle* (Jacques Attali, *Une Brève Histoire de l'avenir,* 2006). Voyez *caisse* ! • **épargner** (de l'ancien bas-francique **sparanjan*, « traiter avec indulgence » (sic !) ; vers 1200). v. tr. Faire des économies et les placer : *Il estoit fils d'un marchand bonnetier qui estoit devenu fort riche à force d'épargner ses écus, et fort barbu à force d'épargner sa barbe* (Furetière, *Le Roman bourgeois,* 1666) • **épargnant, e** (1694, *Dict. de l'Acad. fr.*). n. Personne qui épargne de façon régulière : *Cette société a, en effet, convaincu des centaines d'épargnants, souvent recrutés dans le milieu médical, d'investir dans des résidences de tourisme* (I. Rey-Lefebvre, *Le Monde*, 31 janvier 2010) • **épargneur, euse** (adj. et subst. ; Gambetta, *Discours,* 24 mai 1878). Syn. rare du précédent : *Nous sommes un peuple de paysans, un peuple d'épargneurs* (Gambetta). Et, substantif encore plus rare, Charles Péguy, dans son grand poème *Ève*, en 1913, a risqué le néologisme, très péjoratif et jamais relu depuis : **épargnateur !**

ÉPINGLER v. tr. (emploi métaphorique du verbe usuel ; 1953, Sandry & Carrère). Arg. Dérober.

ÉPONGER v. tr. (métaphore de l'éponge, qui absorbe tout ; 1958, A. Simonin). Arg. Dépouiller complètement (qqn).

ESCALE n. m. (de *esclin,* chez Villon, monnaie allemande ou anglaise ; 1901, A. Bruant, qui le fait féminin). Arg. anc. Pièce d'argent de 3 francs d'avant 1914 : *Tu les as raqués une escale, trois balles avec la pendule* (A. Bruant) • **escalin** n. m. (1723, Esnault). Pièce qui valait 7 sous et demi : *Pensant bien qu'il était altéré, je consacrai mon dernier escalin à lui offrir de prendre sa moitié d'une pinte de genièvre* (Vidocq, *Mémoires*, 1828).

ESCAMOTER v. tr. (sans doute d'un verbe prov. *escamo(u)tar,* avec l'idée d'« effilocher » ou « écailler » ; 1558, Boaistuau). Faire disparaître (une chose) furtivement pour s'en emparer : *Un nommé Molin dit Moulin le chapelier, étant sous le péristyle des Français, veut escamoter la bourse d'un monsieur ; celui-ci, qui est près du mur, croit sentir qu'on le vole* (Vidocq, *Mémoires*, 1829).

ESCARPE n. f. (1800, bandits d'Orgères). Vx. Vol avec meurtre • n. m. (1836, Vidocq). Vieilli. Voleur qui n'hésite pas à assassiner : *Pourquoi venez-vous dans un tapis-franc, où il n'y a que des grinches, des escarpes ou des fagots affranchis ?* (E. Sue, *Les Mystères de Paris,* 1842).

ESCROC n. m. (emprunt à l'ital. *scrocco*, « écornifleur », depuis le XVIe s. ; *escroq*, « malfaiteur », 1634, *Testament du Gros Guillaume* ; abrégé en *es* n. m. en 1836, Vidocq, ou en *croc*, id., 1867, Delvau). Individu qui commet des escroqueries : *Un escroc, de ceux qui sonnent aux portes des appartements et promettent d'illusoires encyclopédies, à condition qu'on leur verse un acompte* (Patrick Modiano, *L'Horizon,* 2010). V. citat. à *frais.* Syn. *crapule, fripouille* • DÉR. **escroquer** v. tr. (emprunt à l'ital. *scroccare*, « manger ou vivre aux dépens d'autrui », 1557, O. de Magny). Soutirer frauduleusement qqch. à qqn : *Il en était venu à escroquer bassement cinq cents francs à une pauvre marchande de journaux* (E. Gaboriau, *L'Argent des autres*, 1874). Syn.

duper, gruger • **escroquerie** n. f. (*excroquerie* 1660, Scarron). Délit consistant à s'approprier un bien d'autrui par des moyens frauduleux : *Il avait commis un faux et avait quitté l'Angleterre avec le produit de son escroquerie* (Georges Darien, *Le Voleur*, 1897). Syn. *crapulerie, fripouillerie* • **cyberescroc** n. m. (encore absent des dictionnaires !). Escroc exerçant ses talents dans le réseau Internet : *Les cyberescrocs ont envoyé à des dizaines de milliers de détenteurs de quotas de carbone un mail prétendument adressé par la plate-forme de transactions en ligne du marché* (G. Allix, *Le Monde*, 12 février 2010).

ESPÈCES n. f. pl. (sans doute du lat. impérial *species*, « objet, denrée » ; fin du XVe s., au sing., dans les *Mémoires* de Philippe de Commynes). Moyen de paiement : *Exiger un paiement en espèces. Les espèces sont sonnantes parce que toujours en métal, et trébuchantes parce qu'on les pesait jadis dans la balance de précision appelée* trébuchet ! (v. ce nom). V. citat. à *rafler*.

ESPÉRANCES n. f. pl. (emploi euphémique du beau mot usuel ; au sing. 1737, Marivaux ; au plur. 1867, Delvau). Héritage en perspective (même image en anglais, avec le magnifique roman de Charles Dickens, *Great expectations*, paru en 1861) : *Vous n'avez rien, mon neveu, je dis rien qu'un peu d'espérance* (Marivaux, *Les Fausses Confidences*, 1737).

ESQUINTER v. tr. (empr. au prov. *esquinta* « déchirer, fatiguer » ; 1847, *Dictionnaire nain*). Vx. Voler avec effraction • DÉR. **esquinte** n. f. (1881, Rigaud) ou **esquintement** n. m. (1836, Vidocq). Vol par effraction • **esquinteur** n. m. (1811, chanson, selon Esnault). Vx. Voleur pratiquant l'effraction.

ESTAMPER v. tr. (d'un sens technique « faire une empreinte, marquer » ; 1883, Larchey). Fam. Tromper un client sur la qualité de la marchandise, faire payer trop cher (surtout sous la forme *se faire estamper*) : *Il est vrai que ce partisan dévoué du bonheur du peuple avait commencé par estamper ses camarades* (M.-F. Goron, *Mémoires*, vers 1890) • DÉR. **estampeur** n. m. (1938, Queneau). Voleur, escroc.

ESTOMAC n. m. **Avoir beaucoup d'estomac** (1883, Fustier, au sens 1 et 2). Vx. 1. Jouer gros jeu. 2. Avoir une grosse fortune, présenter des garanties sérieuses. Syn. *Avoir les reins solides.*

ESTUQUE n. f. (de l'all. *Stück*, « morceau » ; 1836, Vidocq). Arg. anc. Part de butin, dans un vol.

ÉTEINDRE v. tr. (c'est en somme le contraire de *éclairer*, « payer » ! ; 1901). Arg. anc. Voler : *Sa spécialité était d'éteindre l'argenterie dans les restaurants et les hôtels du littoral* (A. Bruant).

ÉTOFFES n. f. pl. (sans doute de l'argot des imprimeurs : « somme demandée par l'imprimeur en plus des frais d'impression pour couvrir ses frais généraux de matériel et de fonctionnement et réaliser un bénéfice » ; 1839, G. de Nerval). Moyens de paiements : *T'as nib d'étoffes ?... Le tôlier va nous faire à l'œil* (Laguiche, cité par Bruant).

ÉTOUFFER v. tr. (altération de l'ancien fr. *estoper* « obstruer » ; 1867, Delvau). Arg. Faire disparaître (un objet volé) : *Cré tas d'sans-soins ! Y laiss'nt traîner / leur toquant'su'la cheminée... / étouffons, étouffons toujours* (Jehan Rictus, *Le Cœur populaire*, vers 1900) • DÉR. **étouffoir** n. m. (1828, Vidocq). Arg. anc. Tripot où l'on se faisait escroquer et voler son argent : *La police tolérant ces tripots particuliers nommés « étouffoirs », on ne se contentait pas de filer la carte ou d'assembler les couleurs* (Vidocq, *Mémoires*, 1828) • **étouffage** n. m. (1901, Bruant).

Syn. de *vol* : *T'as dû faire l'étouffage d'un morlingue, hein ?* (A. Bruant).

ÉTOURDIR v. tr. (emploi ironique du verbe usuel ; 1956, Esnault). Arg. Voler • DÉR. **étourdisseur** (de *étourdir* ; 1836, Vidocq). n. m. Arg. anc. Solliciteur, emprunteur.

ÊTRE À CUL loc. verbale. V. *cul* • **être à plaga** loc. arg. (javanais de *à plat* ; 1968, *Petit Simonin illustré*) ou **être sur le sable** loc. pop. (idée d'« échouer » ; 1827, Demoraine). Être ruiné : *Il lui fit une profonde révérence ; puis, avec une affliction bien imitée : – Alors, quoi, sur le sable* ? (Clément Vautel, *Le Fou de l'Élysée*, 1939).

ÉTRENNE n. f. (du lat. class. *strena*, « présents qu'on fait un jour de fête pour servir de bon présage » ; *estrenes* au plur., « présents à l'occasion du premier jour de l'année », 1er tiers du XIIIe s., *Sermon Poitevin*). Gratification remise en fin d'année aux domestiques, pardon ! aux *gens de maison* ou à certains employés.

ÉTRILLER v. tr. (emploi fig. du verbe usuel, « frotter un animal avec une étrille » ; sens 1, 1864, Littré ; sens 2 : 1936, L.-F. Céline). 1. Faire payer trop cher (surtout dans le tour à sens passif *se faire étriller*). 2. **Étriller un sou**, se montrer très avare : *Il devenait encore plus sordide, on aurait dit qu'il se vengeait. Il aurait étrillé un sou…* (L.-F. Céline, *Mort à crédit*, 1936).

EURO n. m. et adj. (triste troncation du mot *Europe*, qui ne donne que des dérivés « techniques », et exclut totalement les dérivations populaires ou argotiques ; 1er décembre 1999 en comptabilité ; apparition et usage pour le public français, 1er janvier 2002). Nouvelle monnaie européenne, adoptée par 16 pays européens à ce jour : *Les seize membres de l'union monétaire ont tous profité de l'euro. Ils ont vécu* *dix ans à l'abri des grands chocs financiers ; ils ont connu des taux d'intérêt historiquement bas* (Alain Frachon, *Le Monde,* 5 mars 2010). *[Il y a quelques mois], les banques de la zone euro avaient échappé aux dérives de leurs homologues anglo-saxonnes et la Banque centrale européenne avait fait un travail for-mi-dable* [sic] (P.-A. Delhommais, 28 mars 2010) • **euro-dollar** n. m. Mot qui désigne le taux de change de l'euro exprimé en dollar américain, c'est-à-dire la valeur d'un euro exprimée en dollar américain. On l'écrit habituellement : EUR/USD, suivant la norme ISO 4217. À ne pas confondre avec **eurodollar** (sans trait d'union), mot qui, forgé dans les années 1970, désigne des dépôts en dollars détenus hors des États-Unis,

ÉVAPORER v. tr. (emploi « léger » du verbe usuel ; 1866, Delvau). Vx. Voler adroitement.

EXACTION n. f. (du latin *exactio*, « recouvrement » ; XIIIe et XIVe s.). Action d'exiger, généralement par la force, le payement de ce qui n'est pas dû ou de plus qu'il n'est dû. / N. B. Est souvent employé aujourd'hui au sens générique d'« abus, violence ».

EXCÉDENT n. m. (du latin *excedere*, « dépasser » ; E. Deschamps, fin du XIVe s.). Ce qui reste en plus dans un bilan, après que les dépenses et les recettes ont été mises en balance. Le contraire est **déficit** (v. ce mot) • DÉR. **excédentaire** adj. (Sachs-Villatte, 1935). Qui présente un excédent de recettes ou un excédent de production.

EXPROPRIER v. tr. (dér. de *appropriation* ; *exproprié* n. m. 1611, Cotgrave). Dépouiller de la propriété d'un bien immobilier • DÉR. **expropriateur** adj. Qui a pour fonction d'exproprier : *Je me suis tué à vous le faire entendre, lorsque tu nous as proposé de vous livrer à des attentats expropriateurs* (Léo Malet, *Trilogie noire*, 1948).

EXTORQUER v. tr. (du lat. *extorquere*, « arracher, obtenir par force » ; vers 1330). Obtenir quelque chose de quelqu'un par la force, la menace, la ruse, les caresses ou tout autre moyen excluant le libre consentement d'autrui : *Regarde-toi donc, couverte de bijoux, crevant d'argent que tu m'as extorqué, volé !* (I. Némirovsky, *David Golder*, 1929) • **extorsion de fonds** n. f. (du bas-lat. *extorsio*, de même sens ; 1846, Proudhon). Action d'extorquer de l'argent, une signature, etc. ; résultat de cette action. Syn. *racket* • **extorqueur** n. m. (rare ; 1888, P. Bourget). Celui qui extorque.

EXTOURNE n. f. (1978, Doppagne). En Suisse, rectification d'un compte.

E

FABRIQUER v. tr. (vieux sens latin « élaborer pour tromper, ourdir » ; 1878, Rigaud). Vx. Voler (qqch. ou qqn) : *Où qu'c'est qu't'as core pégré c'bobino-là ? – Je l'ai fabriqué à la fête sur un navet qui s'est laissé faucher comme un glaude* (A. Bruant).

FACE n. f. (la partie pour le tout : 1827, Demoraine). Arg. anc. Pièce de monnaie (de 5 centimes, pour Delvau, en 1866). Employé par Balzac dans *Splendeurs et misères des courtisanes*, en 1847.

FACTURE n. f. (de *facteur*, « agent commercial » ; 1545, *lettre de facture*). État détaillé de la nature, de la qualité et du prix des marchandises vendues, des services fournis : *Ce complet m'évoque des souvenirs. Nous avons été mon mari et moi, l'acheter ensemble à Réaumur. J'ai conservé la facture. Je vous la donnerai* (E. Bove, *Mes Amis*, 1932) • **facturer** v. tr. (1829, Boiste). Porter sur une facture les caractéristiques et le prix des marchandises ou des services fournis • **facturation** n. f. (1935, Sachs-Villatte). Action de facturer • **facturier** n. m. (sens 1 et 2 : 1849, Bescherelle ; sens 3 : 1973). 1. Employé qui s'occupe des factures. 2. Livre, classeur où sont conservées les factures. 3. Machine mécanographique permettant l'établissement des factures.

FADER v. tr. (du prov. *fada*, « douer » ; 1821, Ansiaume). Arg. anc. Partager • **fade** n. m. (id.). Part de butin, profit : *Si tu veux* [...] *venir avec nous jusque dans la rue Saint-Sébastien, où* *nous allons déposer ces fredaines, tu auras ton fade* (Vidocq, *Mémoires*, 1829) ; écot • **fadage** n. m. (1836, Vidocq). Partage • **fadeur** n. m. (1829, *Mémoires d'un forban*). Individu témoin d'un vol, qui exige une part du butin.

FAF(F)E et **FAFIOT** n. m. (d'un radical *faf-*, évoquant une chose de peu de valeur ; *faffe* d'abord au sens de « papier d'identité », 1821, Ansiaume, puis « billet de banque », 1862, Hugo ; *fafiot*, idem, 1829, *Mémoires d'un Forban*). Arg. Billet de banque : *« N'entendez-vous pas le bruissement du papier de soie ? Le billet de mille francs est un* fafiot mâle, *le billet de cinq cents un* fafiot femelle » (Balzac, *Splendeurs et misères des courtisanes,* 1847). *J'ouvre les yeux : des billets, un, deux, trois... soixante-dix francs ! « Notre collecte. – Tiens, voilà trente balles ! s'écrie M. Gaston. Ça te fera le gros fafiot. » Je serre dans ma main une petite fortune* (Eugène Dabit, *Petit-Louis*, 1930). *Pas une thune, pas un faf, pas un ticket de cinéma, rien !* (A. Simonin, *Le Cave se rebiffe*, 1954). / Vx. **Grand faf**, billet de 1000 francs (1915, Esnault) ; **fafiot en bas âge**, billet de 100 francs (1878, Rigaud) • **faux faf** n. m. Faux billet : *Quand j'te disais que Monsieur était honnête ! Pourquoi que tu y as refilé des faux fafs* ? (A. Le Breton, *La Loi des rues*, 1955) • DÉR. **faf(f)iotteur** (de *faf(f)iot* ; 1866, Delvau, encore en 1901, Bruant). Arg. Vx. Banquier.

FAILLITE n. f. (emprunt à l'ital. *fallita,* dérivé de *fallire,* « faillir » ; attesté comme terme de finances depuis le XVIIe s.). Cessation de paiement ; situation du commerçant qui n'est plus en état de payer ses créanciers : *Qu'on foute l'pays sans'ssus d'ssous / Ou l'gouvernement en faillite, / Maint'nant, j'm'en fous* (A. Bruant, 1896). Syn. *banqueroute, binelle* • DÉR. **failli, e** adj. et n. (empr. à l'ital. *fallito,* attesté comme terme de finances depuis le début du XVIe s. ; 1606, Nicot). Se dit de celui, celle qui a fait faillite. Syn. *banqueroutier.*

FAÎNE n. f. (fruit du hêtre, de faible valeur, avec sans doute influence de *pfennig*, v. *fenin* ; 1867, Delvau). Vx. Pièce de 5 centimes.

FAIRE v. tr. (emplois « spécialisés » de ce verbe très polysémique ; sens 1 : dès 1700, Régnard ; sens 2 : 1797, bandits d'Orgères). Vx. 1. Dérober : *Il ne dédaignait aucun coup à tenter. Il faisait le million aux riches gogos et le porte-monnaie aux passants* (Edmond Lepelletier). 2. Cambrioler, dévaliser.

FAISAN(T) n. m. (du part. prés. de *faire* : « celui avec lequel on fait quelque chose, l'acolyte », avec forte influence du nom de l'oiseau ; 1849, Esnault). Pop. Escroc : *N'importe qui à ma place aurait été à trois mille bornes de se la donner que c'était la plus achevée crapule, le plus ignoble faisan de Dunkerque à Tamanrasset qui jaspinait ainsi* (Alphonse Boudard, *La Métamorphose des cloportes*, 1962). V. citat. à *binelle* • VAR. **faisandier** (1887, Esnault) • DÉR. **faisander** v. tr. (1901, Esnault). Pop. Escroquer, duper • **faisanderie** n. f. (1889, Esnault). Activité du faisan.

FAISEUR n. m. (de *faire*, en un sens négatif ; 1828, Vidocq ; 1840, Balzac, *Le Faiseur*, pièce de théâtre). Vx. Individu indélicat, escroc : *Lorsque le faiseur-banquier a reçu une certaine quantité de valeurs, il les encaisse ou les négocie, et en échange il retourne des billets de bricole tirés souvent sur des êtres imaginaires ou sur des individus qui jamais n'ont entendu parler de lui* (Vidocq, *Dictionnaire d'argot,* 1836). Syn. *chevalier d'industrie, arnaqueur.* V. citat. à *tripoter.*

FAUCHÉ, E adj. et n. (quand la faux est passée, il ne reste plus que les éteules, qui ne valent rien ! ; 1876, Rabasse). Fam. Démuni d'argent : *Comment allez-vous ? – Comme d'habitude, répondit son mari à ma place, ricanant sans méchanceté. Toujours fauché. Mets donc un couvert* (Léo

Malet, *Trilogie noire*, 1948). *Regardez-les tous ces fauchés/Qui font semblant de ne jamais/Finir la s'maine* (Léo Ferré, *Saint-Germain-des-Prés*, 1959). Souvent renforcé : **fauché à blanc** (1890, Esnault), **comme les blés** (1899, id.) • DÉR. **faucharès** (1901, A. Bruant) ; **fauchmann** (1889, Esnault) ; **fauchemann** (1894, Virmaître). Même sens.

FAUCHER v. tr. (sens premier : « couper les bourses » ; sens 1 : 1835, Raspail ; sens 2 : 1878, Rigaud). Fam. 1. Voler, dérober (qqch.). Syn. *chaparder.* 2. Dévaliser. V. citat. à *fabriquer* • DÉR. **fauche** n. f. (1920, Esnault). Syn. de *chapardage : Sicard me racontait que dès l'arrivée des cargos Américains, on a recruté des « équipes de fauche » composées de cent hommes qui faisaient le va-et-vient toute la nuit* (Albert Paraz, *Le Gala des vaches*, 1948).

FAUSSAIRE n. m. (de *faux* ; 1313, dict. de Godefroy). Personne qui fabrique de la fausse monnaie : *Vous êtes un faussaire, monsieur Vincent Favoral, vous êtes un voleur !* (E. Gaboriau, *L'Argent des autres*, 1874). Syn. de *faux-monnayeur.*

FAUSSE MONNAIE n. f. (dès la seconde moitié XIIIe s. fig. *fausse monoie (Les vers du monde)* ; sens moderne, 1863, Alfred de Vigny). Monnaie fabriquée de façon illicite : *Fausse monnaie ? balbutia l'économe. Vous prétendez que l'on fabriquait de la fausse monnaie à Saint-Agil ? C'est insensé !* (P. Véry, *Les disparus de Saint-Agil*, 1935). V. *bille* • DÉR. **faux-monnayeur** n. m. (dès 1332, *faux monnoyeurs*). Fabricant de fausse monnaie • **faux-monnayage** n. m. (1802, Bonald). Fabrication de fausse monnaie

FENDRE (se) v. pron. (emploi imagé du verbe usuel, idée d'ouvrir sa cassette, ou son être même, pour débourser... ; sens 1 : avant 1850, Balzac ; sens 2 : 1930, Ayne). Fam. 1. Dépenser, acheter (plus ou moins à regret) : *Mon père se fen-*

dit de deux francs pour l'achat d'un cierge modèle Pascal n° 8, une pièce magnifique, aussi longue qu'un manche à balai (Jean L'Hôte, *La Communale*, 1957). 2. Accorder avec parcimonie : *Peut-être n'avait-il rien croqué du gâteau, mais il ne s'était pas fendu du moindre petit mandat pour m'assister* (Alphonse Boudard, *La Métamorphose des cloportes*, 1962).

F

FENIN n. m. (de l'allemand *Pfennig,* avec suffixation influencée par *fifrelin* ; 1836, Vidocq). Arg. anc. Liard.

FERLAMPIER n. m. (du normanno-picard *ferlamper,* « boire comme un ivrogne » ; 1836, Vidocq). Arg. anc. Mendiant ou voleur de bas étage : *Et moi je suis un ferlampier qui n'est pas frileux, dit l'inconnu* (E. Sue, *Les Mystères de Paris,* 1842) • VAR. **ferlandier** (1875, Rabasse). n. m. Bandit.

FERME n. f. (du verbe *fermer,* idée de contrat ferme, solide ; vers 1175, Benoît de Sainte-Maure). Convention par laquelle le propriétaire d'un bien foncier, notamment d'une exploitation agricole, en abandonne la jouissance à un tiers pour un temps et un prix fixés. V. *affermer* • DÉR. **fermier** n. m. (1207, « personne qui tient un fonds, un domaine ou un droit à ferme »). Au sens juridique premier, personne qui, moyennant une redevance annuelle, a le droit de faire valoir une exploitation agricole • **fermage** n. m. (1367, *Charte*). Prix à payer annuellement pour un bail d'exploitation à ferme. V. *métayer.*

FERRAILLE n. f. (sens péjoratif du mot standard ; 1881, Rigaud). Pop. Petite monnaie : *Et les trimardeurs sans ferraille, / Les pilons et les purotins* (Léon de Bercy).

FESSE-MATHIEU n. m. (du verbe *fesser* et de *saint Mathieu,* patron des prêteurs sur gages et usuriers : c'est « celui qui fesserait saint Mathieu pour en obtenir de l'argent » ; sens 1 :

1585, Noël du Fail ; sens 2 : 1668, Molière). Anc. 1. Prêteur sur gages. 2. Avare. V. citat. à *avare.*

FEUILLE n. f. (du lat. *folim* ; 1450, *Mistère*). Arg. anc. Bourse • VAR. **feullouze** (1455, *Coquillards*).

FIDUCIAIRE adj. (emprunt au lat. class. *fiduciarius*, « confié comme un dépôt, provisoire, transitoire », d'où terme de droit en bas-latin ; 1865 écon. *monnaie fiduciaire*, Littré). Qui est l'objet de la confiance publique : *Les religions peuvent être ainsi qualifiées, au sens propre du mot, de « fiduciaires » : elles mettent en circulation des « espèces » dont elles gardent par devers elles la solide encaisse païenne* (Pierre Gascar, *L'Or*, 1967) ; se dit notamment d'une monnaie-papier, dont la valeur repose sur une convention.

FIÈVRE ACHETEUSE n. f. (jeu de mots sur *fièvre aphteuse*, maladie éruptive et contagieuse, chez certains animaux). Plaisanterie récurrente et increvable dans les médias, surgissant au moment des soldes et désignant cette sorte d'ivresse de consommation face aux propositions commerciales prétendument avantageuses pour le cochon de payant...

FIFRELIN ou **FIFRE** n. m. (de l'all. *Pfifferling*, « girolle », c.-à-d. « objet sans valeur » ; 1867, Delvau). Pop. Monnaie de très faible valeur • **pas un fifre** (1936, Esnault) ou **(que) fifre !** (1953, A. Le Breton). Vx. Rien du tout ! *Pour le reste, il se réservait : « Je veux pas me mouiller pour que fifre ! »* (Alphonse Boudard, *La Métamorphose des cloportes*, 1962).

FIFTY(-FIFTY) adv. (anglicisme, « cinquante-cinquante » ; 1901, selon Cellard-Rey). Arg. Vx. Moitié-moitié : *Il insistait sur l'importance de son rôle. Tout à l'heure au partage, on ferait fifty* (Alphonse Boudard, *La Métamorphose des cloportes*, 1962). Syn. *af(af)naf.*

FILEUR n. m. ou **FILEUSE** n. f. (de *filer* ; 1836, Vidocq). Arg. anc. Homme qui épie les voleurs et prélève une « dîme » sur leur butin.

FILOCHE n. f. (resuffixation de *filet* ; 1821, Ansiaume). Arg. anc. Bourse. / **Filoche à jeun** (1836, Vidocq). Bourse vide : *Si ta filoche est à jeun, l'ogresse du tapis-franc te fera crédit sur ta bonne mine* (E. Sue, *Les Mystères de Paris,* 1842).

F

FILOU n. m. (forme dial. de *fileur,* du verbe *filer* ; 1564, Bordeaux). Vieilli. Homme malhonnête et sans scrupules, qui trompe ou vole autrui : *Je m'en doutais. C'est un filou* (V. Hugo, *Mille francs de récompense*, 1866).

FINANCES n. f. (le plus souvent au plur. ; issu du verbe *finir* ; 1377 « argent » ; 1400-17, Nicolas de Baye, « ressources dont dispose qqn »). Sommes inscrites au budget d'un organisme public, en particulier de l'État. / Fam. Quantité d'argent, somme dont dispose un particulier : *Il a pillé la Banqu'de France / pour rend'service à des copains, / pour améliorer leurs finances* (Bernard Dimey, *Poèmes voyous*, 1978). *Voyez mon Ministre des finances ! (c'est-à-dire, selon les ménages, mon époux... ou ma femme*). / En Suisse romande (1984, E. Pidoux), se dit au sing. d'une somme payée pour une inscription, une participation, l'acquisition d'un droit : *Finance d'entrée, de chauffage* • VAR. « plaisante » : **phynance** : *De tous côtés on ne voit que des maisons brûlées et des gens pliant sous le poids de nos phynances* (Alfred Jarry, *Ubu Roi*, 1896) • DÉR. **financer** v. tr. (1544, *Métiers de Blois*). Fournir les capitaux nécessaires à la création et/ou au fonctionnement, au développement d'une entreprise, d'un secteur économique, d'une personne morale • **financement** n. m. (1845, Robert). Action de fournir les capitaux nécessaires à la création ou au fonctionnement d'une entreprise, d'un secteur économique : *On pourrait ajouter une autre* *bonne raison de venir rapidement trouver les financements sur le marché en regardant l'exemple portugais* (I. Ehrhart, *Le Monde*, 28 mars 2010) • **financier, ère** adj. et n. (subst. *financier*, « celui qui manie les affaires d'argent », 1494, Delavigne ; adj. 1835, Balzac). Relatif aux affaires d'argent, à ceux qui s'en occupent ; celui ou celle qui gère d'importantes affaires d'argent : *Un bon financier ne pleure ni ses amis, ni sa femme ni ses enfants* (La Bruyère, *Les Caractères*, 1688). *Les intrigants obscurs d'il y a dix ans sont devenus de gros financiers, retranchés derrière leurs sacs d'écus comme derrière un rempart inexpugnable* (E. Gaboriau, *L'Argent des autres*, 1874). *T'as donc pas pu te mettre huissier, / proprio, barbot, financier ?* (Jehan Rictus, *Le Cœur populaire*, vers 1900) • **financiariser** v. tr. (1986, Robert). Soumettre à la financiarisation • **financiarisation** n. f. (id.). Pratique bancaire consistant à étendre les activités bancaires classiques à des activités nouvelles : interventions sur les marchés financiers, recherches de placements immobiliers, prise en charge des portefeuilles de la clientèle, etc.

FISC n. m. (du lat. class. *fiscus*, « panier de jonc ou d'osier » ; d'où « trésor, fisc ; cassette impériale » ; 1278, sous la forme *fisque* jusqu'au XVIIe s.). Autref. Le trésor du prince, le trésor de l'État ; auj. : l'Administration chargée de la détermination et du recouvrement des impôts : *L'enquête préliminaire ordonnée par le procureur de Nice, Eric de Montgolfier, se poursuit. Le 8 janvier, une réunion de coordination a eu lieu avec les services du fisc* (Gérard Davet, *Le Monde*, 22 janvier 2010). *Comme dit mon percepteur, ancien militaire dont la langue fourche : « À vos rangs, fisc ! »* • DÉR. **fiscal, e** (1401, emprunt au lat. de l'époque impériale *fiscalis*). Relatif au fisc, à la fiscalité : *Les contribuables* [anglais] *qui gagnent plus de 100 000 livres par an (les 2 % les plus riches) perdront progressivement les abattements fiscaux dont ils bénéficient aujourd'hui* (V. Malingre, *Le Monde*,

26 mars 2010). V. *fraude, niche.* • **fiscaliser** v. tr. (sens 1 : 1972, Davau-Cohen ; sens 2 : Robert, 1970). 1. Soumettre un revenu à l'impôt. 2. Financer par un impôt • **fiscalisation** n. f. (1966, *Le Monde,* in Gilbert). Action de soumettre à l'impôt • **défiscaliser** v. tr. (tous les mots de cette famille dès 1845, in *Dictionnaire de mots nouveaux*, de Jean-Baptiste Richard de Radonvilliers : *défiscalisme, défiscalité, défiscalisable*, etc. : l'ingéniosité des rebelles à l'impôt ne date pas d'hier ! auj., il existe dans ce domaine de nombreux textes législatifs signés Besson, Robien, etc. depuis 1998). Exempter partiellement ou totalement un revenu de l'imposition • **défiscalisation** n. f. (vers 2000, Robert). Action de défiscaliser : *Les nouveaux acteurs du photovoltaïque, aux méthodes offensives et aux commissions confortables, viennent parfois de l'immobilier et de la défiscalisation* (I. Rey-Lefebvre, *Le Monde*, 15 janvier 2010).

FIXE n. m. (du lat. class. *fixus*, part. passé adj. de *figer* « ficher, enfoncer » ; 1865, Littré : « la quotité fixe des appointements »). Part garantie du salaire (annuel ou mensuel) à laquelle s'ajoutent des rémunérations variables : *C'était un apprentissage à faire, et il n'y avait pas de fixe. On marchait à la commission* (Aragon, *Les Voyageurs de l'impériale*, 1947).

FLAC n. m. (origine inconnue ; 1901, A. Bruant). Arg. Monnaie : *Qui n'aura l'flac et le gros morlingue ? / C'est les gas qu'il est pas frileux* (Jehan Rictus, *Le Cœur populaire*, vers 1900) • **flacul** n. m. (de *flac* ; 1836, Vidocq). Arg. Sac d'argent • VAR. **flac d'al** (id.).

FLAMBER v. tr. (« faire disparaître complètement, comme par le feu » ; 1865, Littré). Fam. Dépenser inconsidérément (notamment au jeu), dilapider : *C'était pas de l'oseille durement gagnée que je flambais, moi, connement* (A. Simonin, *Le Cave se rebiffe*, 1954). *Maintenant qu'on est entre nous,* *si qu'on flambait sérieusement ?* (A. Le Breton, *La Loi des rues*, 1955) • **flambeur, euse** n. (1885, Esnault). Individu qui perd beaucoup au jeu, ou dépense sans compter.

FLANCHE n. m. (de *flancher* ; sens 1 : 1835, Raspail ; aussi *grand flanche*, 1836, Vidocq ; sens 2 et 3 : 1867, Delvau). 1. Arg. anc. Jeu d'argent, notamment la roulette et le trente-et-un : *Il tenait un flanche à la fête du Trône* (A. Bruant). 2. Ruse, procédé. 3. Affaire (souvent mauvaise, douteuse) • VAR. **flanchet** n. m. (1815, chanson de Winter). Jeu hasardeux.

FLANCHER v. intr. (origine obscure ; sens 1 : 1835, Raspail ; sens 2 : 1885, Esnault). 1. Arg. anc. Jouer « franchement » à des jeux d'argent. 2. Faire son (mauvais) coup. • **flancheur, euse** (1872, Esnault). n. Joueur, euse.

FLÉCHARD n. m. (dimin. de *flèche* ; 1872, Esnault). Arg. Sou : *Tu t'es encore payé une def de treize fléchards... Gâcheur, va !* (A. Bruant).

FLÈCHE n. m. (du slang *flatch,* « demi-penny », verlan anglais de *half,* « demi » ; 1872, Esnault). Arg. Pièce de monnaie : *Des particuliers à qui qu'tu donn'rais deux flèches dans la rue* (A. Bruant). *J'ai rancard ce matin avec la Vérité/Et je n'ai pas un flesh pour lui payer un verre* (Léo Ferré, avant 1956) ; souvent dans un contexte négatif : **être sans un flèche.**

FLIBUSTER v. tr. (1845, Bescherelle). Vx. Voler, escroquer • **flibustier** n. m. (en 1666, corsaire des Amériques ; « brigand, voleur à main armée », 1756, Voltaire ; « escroc, filou », 1828, Vidocq). Celui qui vit de vol, de fraude, d'escroquerie : *Je vais laisser tomber dans la poche de ce flibustier au moins un million de francs* (G. Duhamel, *La Passion de Joseph Pasquier*, 1945). • **flibuste** n. f. (de *fli-*

bustier ; milieu du XVIIe s. « activité du corsaire, du pirate » ; « escroquerie de grande envergure », 1936, L. Daudet). Arnaque, escroquerie.

FLIGADIER n. m. (origine obscure ; 1835, Raspail). Vx. Pop. Pièce d'un sou.

F

FLORIN n. m. (empr. à l'ital. *fiorino,* dér. de *fiore*, désignant une monnaie frappée à Florence ; 1278). Anc. Monnaie d'or ou d'argent, de valeur variable, qui fut d'abord frappée à Florence puis dans d'autres pays, en particulier en Autriche, en Hollande, en France, dans différents États allemands : *Le soir même, dans une taverne, on signe l'acte de constitution de la* Sutter's Pacific Trate C° [...]. *Pour sa part, Sutter verse 75 000 florins hollandais* (Blaise Cendrars, *L'Or*, 1925) ; auj. unité monétaire des Pays-Bas.

FLOTTANT, E adj. (du verbe *flotter* au sens fig. ; 1956, Romeuf). Se dit de monnaies ou de titres non consolidés et dont les porteurs peuvent réclamer le remboursement à vue ou à très court terme. / **Dette flottante**, dette de l'État, dont le montant varie en fonction des souscriptions et des remboursements. Contr. *dette consolidée.* / (**Taux de**) **change flottant** (CIDA 1973), parité d'une monnaie qu'on laisse s'établir suivant les lois de l'offre et de la demande : *Les investisseurs, inquiets, réduisent leurs placements dans le pays. Le taux de change s'effondre (en cas de régime flottant*) (S. Cossé, *Le Monde*, 12 février 2010). / **Capitaux flottants**, qui circulent d'une place financière à une autre.

FLOTTE n. f. (allusion au retour de la flotte des Indes ! 1718, Le Roux, selon Rigaud). Vx. Pension (notamment versée à un étudiant par son père : 1867, Delvau).

FLOUER v. tr. et intr. (origine obscure ; 1821, Ansiaume au sens 1 ; 1827, Grandval au sens 2, mais « duper » dès le XVIe s.). 1. Jouer : *S'il y avait des brèmes, on pourrait flouer* (Vidocq, *Mémoires*, 1829). 2. Tromper au jeu • DÉR. **floueur** n. m. (sens 1, 1821, Ansiaume ; sens 2, XVe s. Villon ; sens 3, 1850, Clemens ; sens 4, 1847, *Dict. nain*). Vx. 1. Joueur. 2. Tricheur (souvent professionnel, pour Vidocq). 3. Teneur de jeux truqués. 4. Agent d'affaires véreux • DÉR. **floumann** (1861, Esnault), **flouchipe** (1867, Delvau) et **floupin** (1894, Virmaître) n. m. Vx. Escroc • **flouerie** n. f. (1840, Esnault). Vx. Escroquerie • **flouant** n. m. (1821, Ansiaume). Arg. anc. Jeu d'argent.

FLOUSE, FLOUSSE ou **FLOUZE** n. m. (de l'arabe maghrébin *flûs,* « sou, argent » ; d'abord fém. chez les lycéens de Bône, selon Esnault ; puis *flousse,* n. m. chez Simonin & Bazin en 1935). Arg. Argent : *Il y a un mot de passe pour vous faire reconnaître des gars qui s'chargent d'envoyer l'flouze au Chinois de Cayenne, à mon compte* (Francis Carco, *Traduit de l'argot*, 1927). *Quand elle aura vu, coché, tamponné, ouvert le tiroir, compté le flouss, Daoud, son baluchon sur l'épaule, ira porter à la veuve et aux orphelins d'Elahacine leur part des sous* (Jean Malaquais, *Les Javanais*, 1939) • DÉR. **flousards** n. m. pl. (1952, Esnault). Vx. Sous.

FLUCTUATION n. f. (de *fluctuer*, « flotter », du lat. *fluctuare*, « être agité », en parlant de la mer ; au sens financier, 1874, Gaboriau). Variation alternative d'un phénomène économique : *Fluctuations saisonnières, du taux d'épargne, du taux de consommation.* V. citat. à *remisier.*

FOIN n. m. **Avoir** ou **mettre du foin au râtelier** ou dans **ses bottes** (le foin est ici le symbole du bien nécessaire à l'existence, et pas seulement celle des vaches… ; 1798, *Dict. de l'Acad. fr.*). Fam. Être riche.

FONDE n. f. (de l'ital. *funda*, même sens ; XVe s., Villon). Arg. anc. Bourse.

FONDS n. m. (du lat. *fundus*, « fond de quelque chose » (récipient, mer, pays, organe du corps, etc.) ; d'où, en droit, « garant d'une chose » ; « capital dont on dispose », 1591, *Lettre de Henri IV*) ; « capital destiné à financer une entreprise », 1606, Nicot). Ressources financières, moyens affectés à un financement déterminé : *Quoi qu't'as fait d'ta nuit ? Comben qu't'as ? – Pas grand chose… fait trop froid, rien à faire. – Aboule tes fonds. – Tu vois, y a pas gras* (Henri Monnier, *Scènes populaires*, 1862). / **Bailleur, euse de fonds** n. m. (1835, *Dict. de l'Acad.*). Personne morale ou physique qui fournit de l'argent, comme prêteur ou commanditaire : *À l'issue d'une conférence internationale de bailleurs de fonds* […], *les pays donateurs ont promis de verser près de 10 milliards de dollars pour reconstruire Haïti* (*Le Monde*, 2 avril 2010) • **Fonds Monétaire International (F.M.I.)**, organisme financier créé en juillet 1944, lors d'une conférence des Nations Unies tenue à Bretton Woods dans le New Hampshire (États-Unis), et gouverné aujourd'hui par ses 186 États membres, auxquels il rend compte de son action : *L'Europe a de quoi être un poil* [sic] *offensée à l'idée d'avoir recours au Fonds Monétaire International pour aider à résoudre les problèmes financiers de la Grèce* (Claire Gatinois, *Le Monde*, 28 mars 2010). **Fonds de pension** ou **fonds de retraite,** fonds d'investissement alimenté par l'épargne des salariés et souvent complété par l'entreprise, en vue de la retraite : *Symbole de la flambeuse nation, Camelot vient d'être rachetée par le fonds de pension des enseignants de l'Ontario (Canada). Pour 435 millions d'euros, la caisse de retraite a raflé, vendredi 26 mars, la loterie britannique créée en 1995* (Marc Roche, *Le Monde*, 28 mars 2010). / **Fonds spéciaux** ou **d'investissement** ou **spéculatifs** (trad. de l'anglo-américain *hedge funds*, « couverture » ; 2007), fonds recherchant des rentabilités élevées et utilisant abondamment les produits dérivés, en particulier les options : *Sans faire des banques et des fonds spéculatifs le bouc émissaire universel des maux économiques de la planète, c'est bien, en partie, l'absence de régulation adéquate qui a provoqué la crise financière de 2008* (Éditorial, *Le Monde*, 29 janvier 2010) • Fam. **être en fonds** (Victor-Joseph Étienne de Jouy, *L'Hermite de la Chaussée d'Antin,* 1812), avoir des ressources financières • DÉR. **foncer** ou **fousser** v. (idée d'« emplir » ; 1486, *Mistère de la Passion*). Vx. a) tr. Donner (surtout de l'argent) ; b) intr. être charitable (idem) • **foncé** adj. m. (1867, Delvau). Riche.

FORCER v. tr. (d'un latin vulg. *fortiare,* du latin *fortia*, « force » ; 1573, Dupuys). Fracturer, ouvrir avec effraction : *Son projet consistait à forcer la porte de la maison et à fouiller les chambres* (M. Leblanc, *813,* 1910).

FORMAT n. m. (d'après la dimension du billet). **Grand format**, billet de banque de 500 francs (1954, Méra) ou de 1000 francs (1928, Lacassagne) ; **petit format**, billet de 100 francs (1977, Caradec).

FORTUNE n. f. (du lat. class. *fortuna,* « sort ; condition, situation » et au plur. « biens, richesses », 1580, Montaigne ; « puissance qui est censée distribuer le bonheur ou le malheur ; représentation allégorique de cette puissance », 1160, *Enéas*). Ensemble des richesses, des biens appartenant à une personne ou à un groupe de personnes : *Faire fortune est une si belle phrase, et qui dit une si bonne chose, qu'elle est d'un usage universel : on la reconnaît dans toutes les langues, elle plaît aux étrangers et aux barbares, elle règne à la cour et à la ville* (La Bruyère, *Les Caractères*, 1688). *Je cherche fortune / Autour du Chat noir, / Au clair de la lune, / À Montmartre le soir* (A. Bruant). *La fortune / quelques thunes / et de quoi s'en aller dans la lune* (Léo Ferré, *La Fortune*, 1956). *La Fortune* *sourit aux audacieux, mais encore plus aux malhonnêtes !* • DÉR. **fortuné, e** (1787, Féraud). adj. Qui possède des biens, des richesses.

FOUILLE n. f. (de *feule*, « feuille » ; sens 1 : 1450, *Mistère du Viel Testament* ; sens 2 : 1883, Fustier). 1. Vx. Bourse. 2. Arg. Poche • VAR. **fouillouse** n. f. (1829, Hugo). Arg. Poche. V. citat. à *vaisselle.*

F

FOURBE n. m. (de l'ital. *furbo* – le *fourbesque* est un argot italien des XVIe et XVIIe siècles ; 1455, *Coquillards*). Arg. anc. Complice du voleur principal.

FOURCHETTE n. f. (image des doigts d'une main ; sens 1 : 1848, Esnault ; sens 2 : 1878, id.). Arg. anc. 1. **Fourchette** ou **coup de fourchette**, procédé de vol à la tire, par extraction du gousset, opérée avec l'index et le médius. 2. Celui qui pratique ce type de vol. Syn. *pickpocket* • VAR. **fourche** (par apocope de *fourchette*) n. f. (1901, A. Bruant au sens 1 ; 1885, Esnault au sens 2).

FOURGUER v. tr. (de l'ital. *frugare*, « chercher avec minutie », avec interversion ; sens 1, 1821, Ansiaume ; sens 2, 1835, Raspail ; sens 3, 1901, A. Bruant). Arg. 1. Acheter le produit d'un vol. 2. Vendre au receleur. 3. Vendre au rabais : *Des centaines de mille francs par an qu'ils se font, en fourguant votre bon travail sur les quais, avec la dédicace* (Albert Paraz, *Le Gala des vaches*, 1948) • DÉR. **fourgueur** n. m. (sens 1, 1847, *Dictionnaire nain* ; sens 2, 1979, Jaouen). Arg. 1. Receleur. 2. Vendeur clandestin • **fourgat** n. m. (sens 1 : 1835, Esnault ; sens 2 : 1828, Vidocq ; sens 3 : 1821, Ansiaume). Arg. anc. 1. Butin. 2. Boutique du receleur. 3. Receleur. On trouve aussi le féminin : *La fourgatte est à deux pas. Sitôt servi, sitôt bloqui, il y a gras, je t'en fais bon* (Vidocq, *Mémoires*, 1829) • **fourgater** v. intr. (1829, *Mémoires d'un forban*). Pratiquer le recel

• **fourgature** n. f. (1878, Rigaud). Objet vendu au rabais • **fourgue** n. m. (1835, Raspail). Arg. Receleur : *J'allais encore prendre des risques, me mouiller en allant chez un fourgue repéré par toutes les polices* (Alphonse Boudard, *La Métamorphose des cloportes*, 1962) • **fourgue** n. f. Activité du receleur (1845, Esnault).

FOURLINE ou **FOURLINEUR, EUSE** n. (de l'argot *forcellina*, « fourchette » ; n. m. *fourline* 1835, Raspail ; *fourlineur* 1830, Barthélemy ; n. f. *fourlineuse* 1848, Pierre). Arg. anc. Voleur, voleuse à la tire : *Faut-il que tu sois affreux, fourline ! tu m'as fait peur... à moi !* (E. Sue, *Les Mystères de Paris,* 1842) • DÉR. **fourliner** v. tr. (1836, Vidocq). Voler à la tire.

FOURMI n. m. (image de la colonne d'insectes portant son fardeau ; 1980, Galland). Arg. Petit revendeur de drogue.

FOURNAISE n. f. (incertaine, p.-ê. jeu de mots sur *fourguer* ? 1901, A. Bruant). Arg. Celui qui tente d'écouler la fausse monnaie.

FRAÎCHE n. f. (variante arg. de *argent frais* ; 1948, Lacassagne). Arg. Argent en espèces : *Restrictions ou pas, avec de la fraîche, on trouvait ce qu'on voulait* (A. Nolat, *Les Voyageurs du petit jour*, 2004).

FRAIS n. m. pl. (du lat. pop. *fractum* « frais, dépense », XIIIe s., issu du lat. class. *fractus* « brisé, morcelé » ; 1260, E. Boileau). Dépenses de toutes sortes occasionnées par quelque chose : *Des familles auxquelles ils avanceraient les premiers frais de culture et de transport, et avec lesquelles ils partageraient le produit* (Condorcet, *Réflexions sur l'esclavage des nègres*, 1781). *Tous les escrocs, les souteneurs, les vieilles grues de la terre... Et cela boirait, mangerait, se saoulerait toute la nuit à ses frais...* (I. Némirovsky,

David Golder, 1929). *J'ai appris que vous payiez les frais de voyage du directeur, du sous-directeur, alors je me suis dit : « Pourquoi moi, qui suis contremaître, vous ne pourriez pas me payer mes frais aussi ? »* (F. Raynaud, vers 1960).

FRANC n. m. (origine obscure, aussi curieux que cela paraisse ! vers 1360). Pièce de monnaie, primitivement d'or et frappée au XIVe siècle, puis devenue monnaie de compte équivalant à la livre sous Louis XIII ; à partir du 18 germinal an III (avril 1794), unité monétaire de la France usitée depuis l'adoption du système décimal, valant dix décimes ou cent centimes, définie primitivement en argent et en or sous le nom de *franc (de) germinal* ; enfin (1er janvier 1960) le *nouveau franc,* parfois dénommé *franc lourd*, unité monétaire dont la valeur a été fixée à cent francs du système antérieur et qui s'est appelée *franc* à partir de janvier 1963, la monnaie antérieure à 1960 recevant le nom d'*ancien franc* : *Les pièces d'un nouveau franc, qui sont distribuées au* 1er janvier 1960, *portent l'effigie de la Semeuse coiffée du bonnet phrygien afin de rappeler le franc d'avant 1914* (Eric le Boucher, *Le Monde*, 30 octobre 2004). Pour résumer : comment on fait du neuf avec du vieux, et même du très vieux ! *La porte d'un petit secrétaire fracturée, je découvris dans un tiroir deux billets de cent francs et cent-dix francs en pièces d'or* (Tristan Bernard, *Amants et voleurs,* 1905). *J'ai payé cela à raison de seize francs le fusil (carabine de guerre Gras provenant des ventes du ministère de la Guerre), plus huit francs par arme et trois cents par caisse de cartouches de droits de douane* (Henri de Monfreid, *Les Secrets de la mer Rouge*, 1932) • VAR. arg. **francouillard** (1957, Sandry & Carrère).

Le **franc suisse** existe toujours, alors que le **franc** français, le **franc belge** et le **franc luxembourgeois** ont disparu en 2002 au profit de l'**euro.** En dehors de la zone euro, il existe également le **franc du Burundi**, le **franc congolais** (dans l'ancien Congo belge, devenu la République démocratique du Congo), le **franc de Djibouti**, le **franc guinéen**, le **franc malgache** et le **franc rwandais** • **franc CFA** (sigle de *Communauté financière africaine* ; 1945) n. m. Unité monétaire principale de plusieurs États de l'Afrique de l'Ouest (Bénin, Burkina, Côte d'Ivoire, Guinée-Bissau, Sénégal) et de l'Afrique centrale (République centrafricaine, Cameroun, Congo, Gabon, Guinée équatoriale, Mali, Niger, Tchad) • **franc CFP** ou **franc Pacifique** (sigle de *change franc Pacifique*) n. m. Unité monétaire principale des TOM de la région Pacifique (Polynésie française, Wallis et Futuna) et de la Nouvelle-Calédonie • **franc comorien** n. m. Unité monétaire principale des Comores.

FRAUDE n. f. (du latin *fraus*, même sens ; 1255, *Ordonnance sur la navigation de la Somme*). Tromperie, acte de mauvaise foi par lequel on lèse quelqu'un en se soustrayant aux règlements : *La fraude fiscale est pour certains le plus grand sport national : s'ils en sifflent les matchs, c'est d'admiration !* • DÉR. **frauder** v. tr. et intr. (du lat. class. *fraudare*, « faire tort par fraude ; être coupable de fraude » ; v. tr. « tromper (une personne) », 1330, G. de Digulleville). Se livrer à la fraude • **fraudeur, euse** n. Personne qui se livre à la fraude : *Pour lui, l'Administration des Douanes est l'axe autour duquel gravite toute l'humanité et ses règlements lui sont sacrés comme des dogmes. À ses yeux le fraudeur est un criminel, un hérétique* (Henri de Monfreid, *Les Secrets de la mer Rouge*, 1932) • **frauduleux, euse** adj. (1365, Oresme). Se dit d'un acte entaché de fraude, où l'on emploie la fraude : *Les gouvernements n'ont eu d'autre souci que de permettre aux gens d'accumuler leurs épargnes pour les porter aux banques spoliatrices et aux entreprises frauduleuses* (Georges Darien, *Le Voleur*, 1897) • **frauduleusement** adv. (1964, Sartre). D'une manière frauduleuse.

FRIC n. m. (sans doute abrègement de **fricot**, au sens de « bombance » ; 1879, Esnault). Argent : *Et il faut continuer. Continuer de vivre avec le fric et les désirs ; les besoins plus gros que le fric* (Alphonse Boudard, *La Métamorphose des cloportes*, 1962). / **Être au fric** ou **au fricot** (1901, A. Bruant). Vx. Être riche. / **Être à bout de fric** (1998, *La Vie rêvée des anges*, film d'Erick Zonka), être complètement démuni • VAR. **fricandeau** n. m. (« morceau de viande », au fig. ; 1879, Esnault) • **fricoté, e** adj. et n. (de *fricot* ; 1889, Macé). Vx. Riche.

F

FRICASSER v. tr. (de *frire* et de *casser* ; 1798, *Dict. de l'Acad. fr.*). Vieilli. Dépenser (de l'argent, des biens) sans discernement. Syn. *dissiper, gaspiller.*

FRIC-FRAC n. m. (onomatopée, avec influence de *fracture* ; sens 1, 1836, Vidocq ; sens 2, 1885, Esnault). Pop. 1. Cambriolage avec effraction : *Pour mijoter un coup d'fric-frac/ Y a pas deux comme mon gniasse au mille* (A. Bruant). 2. Vx. Voleur qui procède ainsi • DÉR. **fricfraquer** v. tr. (1954, Le Breton). Dévaliser avec effraction : *Où vont-ils les filous qui fricfraquent le ciel / et font des ronds dans l'eau quand le flic les regarde ?* (Léo Ferré, *Où vont-ils ?* avant 1962) • **fricfraqueur** n. m. (1975, Le Breton ; abrégé parfois en **fraqueur**, 1969, Larue). Cambrioleur.

FRICOTER v. tr. et intr. (de *fricot*, « nourriture » ; 1866-67, Delvau, aux deux sens). 1. Marauder. 2. Se livrer à des activités illicites • DÉR. fam. **fricotage** n. m. (1895, Esnault). Trafic malhonnête • **fricoteur, euse** n. (1862, Larchey au masc. ; 1843, E. Sue au fém.). Profiteur, profiteuse ; trafiquant, e : *Ma maison est pleine de raseurs, de fricoteurs et de resquilleurs* (G. Duhamel, *La Passion de Joseph Pasquier*, 1945).

FRIMOUSSER v. intr. (de *frimousse*, « face », cf. le verbe *facer*, « amener la bonne carte sur le tapis » ; 1836, Vidocq). Arg. anc. Tricher en préparant les cartes • DÉR. **frimousseur** n. m. (id.). Tricheur.

FRIPON, ONNE n. (du moyen fr. *friper*, « avaler goulûment, voler » ; 1558, Bonaventure des Périers). Vx. Personne malhonnête, fourbe, qui commet de petits larcins par ruse : *Je ne permets à personne d'être fripon ; mais je permets à un fripon de jouer un grand jeu : je le défends à un honnête homme* (La Bruyère, *Les Caractères*, 1688) • DÉR. **friponnerie** n. f. (1665, Bussy-Rabutin). Méfait commis par le fripon ou la friponne : *Le grand bruit qui courait de l'infidélité de cette loterie lui donna du chagrin de n'être pas mieux traité que les plus indifférents. Il s'en plaignit à Ardélise. Elle, qui ne voulait pas lui faire confidence de sa friponnerie, reçut ses plaintes le plus aigrement du monde* (Bussy-Rabutin, *Histoire amoureuse des Gaules*, 1665) • **friponner** v. tr. (vers 1580, Montaigne et Noël du Fail). Voler adroitement : *Il faut que vous ayez mon service puisque j'aurai vos gages* ; *autrement je friponnerais Madame* (Marivaux, *Les Fausses Confidences*, 1737). / N.-B. Ces trois mots ont moins de force que les suivants…

FRIPOUILLE n. f. (de *frepe*, « vieux vêtement », fin du XIVe s. ; 1836, Vidocq). Fam. Personne sans scrupules qui ne recule devant aucun moyen pour servir ses intérêts : *Entre nous, une canaille ! M. Chamboule hésita une seconde, puis : Une fripouille ! – Si vous préférez…* (Clément Vautel, *Le Fou de l'Élysée*, 1939) • DÉR. **fripouillard, e** adj. et n. (1930, Malraux). Syn. de *fripouille* • **fripouillerie** n. f. (1897, Léon Bloy). Caractère ou action de la fripouille. Syn. *crapule, crapulerie.*

FRISER v. tr. (euphémisme, au sens de « frôler », pour dérober ; 1846, *Intérieur des prisons*). Vx. Dévaliser (qqn).

FROMAGE n. m. (1932, *Dict. de l'Acad. fr.*). Emploi rémunérateur, plus ou moins avoué. C'est une référence probable à La Fontaine, *Fables*, VII, 3 (1678) : **Le Rat qui s'est retiré du monde** : *Les Levantins en leur légende / Disent qu'un certain Rat las des soins d'ici-bas, / Dans un fromage de Hollande / Se retira loin du tracas* [...] */ Il fit tant de pieds et de dents / Qu'en peu de jours il eut au fond de l'ermitage / Le vivre et le couvert : que faut-il davantage ? / Il devint gros et gras ; Dieu prodigue ses biens / À ceux qui font vœu d'être siens.* Certaines personnes habiles retiennent de la Nature de grandes leçons, pas forcément « morales » !

F

FROUILLER v. tr. (du lat. *fraudare*, « tricher » ; 1829, A. Guillebert, Neuchâtel). Tricher (mot régional, commun à la Suisse romande et à la Franche-Comté) • DÉR. **frouilleur, euse** n. (1928, W. Pierrehumbert, Neuchâtel). Tricheur, euse (même remarque que ci-dessus).

FRUCTIFIER v. intr. (du lat. *fructificare*, « produire des fruits » ; 1668, Boileau). Produire des bénéfices, des revenus : *En acceptant ta tutelle j'avais pris l'engagement de faire fructifier ton bien, ou au moins de te le conserver* (Georges Darien, *Le Voleur*, 1897).

FRUGES n. f. pl. (de l'all. *Früchte*, « fruits » ; 1866, Delvau). Vx. Bénéfice, « gratte » chez les commis de nouveautés.

FRUIT n. m. (du lat. class. *fructus* (dér. de *frui*, « jouir de »), qui avait déjà tous les sens « modernes » : « usage, possession ; rapport, revenu, avantage ; fruits des arbres et de la terre » ; dès 1120-50, « bénéfice, produit tiré de quelque chose », *Grand mal fist Adam*). Revenu régulier que fournit un bien à intervalles périodiques, sans altération ni appauvrissement de sa substance : *Les fruits civils sont les loyers des maisons, les intérêts des sommes exigibles, les arrérages des rentes* (*Code civil,* 1804).

FRUSQUIN et **SAINT-FRUSQUIN** n. m. (origine incertaine ; d'abord 1628 *frusquin*, « habit, hardes », O. Chéreau, puis 1710, « bien, avoir », Senecé). Vx. et pop. Tout ce que peut posséder quelqu'un (d'assez modeste fortune !).

FUMÉ (ÊTRE) v. (1836, Vidocq). Vx. Être complètement démuni.

FUSER v. intr. (du lat. *fundere*, « fondre » ; 1901, A. Bruant). Pop. Partir sans payer. Syn. *griveler.*

FUSILLER v. tr. (de *fusil*, idée de rapidité, d'intensité ; sens 1 : 1881, Rigaud ; sens 2 : 1887, Esnault : sens 3 : 1935, Simonin & Bazin). Pop. 1. Dépenser sans compter. 2. Vendre. 3. Faire payer très cher.

GABELLE n. f. (de l'ital. *gabella,* « impôt » ; 1267 *gabele,* « impôt sur certaines denrées »). Vx. Impôt indirect, prélevé notamment sur des articles de la production industrielle ou agricole, des denrées de luxe, et autrefois le sel • DÉR. **gabelou** n. m. (1585, Noël du Fail). Employé de la gabelle, puis des douanes : *Je vous dis en bon français que Bras-Rouge est contrebandier ; je le dis sans traîtrise... car il ne s'en cache pas, il s'en vante au nez des gabelous* (E. Sue, *Les Mystères de Paris,* 1842).

GAGES n. m. pl. (« solde, salaire, appointement », 1160-74, Wace, *Roman de Rou*). Vx. 1. Somme que l'on verse mensuellement ou annuellement pour payer les services d'un domestique : *Je voulais dire à madame la comtesse que les gages n'étaient pas assez forts pour la place. C'est trop court* [...] *Madame la comtesse devrait donner un peu plus* (Octave Mirbeau, *Le Journal d'une femme de chambre*, 1900). 2. Solde du capitaine, des matelots d'un bâtiment de commerce • **gager** v. tr. (*gagier* fin XIVe s., Froissart). Vx. Donner des gages à quelqu'un pour les services qu'il rend : *Non, mais ne faites donc pas le malin... Suis-je gagée, oui ou non, pour coucher avec M. Xavier ? Oui, n'est-ce pas ?* (Octave Mirbeau, *Le Journal d'une femme de chambre*, 1900).

GAGNER v. tr. (de l'anc. bas-francique *waidanan,* de la même famille que l'all. *Weide*, « pâturage », et qui a dû signifier à l'origine « faire paître (le bétail) » ; sens 1 : *gaaignier*, 1135,

Couronnement de Louis; sens 2: *gaaignier le giu*, «l'emporter au jeu», vers 1223, G. de Coinci, *Miracles de Notre-Dame*). 1. S'assurer (un profit matériel) par un travail, une activité: *Si tu veux turbiner pour moi, j'suis toujours d'accord. Tu gagneras gros. Ça te va ?* (A. Le Breton, *La Loi des rues*, 1955). 2. L'emporter, dans une compétition, un jeu, etc. / **Gagner son pain** (1588, Montaigne), **sa vie** (1498-1515, Gringore), (pop.) **sa croûte** (1932, Céline), **son bifteck** (1925, Esnault), avoir des revenus suffisants pour vivre correctement: *Gloria s'était mariée, peu de temps après notre première rencontre, avec un type qui gagnait bien sa vie* (Léo Malet, *Trilogie noire*, 1948). *J'étais bon qu'pour gagner la croûte / et malgré c'que j'faisais pour elle, / j'étais jamais qu'un ovréier!* (Jehan Rictus, *Le Cœur populaire*, vers 1900). *Un gars qui gagne son bifteck à raconter sa vie, c'est comme un vieux qui ferait voir son derrière pour ramasser des sous* (Albert Paraz, *Le Gala des vaches*, 1948); et en emploi absolu: *Maman avait trouvé une nouvelle place de femme de ménage, mais elle ne gagnait pas assez pour deux* (Eugène Dabit, *Petit-Louis*, 1930). / **Gagner des mille et des cents** (1858, E. Augier), gagner beaucoup d'argent • DÉR. **gain** n. m. (vers 1145, Wace). Action de gagner de l'argent, ce qu'on gagne • **gagneuse** n. f. Arg. Prostituée qui rapporte: *Je demande au gosse combien peut rapporter une gagneuse, maintenant. Il me dit: «Jamais moins d'un sac!»* (Albert Paraz, *Le Gala des vaches*, 1948).

GALETTE n. f. (1872, Esnault, issu de l'arg. *mangeur de galette*, «homme vénal qui reçoit de l'argent pour trahir ses devoirs», 1836, Vidocq). Pop. Argent: *Tâch'de gagner un peu d'galette / Pour l'envoyer à ton pauv'chien* (A. Bruant, 1891) • VAR. **gadouche** (1898), **galdruche** (1906), **galetouille** (1930), **galetouse** (1885) (resuffixations de *galette*, toutes chez G. Esnault) • DÉR. **galettard** adj. et n. (1942, M. Genevoix) et **galetteux** (1901, A. Bruant). Arg. anc. Riche. V. *braise* et *manger*.

GALIOTE ou **GAYE** n. f. (sans doute même métaphore que dans *monter un bateau* ; 1836, Vidocq). Arg. anc. Entente entre deux tricheurs pour faire perdre les autres joueurs.

GAMBERGER v. tr. et intr. (variante de *comberger* ; 1844, *Dict. complet).* Vx. Compter • **gambergement** n. m. (sens 1 : 1874, Esnault ; sens 2 : 1901, Rossignol). 1. Partage de butin. 2. Combinaison, coup • **gamberge** n. f. (1952, Esnault). Calcul.

G

GANDIN n. m. (mot lyonnais ; 1844, Esnault). Arg. anc. **Hisser** ou **monter un gandin**, organiser une arnaque.

GANO(T) n. m. (mot d'origine hispano-tzigane ; sens 1 : 1899, Nouguier ; sens 2 : 1953, Le Breton). Arg. 1. Sac contenant de l'argent. 2. Butin : *Un bruit court : le gros Tony, en possession d'un joli ganot, serait sur le point de vendre à un placier en jeux* (A. Nolat, *Les Voyageurs du petit jour*, 2004).

GANGSTER n. m. (emprunt à l'anglo-amér. *gangster*, attesté dep. 1896 ; 1925, Dauzat). Celui qui accomplit, seul ou en bande, des actes illégaux en usant de violences : *La police, survenant, a ouvert le feu à son tour sur celui des gangsters qui maintenait les passants en respect* (Léo Malet, *Trilogie noire*, 1948) • **gangstérisme** n. m. (1966, Dumazedier et Ripert). Activité des gangsters.

GANTS n. m. pl. (issu de *donner pour ses gants* ; prostituées, 1862, Larchey). Vx. Gratification ajoutée au tarif d'une passe. Syn. *petit cadeau.* / **Pour mes gants**, pour mes frais, pour mon compte • DÉR. **ganter** v. tr. (1867, Delvau). Vx. Payer (une fille) plus ou moins généreusement : *Ganter 5 ½,* n'être guère généreux ; *ganter 8 ½*, avoir la main large et pleine.

GARÇON n. m. (très vieux mot français ; 1797, bandits d'Orgères). Vx. Délinquant avéré. / **Garçon de cambrouse** ou **de campagne** (1821, Ansiaume), voleur sévissant dans les campagnes.

GARDER UNE POIRE POUR LA SOIF loc. (1837, Balzac). Épargner, mettre de l'argent de côté pour plus tard.

GASPILLER v. tr. (du croisement de *gaspailler,* terme dial. de l'Ouest, « répandre la paille (du blé) » avec le prov. *gaspilha* « grapiller, gaspiller » ; 1549, R. Estienne). Dépenser (de l'argent) sans discernement, avec trop de prodigalité. Syn. *dilapider, dissiper* • DÉR. **gaspillage** n. m. Action de gaspiller : *Le luxe inintelligent du parvenu, le gaspillage de la femme entretenue* (Balzac, *Le Père Goriot*, 1834).

GÂTEAU n. m. (sens très ancien de « gain, argent » en général : *avoir part au gâteau,* 1541, Amadis ; *partager le gâteau*, 1690, Furetière). Fam. Argent.

GÊNE n. f. (de l'ancien et moyen fr. *gehir,* « avouer, reconnaître » ; début du XIIe s., *Psautier d'Oxford*). Situation matérielle ou financière précaire, embarras d'argent.

GLACE (PASSER DEVANT LA -) n. f. (celle du grand miroir des cafés ; sens 1 : 1866, Delvau ; sens 2 : 1900, Esnault ; sens 3 : 1901, A. Bruant). Pop. et Vx. 1. Payer sa consommation ou sa tournée. 2. Être perdant dans une affaire. 3. Ne pas payer, par faveur spéciale.

GODIZ n. m. (de l'esp. *godo*, riche ; 1455, *Coquillards*). Arg. anc. Homme très riche.

GOLDEN BOY n. m. (emprunt à l'anglais, litt. « garçon en or » ; 1990, J. Mercier). Nom donné à un courtier de place boursière : *Pour résumer, c'est avec l'argent public que* *les golden boys s'offrent des Porsche ou des vacances aux Seychelles* (Pierre-Antoine Delhommais, *Le Monde*, 28 février 2010).

GOMBERGER v. tr. V. *comberger.*

GOUGE n. f. (vers 1882, Esnault) et **gougeon** n. m. (1930, idem). Vx. Écu de 5 francs : *Mettez six points ? – Des plis ! ça vaut juste une gouge, et encore* (A. Bruant).

G

GOUPINER v. tr. (origine incertaine, peut-être dér. de *gouspin*, « factoton, saute-ruisseau » ; 1827, Demoraine, repris par Balzac en 1847). Vx. Voler : *En goupinant comme ça, on n'affure pas d'auber* (Vidocq, *Mémoires*, 1828). / **Goupiner le poivre** (1835, Raspail) ou **les poivriers** (1836, Vidocq), dévaliser les ivrognes • DÉR. **goupineur** n. m. (1828, Vidocq). Voleur • **goupinage** (1821, Ansiaume) et **goupin** n. m. (1899, Nouguier). Vol.

GOURDE n. f. (abrév. de *piastre gourde*, de l'esp. *gordo*, « lourd » ; 1827, Chateaubriand). Unité monétaire principale d'Haïti.

GOURDOCHE n. f. (1901, A. Bruant). Vx. Pièce d'argent de 5 fr. d'avant 1914.

GOUTTE DE LAIT n. f. (analogie de couleur ; 1841, Joigneaux ; pièce de 0,50 fr. pour Bruant, en 1901). Pièce blanche. V. citat. à *blanchette.*

GRAFFIGNER v. tr. (du vieux mot *grafiner*, « gratter (la terre) avec les ongles », 1200, *Doon de la Roche* ; 1899, Nouguier). Vx. Voler • DÉR. **graffigneur, euse** n. (id.). Voleur, euse • **graffignage** n. m. (id.). Vol.

GRAIN n. m. (sens 1 : 1450, *Mistère du Viel Testament* ; sens 2 : 1866, Delvau). 1. Arg. anc. Écu. / **Gros grain ou grain de six balles**, écu de 6 fr. (1800-1807, Esnault) ; **petit grain**, écu de 3 fr. (1836, Vidocq). 2. Vx. Pièce d'argent de 50 centimes.

GRAISSE n. f. (idée de profit, d'opulence ; sens 1, 1836, Vidocq ; sens 2, 1872, Esnault). Arg. anc. 1. Substitution d'un objet sans valeur (en cuivre) à un objet de prix (en or), par un tricheur appelé *graisse*, n. m. Syn. *vol à la graisse.* 2. Gain des tricheurs, aux cartes ; butin • DÉR. **graisser** v. tr. (1881, Rigaud). Dépouiller par tricherie • **graisseur** n. m. (1876, Esnault). Escroc qui triche aux cartes.

GRAND CARRÉ V. *carré de soie.*

GRAS n. m. (matière « riche » ; 1737, langage poissard, chez Esnault). Pop. Profit à faire : *Soixante balles de gras... Ça rallonge la sauce et ça paiera toujours ma piaule !* (A. Le Breton, *La Loi des rues*, 1955). V. citat. à *fonds.*

GRAS-DOUBLE n. m. (du sens de « embonpoint » : le voleur s'enroulait les lames de plomb autour du ventre ; 1821, Ansiaume). Arg. anc. Plomb volé sur les toits • DÉR. **gras-doublier** n. m. (1872, Esnault). Voleur de plomb.

GRATIFICATION n. f. (du latin classique *gratificatio*, « bienfaisance » ; 1362, « libéralité, don qu'on fait à quelqu'un »). Somme d'argent donnée à quelqu'un, spontanément ou en vertu d'un usage, en plus de ce qui lui est dû.

GRATIS adv. et adj. invar. (du lat. *gratia,* « faveur, grâce » ; adv. 1495, J. de Vignay ; adj. *spectacle gratis*, 1811, Mozin-Biber). Se dit de ce qui est octroyé sans aucun paiement : *Monsieur, ne paierez-vous rien ? Vous a-t-on donné ordre d'être servi gratis ?* (Marivaux, *Les Fausses Confidences*,

1737). La forme adverbiale « élégante » et complète est *Gratis pro Deo* (1903, Huysmans). Syn. *gratuitement, gratuit.*

GRATTE n. f. (déverbal de *gratter*). Pop. Petit bénéfice illicite prélevé sur une étoffe (1858, couturières, Esnault) ou sur l'argent des dépenses (1866, domestiques, id.) : *Faire de la gratte* • VAR. **grattouse** (1926, voyous, pour Esnault) • DÉR. **gratter** v. intr. S'approprier de menus bénéfices • **gratteux, euse** adj. (1990, J. Mercier). Au Québec, syn. d'*avare.*

G

GRATUIT adj. (du lat. class. *gratuitus,* « gratuit, désintéressé » ; 1495, J. de Vignay). Qui est fait, donné ou dont on peut profiter sans contrepartie pécuniaire • DÉR. **gratuité** n. f. (1350, G. le Muisit). Caractère de ce qui est fait ou donné, de ce dont on peut profiter sans payer : *Les livres et journaux deviendront gratuits, et les lecteurs paieront les éditeurs pour entendre des conférences et débattre avec les auteurs. La gratuité s'étendra à tous les domaines essentiels de la vie* (Jacques Attali, *Une Brève Histoire de l'avenir,* 2006) • **gratuitement** adv. (vers 1400). Sans aucun paiement : *Tout de même, répondait l'oncle, vous êtes logés gratuitement et vous ne payez pas l'eau, l'éclairage...* (Jean L'Hôte, *La Communale*, 1957).

GREC n. m. (dès 1752, *Dict. de Trévoux*, puis « compère », 1836, Vidocq). Arg. anc. Tricheur habile, notamment aux cartes • DÉR. **grecquerie** n. f. (1867, Delvau). Tricherie • **La Grèce** n. pr. (jeu de mots sur *graisse* ? 1875, Esnault). Vx. Le monde des tricheurs.

GREDIN n. m. (du moyen-néerl. *gredich,* « avide » ; sens 1 : 1640, Oudin ; sens 2 : 1653, Scarron) 1. Anc. Mendiant. 2. Vieilli. Individu totalement dépourvu de principes et n'inspirant que le mépris. Syn. *crapule, fripouille* • DÉR.

gredinerie n. f. (1690, Furetière). Caractère ou action du gredin. V. citat. à *tripoter.*

GRENIER n. m. (selon Esnault, image d'une « grande quantité de blé » ; 1954). Vx. Somme de 10 000 anciens francs. V. *blé.*

GRENOUILLE n. f. (métaphore visuelle). Vx. Tirelire en forme de grenouille ; fam. Argent de l'ordinaire chez les militaires ; caisse d'un groupe ou d'une société. / **Faire sauter la grenouille** (1842, Louis Reybaud) ou **bouffer, manger la grenouille** (1793, Hébert, Esnault). Vx et pop. Disposer abusivement de fonds dont on n'est que le dépositaire ; faire faillite.

GRENOUILLER v. intr. (jeu de mots sur grains ; sens 1 : 1802, Esnault ; sens 2 : vers 1950). 1. Arg. anc. Voler dans le marché aux grains. 2. Participer à des intrigues, à des tractations malhonnêtes • DÉR. **grenouillage** n. m. (vers 1970). Manœuvre ou transaction malhonnête.

GRIFFES n. f. pl. (emploi métaphorique du mot usuel ; 1928, Esnault). Vx. Pinces servant à forcer les coffres-forts.

GRIGOU n. m. (mot d'origine occitane, « gredin » chez Mistral ; 1650, Molière). Vx. Homme d'une avarice sordide (généralement dans le tour *vieux grigou*) : *On prend les omnibus quand on n'peut plus marcher, vieux grigou !* (Henri Monnier, *Scènes populaires*, 1829). Syn. *avare.*

GRINCHER v. tr. (origine francique ; 1800, Bandits d'Orgères) et **grinchir** (1821, Ansiaume). Arg. anc. Voler : *Mon temps est fini, je ne dois rien aux curieux, et je n'ai jamais grinché* (E. Sue, *Les Mystères de Paris,* 1842). / **Grinchir au boulon, à la broquille, à la chicane, à la cire, à la desserte, à la limonade, à la mitaine, au voisin,** types de vols plus ou moins ingénieux (tous en 1836, chez Vidocq) : *Gaffré avait perfectionné son éducation dans les prisons ; il y était devenu universel, c'est-à-dire qu'il n'y avait point de genre de* grinchir *dans lequel il ne fût passé maître* (Vidocq, *Mémoires*, 1828) • DÉR. **grinche** n., **grincheur, euse** et **grinchisseur, euse** (*grinche*, 1800, Leclair ; *grincheur* 1835, Raspail ; *grinchisseur* 1811, chanson, Esnault ; *grinchisseuse* 1836, Vidocq). n. Arg. anc. Voleur, voleuse : *J'ai promis de reconobrer tous les grinchisseurs et de les faire arquepincer* (Vidocq, *Mémoires*, 1828). V. citat. à *escarpe* • VAR. **grinchemann** n. m. (de *grinche* et du suffixe *-mann* ; 1901, A. Bruant). Arg. anc. Voleur. / **Aller chez Grinchemann** (idem). Arg. et Vx. Voler.

GRIPPE-SOUS n. m. (du verbe *gripper*, « saisir » et de *sou* ; 1718, *Dict. de l'Acad. fr.*). Fam. Avare : *L'hargneux grippe-sou qui n'aurait pas donné une miette à un piaf affamé* (Alphonse Boudard, *La Métamorphose des cloportes*, 1962) • VAR. **grippe-billet** n. m. (1935, Simonin & Bazin) • **grippe-monnaie**, (1862, Ferdinand Fabre). V. *liard*.

GRIS, E adj. (origine obscure ; 1822, Mézière). Arg. anc. Cher, coûteux • VAR. **grisol(l)e** (1836, Vidocq). *Bien sûr, c'est pas du boudin blanc. Mais ça prouve rien. L'autre, le blanc, coûtait trop grisolle* (A. Le Breton, *La Loi des rues*, 1955).

GRISBI n. m. (origine obscure : soit de *griset*, pièce de monnaie, ou du pain à la fois *gris* et « *bis* », soit de *grispin, grisbis* (Halbert, 1849) au sens de « meunier », c.-à-d. « celui qui a du blé ! » ; 1895, Delesalle ; popularisé par le roman d'Albert Simonin, *Touchez pas au grisbi*, 1953). Arg. Argent : *Le grisbi, je suis assez grand pour aller le chercher moi-même !* (Simonin, of course !) • VAR. **grijbi** (Esnault, 1902) et **grèzbi** (id. vers 1926) • DÉR. **grisbinette** n. f. (1957, Sandry & Carrère). Vx. Pièce de 100 anciens francs.

GRIVELER v. intr. (de la *grive*, « oiseau pilleur » ; sens 1 : 1620 ; sens 2 : 1901, Larousse). 1. Faire des profits illicites. 2. Consommer sans avoir de quoi payer • DÉR. **grivèlerie** n. f. (1892, *Code pénal*). Le fait de ne pas pouvoir s'acquitter de sa note, au café, à l'hôtel ou au restaurant.

GROSCHEN n. m. (de l'all. *Groschen,* issu du lat. *grossus,* « gros » ; d'abord *groch* ou *grochen*, « petite monnaie de Pologne », 1723, Savary, puis *groschen*, « petite monnaie germanique », 1832, Raymond). Monnaie d'argent, ayant cours autrefois en Allemagne et en Autriche : *Avance donc... Écoute ! Tiens, voilà d'abord deux groschen* (Erckmann-Chatrian, *L'Ami Fritz*, 1864).

GROS LOT n. m. (mot d'anc. bas-francique *lot*, « sort, héritage » ; *gros lot,* 1665, Bussy-Rabutin). La somme ou l'objet le plus important qu'on puisse gagner à une loterie : *Le prince de Samilcar, qui allait jouer le premier rôle sur ce théâtre, eut le premier gros lot, qui était un grand brasier d'argent* (Bussy-Rabutin, *Histoire amoureuse des Gaules*, 1665).

GROS PAPA n. m. (sobriquet humoristique ; 1957, Sandry & Carrère). Arg. Billet de 5000 anciens francs.

GROSSIUM n. m. (création d'allure faussement savante, sur *gros,* qui dès le 1er quart du XIIIe s., désigne au masc. « celui qui est riche ou puissant » (Reclus de Molliens) ; 1928, Lacassagne). Pop. Homme riche et, de ce fait, important : *Des mecs enrichis dans le pétrole,/Des grossiums... des Américains !* (Bernard Dimey, *Poèmes voyous*, 1978).

GROULETTE n. f. V. *crousille.*

GRUAU n. m. (métaphore très proche du *blé* ; 1170 *gruel,* « grain d'avoine ou d'orge dépouillé de son enveloppe et grossièrement moulu »). Arg. anc. Argent : *J'crois qu'j'aurais souvent l'battant vide ;/Car avec toi l'gruau n'tombe pas* (Hector Sombre, dans un poème *Étude de femme*, 1893, cité par Bruant).

GRUGER v. tr. (emprunt au néerl. *gruizen*, « broyer », de la même famille germ. que *gruau* ; 1668, La Fontaine). Dépouiller quelqu'un de son bien en l'exploitant habilement : *Il ne faudrait point tant de frais ;/Au lieu qu'on nous mange, on nous gruge* (La Fontaine, *Les Frelons et les mouches à miel*, 1668). Syn. *duper, escroquer* • DÉR. **grugeage** n. m. (1870, Mérimée). Action de gruger qqn • **grugeur, euse** n. (milieu du XIXe s., A. Karr). Individu qui exploite qqn.

GUELTE n. f. (de l'all. *Geld*, « argent » ; 1866, Delvau). Vx. Chez les commis de nouveautés à Paris, bénéfice provenant d'une commission ou d'une remise. Syn. *fruges*.

GUEUCH n. m. (verlan approximatif de l'all. *schlingen*, « puer » ; 2007, *Lexik des cités*). Arg. Clochard, mendiant.

GUEUX, EUSE n. (emprunt au moyen néerl. *guit*, « coquin, fripon » ; 1458, Arnould Greban, *Le Mistère de la Passion*). Celui, celle qui est réduit(e) par la plus extrême pauvreté à mendier pour subsister : *Qui qu'est gueux ?/C'est-il nous/Ou ben ceux/Qu'a des sous ?* (Jean Richepin, *La Chanson des gueux*, 1876). *Avec son blouson de cuir noir, juste un peu fatigué, et son jean, il tranche sur la masse des gueux* (Jean-Luc Porquet, *La Débine*, 1987) • DÉR. **gueusaille** n. f. (sens 1 : 1630, Chapelain ; sens 2 : 1872, Larousse). 1. L'ensemble des gueux. 2. Syn. de *gueux* • **gueusement** adv. (1869, Hugo). Très pauvrement • **gueuserie** n. f. (sens 1 : 1611, Cotgrave ; sens 2 : 1808, d'Hautel). 1. Condition d'extrême pauvreté. 2. Friponnerie, exaction.

GUINÉE n. f. (1669, Chamberlayne). Ancienne monnaie d'or en usage en Angleterre équivalant à vingt et un shillings, aujourd'hui utilisée comme monnaie de compte : *Il ouvre le tiroir tout à fait* : *« Des napoléons, des louis, des roupies, des philippes, des roubles, des guinées. Toute la constellation des monnaies ! »* (V. Hugo, *Mille francs de récompense*, 1866).

HACKER n. m. (de l'angl. *to hack*, « perdre son temps »). Pirate informatique en principe « désintéressé », qui sévit plus par défi que par goût du lucre : *Une fois en possession de ces codes, les hackers pouvaient pirater les comptes et détourner des permis d'émission* [de CO 2] *à leur profit* (G. Allix, *Le Monde*, 12 février 2010). La traduction officielle selon l'Académie est le mot *fouineur* (qui n'a évidemment aucune chance de réussite !).

HANE n. f. (mot d'ancien français, « bourse », selon Esnault ; 1628, Chéreau). Arg. anc. Bourse. / **Casser la hane**, couper la bourse (encore en 1867, chez Delvau).

HAUSSE n. f. (déverbal de *hausser*, « faire monter », issu d'un lat. *altiare,* dér. du lat. class. *altus,* « haut » ; 1443). Action de s'accroître, en parlant de la valeur ou du prix ; résultat de cette action : *Attendre, attendre des hausses improbables, des reprises qui ne s'opèrent jamais, espérer contre tout espoir* (Georges Darien, *Le Voleur*, 1897). *Une préoccupation récurrente a occupé les six premiers mois de 2008 : la hausse des prix et, donc, la baisse du pouvoir d'achat. À Coulommiers, le meilleur endroit où traquer ces variations est le centre commercial* (J.-Th. Ceccaldi, in revue *XXI* n° 8, automne 2009). Syn, *augmentation.* Contr. *baisse* • DÉR. **haussier** n. m. (de *hausse* ; 1823, Boiste). Spéculateur qui joue à la hausse sur les valeurs boursières • **hausser** v. intr. (1978, Doppagne). En Belgique, syn. de *enchérir.*

HAUTE n. f. (emploi métonymique de l'adj., s'opposant à *bas* dans *les basses classes* ; sens 1 : 1821, Ansiaume ; sens 2 : 1848, Ornano, in Larchey). 1. Vx. Prospérité. 2. Pop. Haute position dans la société.

HEDGE FUNDS n. m. pl. (loc. angl., « fonds de couverture » ; années 50). Fonds spéculatifs : *En même temps qu'elle conseillait le gouvernement grec, [la banque] conseillait à ses clients, principalement les fameux fonds rapaces, les* hedge funds, *de parier sur la défaillance prochaine de la Grèce* (*Le Canard enchaîné*, 24 février 2010). V. *fonds.*

HÉRITER v. tr. (réfection de *hereter,* du lat. chrét. *hereditare,* « donner ou recevoir en héritage », de *heres*, « héritier » ; milieu du XIIe s.). Recevoir (quelque chose) par droit de succession, par héritage : *Marton a d'ailleurs une vieille parente asthmatique dont elle hérite, et qui est à son aise* (Marivaux, *Les Fausses Confidences*, 1737) • DÉR. **héritage** n. m. (*eritage*, 1135, *Couronnement de Louis*). Patrimoine que laisse une personne à son décès, et recueilli par voie de succession : *À part les deux pavillons, qu'étaient revenus à Édouard, il restait encore trois mille francs de la grand-mère, en héritage... Mais c'était de l'argent sacré* (L.-F. Céline, *Mort à crédit*, 1936) • **héritier, ère** n. (*eritier,* 1135, *Couronnement de Louis*). Parent (légitime ou naturel) appelé par la loi à recueillir la succession d'un défunt : *La psychologie d'une héritière qui apporte une usine ou 100 millions de dot est la même que celle de sa bonne, à part la terreur d'être volée ou tapée* (Albert Paraz, *Le Gala des vaches*, 1948). Syn. Vx. *hoir* • **déshériter** v. tr. (1140, G. Gaimar). Priver qqn d'un héritage qu'il était en droit d'obtenir ou qu'il espérait recevoir : *Je suis plutôt à cran aujourd'hui. Un de mes oncles a claboté en me déshéritant. Il ne me reste que cette bicoque* (Léo Malet, *Trilogie noire*, 1948) • **déshéritement** n. m. (*deseritement*, 1160-74, Wace, *Roman de Rou*, repris en 1864 par Littré). Action de déshériter.

HERPELU ou **HARPELU** n. m. (litt. « griffu », de *harpe*, « griffe de chien », image des doigts de la main enserrant la pièce, 1549, Estienne ; milieu du XVIe s. ; encore en 1836, chez Vidocq, sous la forme altérée *herplis*). Arg. anc. Liard.

HOIR n. m. (du lat. *heres*, même sens ; 1100 *heir, Chanson de Roland*). Vx. Héritier (surtout en ligne directe ; usité encore couramment en Suisse romande). • DÉR. **hoirie** n. f. (*haerie,* 1318, *Lettre d'O. de la Chapelle*). Vx. Succession : *Une pareille somme est comptée dans ses coffres pour chacun de ses autres enfants qu'il doit pourvoir, et il a un grand nombre d'enfants ; ce n'est qu'en avancement d'hoirie* (La Bruyère, *Les Caractères*, 1688). Syn. *héritage* ; ensemble des héritiers indivis.

H

HOLDING n. m. et adj. (abrév. de l'angl. *holding company,* « compagnie, société de portefeuille » ; 1930, P. Morand ; le genre hésite entre masc. et fém.). Se dit d'une société financière dont le capital est formé essentiellement d'actions de diverses sociétés, et qui contrôle ou dirige l'activité industrielle de ces sociétés : *La commune de Blaringhem, entre Hazebrouck et Saint-Omer, est sur le point d'accueillir une nouvelle entreprise. Le Holding France, société spécialisée dans la production et la location de palettes en fibres composites, investira des bâtiments du site Arc International* (*La Voix du Nord*, 8 avril 2009). *L'ancienne directrice de cabinet de Nicolas Sarkozy, Emmanuelle Mignon, va assurer la direction de la stratégie et du développement du groupe Front Line, société holding de Luc Besson* (*Le Monde,* 21 mai 2010).

HOLD UP n. m. (de l'angl. *to hold up*, « tenir (les mains) vers le haut » ; 1925, Mandelstamm). Vol à main armée, généralement dans une banque : *Et moi* [journaliste] *je gratouille et prospecte la ville, espérant le crime « crapuleux »,* *le hold-up « audacieux », l'enlèvement « spectaculaire »* (Albertine Sarrazin, *La Traversière*, 1966). Syn. *braquage.*

HOMME DE LETTRES n. m. (jeu de mots ironique ; 1836, Vidocq). Arg. Faussaire.

HONORAIRES n. m. pl. (emprunt au lat. impér. *honorarium,* « rétribution d'une charge ; honoraires, salaire » ; 1771, *Dictionnaire de Trévoux*). Rémunération (fixée de gré à gré ou tarifée) versée aux personnes exerçant une profession libérale en échange de leurs services : *Il faisait à chaque fois un petit sermon à ses patients sur la nécessité « d'honorer » eux-mêmes – pensez donc au beau mot d'honoraires –, et sur leurs fonds propres, les soins qui leur étaient prodigués par leur médecin* (Michel Arrivé, *Un Bel immeuble,* 2010).

HONNÊTE adj. (du lat. *honestus,* « honorable, digne de considération, d'estime, noble » ; XIe s., *Vie de saint Alexis*). Se dit d'une personne qui ne triche pas (trop) avec la morale, la probité, et autres nobles étiquettes : *« C'est* [être mouchard] *toujours aussi beau que de voler* ; *d'ailleurs sans nous que deviendraient les honnêtes gens ? » À ces mots, il partit d'un grand éclat de rire. « Les honnêtes gens ! répéta-t-il, tiens, tu me fais rire que je n'en ai pas envie »* (Vidocq, *Mémoires*, 1829). *Le maire de Levallois ne fait partie jusqu'ici que de la sélection du* Prix de l'humour politique 2010, *pour avoir déclaré* : *« Je suis l'homme le plus honnête du monde »* (Robert Solé, *Le Monde*, 12 février 2010). / N. B. Ne pas confondre *un homme honnête* (sens financier) et *un honnête homme* (pourvu de diverses qualités morales, culturelles et intellectuelles) ! Contr. *malhonnête.* V. citat. à *mouscaille.* / **Une somme honnête**, un capital confortable • **honnêtement** adv. (1121-34, Philippe de Thaon). D'une manière honnête, etc. • **honnêteté** n. f. (1538, R. Estienne). Vertu rare, qui ne court ni les rues ni les Cours, mais à laquelle on se réfère plus ou moins pieusement, quand on a le temps.

HORLOGER n. m. (on y porte souvent sa montre, en échange d'un petit crédit ! 1860, Goncourt). Pop. Mont-de-piété ; prêteur sur gages.

HOUBLON n. m. (métaphore nordique, qui s'apparente au *blé* des régions plus clémentes ; 1986, Clément Lépidis). Argent.

HUILE n. f. (ce qui permet de « graisser la patte » (loc. de 1651, Oudin) ; 1725, Granval). Argent. / **Huile de main** (1867, Delvau), « l'argent, qui vous glisse toujours entre les doigts ».

HURÉ adj. m. (de l'anc. fr. *huré*, « poilu, hérissé » ; 1821, Mézière). Vx. Riche.

IMAGE n f. (l'effigie pour le billet ; 1901, A. Bruant). Billet de banque • **Grande image**, billet de 1000 anciens francs (1928, Lacassagne), de 100 nouveaux francs (F. Caradec). V. *bluet* et *format*.

IMPAYABLE adj. (du *in-* de *impossible*, et de *payer* ; 1376-78, *Songe du Vergier*). Très Vx. Qu'on ne peut payer (mot impayable de drôlerie, employé quasiment toujours au figuré, et sans doute inventé par les débiteurs insolvables, car on **doit** toujours payer, hélas, même quand on ne peut pas !). V. *honnête*.

IMPÉCUNIEUX, EUSE adj. (de *pécune* ; 1677, Miege). Qui manque d'argent (appartient à la langue soutenue).

IMPÔT n. m. (dès 1399, « part de la dépense publique imposée par l'État à chaque citoyen », du lat. *impositum*, part. passé neutre de *imponere*, « ce qui est imposé »). Prélèvement (pécuniaire) obligatoire sur les ressources des personnes physiques ou morales, servant à couvrir les dépenses de l'État ou des collectivités locales : *Ah ! qu'on me fasse Suisse ! Le maudit impôt que l'impôt unique et inique, qui m'a réduit à demander l'aumône ! mais trois ou quatre cents impôts, dont les noms même me sont impossibles à retenir et à prononcer, sont-ils plus justes et plus honnêtes* ? (Voltaire, *L'Homme aux quarante écus,* 1768). *Il faut demander plus à l'impôt et moins au contribuable* (A. Allais, vers 1900). *Demain, les candidats à l'élection présidentielle, négligeant l'histoire de l'avenir, proposeront des dépenses en plus et des impôts en moins* (Jacques Attali, *Une Brève Histoire de l'avenir,* 2006). V. *déclaration*.

INDEMNISER v. tr. (du lat. *indemnis*, « sans dommage » ; 1465 selon Bartzsch). Accorder à quelqu'un une indemnité • **indemnisation** n. f. (1754, Formey). Le fait d'indemniser : *Les jurés, qui avaient aussi à statuer sur l'indemnisation des plaignants, ont fixé la perte de valeur subie par les actionnaires à la moitié de ce que réclamait l'accusation* (Y. Mamou, *Le Monde,* 31 octobre 2010) • **indemnité** n. f. (du lat. *indemnitas*, « fait d'être préservé de tout dommage » ; « somme allouée à titre de dédommagement », 1671, Pomey). Somme d'argent accordée en compensation d'un dommage subi ; rétribution d'un travail, d'une fonction temporaire ou essentiellement honorifique : *Madame Vauquer avait rafraîchi les trois chambres de cet appartement moyennant une indemnité préalable* (Balzac, *Le Père Goriot*, 1834). V. citat. à *parachute doré.*

INDIGENCE n. f. (emprunt au latin class. *indigentia* « besoin, exigence » ; 1275-80, J. de Meung, *Roman de la rose*). État, situation de besoin, de manque : *Je vis venir à moi mon ancien disciple. Sa mise était celle de la non-fortune, de l'indigence* (Henri Monnier, *Scènes populaires*, 1830). Syn. *misère, pauvreté.* Contr. *prospérité* • **indigent, e** (empr. au latin class. *indigens*, « qui est dans le besoin » ; 1275-80, J. de Meung). adj. et n. Qui manque des choses les plus nécessaires à la vie : *Il y a ailleurs six vingt familles indigentes qui ne se chauffent point pendant l'hiver, qui n'ont point d'habits pour se couvrir, et qui souvent manquent de pain* (La Bruyère, *Les Caractères*, 1688). Qui sait, on les a peut-être appelés jadis les SCF (*sans chaumière fixe*), ancêtres de nos SDF ? Syn. *miséreux, nécessiteux, pauvre.*

INFLATION n. f. (emprunt, à travers l'anglais, au lat. *inflatio*, « gonflement » ; 1919, H. Truchy, *Cours d'économie politique*). Déséquilibre économique se traduisant par une hausse des prix et dû à l'augmentation du volume monétaire en circulation, au déficit budgétaire et à l'excès du pouvoir d'achat des individus par rapport aux biens mis à leur disposition : *La note de cinq à six cents francs pour un déjeuner de trois personnes, pliée négligemment en deux. C'était l'inflation, l'éphémère prospérité...* (I. Némirovsky, *Le Vin de solitude*, 1935). *Sous la présidence de Chirac, les dépenses* [de l'Élysée] *ont augmenté de 798 %. Ce n'était plus de l'inflation, c'était pharamineux* (R. Dosière, in revue *XXI,* automne 2009). Contr. *déflation* • DÉR. **inflationniste** adj. (1894, Sachs-Villatte). Relatif à l'inflation, conduisant à l'inflation économique.

I

INSOLVABLE adj. (contraire de *solvable* ; 1431, Dijon). Se dit d'un débiteur ou d'une débitrice qui ne peut acquitter son dû (à la différence de *impayable,* cet adjectif ne fait pas rire) • DÉR. **insolvabilité** n. f. (1603, Peleus). Incapacité de payer son dû.

INTÉRESSÉ, E adj. (part. passé du v. *intéresser* ; sens 1 : 1892, Goncourt ; sens 2 : vers 1640, Voiture). 1. Qui a des intérêts dans une affaire, une part des bénéfices. 2. Qui recherche avant tout son avantage personnel, notamment matériel : *Sa profession et ses richesses faisaient soupçonner que toutes les femmes qu'il avait aimées étaient intéressées ; si bien que, quand on le vit amoureux d'Ardélise, on ne douta point qu'il ne fût aimé pour son argent* (Bussy-Rabutin, *Histoire amoureuse des Gaules*, 1665). Contr. *désintéressé.*

INTÉRESSEMENT n. m. (du verbe *intéresser* ; « dédommagement, somme allouée pour un service », 19 juin 1464, *Arrêt du Conseil* ; sens actuel, vers 1950). Association du personnel aux résultats d'une entreprise, réalisée sous diverses formes : primes proportionnelles à l'augmentation du chiffre d'affaires, remise d'actions de l'entreprise, constitution d'épargne.

INTÉRÊT n. m. (« dédommagement d'un préjudice, indemnité », 1377, Gace de la Buigne ; « profit retiré d'une somme d'argent prêtée », 1462, *Ordonnances* ; auj. 1924, Jacques Descamps). Revenu produit par un capital prêté ou placé et défini par un taux : *Où donc pensiez-vous que je prenais l'énorme intérêt que je vous sers depuis des années ?* (E. Gaboriau, *L'Argent des autres*, 1874). V. *principal*.

INVALIDE n. m. (de l'idée de misère, de très faibles revenus ; 1867, Delvau). Ancienne pièce de quatre sous.

INVESTIR v. tr. (de l'anglais *invest*, 1922). Placer de l'argent dans une entreprise, pour le faire fructifier • DÉR. **investissement** n. m. (1924, J. Descamps). Action d'investir des capitaux dans un secteur économique ; les capitaux ainsi investis : *Les chômeurs qui essaient de se rassurer en pensant que l'argent restant servira à des investissements, lesquels créeront de l'emploi, se mettent le doigt dans l'œil* (*Le Canard enchaîné*, 17 mars 2010) • **investisseur, euse** n. Personne qui fait des investissements : *La crise, et l'inévitable désaffection des investisseurs pour un placement trop risqué, n'est pas seulement en cause* (C. Gatinois, *Le Monde*, 31 janvier 2010). / **Investisseurs institutionnels** (vers 1970). Nom donné aux compagnies d'assurances, caisses de retraite, à la Caisse des dépôts et consignations qui emploient une part de leurs ressources propres à l'acquisition de valeurs mobilières. Dans le jargon des professionnels de la finance, ce tour est abrégé, irrespectueusement, sous la forme **zinzins** !

JACKPOT n. m. (anglicisme, du mot *jack*, « valet » et de *pot*, « ensemble de mises » ; vers 1970, Robert). Combinaison qui permet, dans certaines machines à sous, de faire un profit plus ou moins important ; cet argent lui-même. V. *bandit manchot.*

JACOBUS n. m. (prénom latin, équivalent de Jacques ; 1622, *Les Caquets de l'Accouchée*). Anc. Monnaie d'or anglaise, frappée sous le règne de Jacques Ier et valant environ une guinée : *Un jour donc, l'animal, qui ne songeait qu'à nuire, / Détachait du monceau tantôt quelque doublon, / Un jacobus, un ducaton* (La Fontaine, *Fables*, XII, 3, *Du Thésauriseur et du Singe,* 1685).

JACQUES n. m. (sans doute de *Jacques,* sobriquet ancien du paysan ; 1813, langage poissard, Esnault). Arg. anc. Pièce d'un sou (cinq centimes) : *J'ai encore vingt jacques, il faut les tortiller* (Vidocq, *Mémoires,* 1829).

JACQUOT ou **JACQUES** n. m. (de *Jacques* ; sens 1 : 1895, Esnault ; sens 2 : 1899, Nouguier). Arg. anc. 1. Syn. de pince-monseigneur. 2. Coffre-fort.

JAMBE n. f. (de l'ital. *gamba*, « cent lires », c.-à-d. selon Esnault, « cent pas faits sur une seule jambe » ; 1926). Arg. Unité de 100 anciens francs. V. *demi-jambe.*

JAPONAIS n. m. pl. (de l'algérois *tchapes*, « sous » (1906), issu de l'esp. *chapa*, « disque de métal », et on est passé facilement à *Jap*, « japonais », usité dès 1904). **Les Japonais ont tourné le coin** ou **sont pas laga** (1926, Esnault), je suis sans ressources. V. *comédien.*

JARDINIER n. m. (de *jardin* au sens de « recherche d'escroqueries » ; sens 1 : 1835, Raspail ; sens 2 : 1886, Esnault). 1. Arg. anc. Complice qui, dans le vol au charriage, entraîne la dupe à traiter avec l'américain (v. ce mot). 2. Rabatteur de clients pour un tripot.

JAUNET n. m. (dimin. de *jaune ;* 1640, Oudin, encore en 1836 chez Stendhal). Vx. Petite pièce d'or : louis d'or ou napoléon : *Je ramassai les jaunets sans me presser et puis je m'en allai le plus tranquillement du monde* (Lermina et Lévêque).

JETÉE n. f. (du verbe *jeter* ; 1894, Esnault). Vx. Somme de 100 francs d'avant 1914. V. *demi-jetée.*

JETON DE PRÉSENCE n. m. (emploi spécialisé ; 1867, Littré). Somme remise à chacun des membres présents lors d'une assemblée ou d'un conseil d'administration, à titre d'indemnité : *Les membres des académies touchent des jetons de présence* (Littré). *Malheureusement, il suffit pas toujours d'être présent pour avoir les jetons !*

JOINDRE LES DEUX BOUTS (1836, Landais). Équilibrer son budget (surtout en contexte négatif) : *À la Poste, une majorité de clients a besoin de crédits à la consommation pour joindre les deux bouts* (Syndicat SUD-PTT, in *Le Monde*, 1er avril 2010).

JONC n. m. (du lat. *juncus*, « jonc, tige semblable à un jonc », sens technique en orfèvrerie : « bague en or sans chaton ou bracelet en or » ; 1790, *Le Rat du Châtelet*). Arg. **Du jonc**, de l'or, en métal pur ou en monnaie : *Il nommait l'argent :*

l'« aubert », l'or : le « jonc » (Francis Carco, *Traduit de l'argot,* 1927). V. cit. à *oseille* • DÉR. **joncaille** ou **jonquaille** n. f. (1928, Lacassagne). Arg. Bijoux en or : *Nous jetions par la portière des poignées de pièces blanches, faisions des brasiers de chéquiers et laissions couler la joncaille entre nos doigts comme du gros sable* (Albertine Sarrazin, *La Traversière*, 1966) • **joncailler** n. m. (id.). Arg. Orfèvre.

JUS n. m. (emploi métaphorique : ce qu'on tire de bon de qqch. ; 1867, Delvau). Pop. Profit, bénéfice. • DÉR. **juteux, euse** adj. (sens 1 : 1830, Balzac ; sens 2 : 1928, Esnault). 1. Fam. Qui rapporte beaucoup d'argent : *D'après les informations ayant filtré, les malfaiteurs présumés ont vendu des informations confidentielles à des traders, en tirant de juteux profits* (*Le Monde,* 26 mars 2010). Syn. *fructueux, lucratif.* 2. Vx. Se dit d'une personne qui est riche.

KEUSSE n. m. (verlan irrégulier de *sac* ; années 1980). Arg. Somme ou billet de 100 nouveaux francs.

KIA v. tr. (imitation du cri de la pie (?) ; 2007, *Lexik des cités*). Arg. Voler • **kia** n. f. Arnaque.

KILO n. m. (du sens de « mille », dans *kilogramme, kilomètre*, etc. ; 1935, Esnault). Vx. Somme de 1000 anciens francs.

KOPECK n. m. (du russe, « centième de rouble » ; 1878, *Tam-Tam*, Doillon). Petite pièce d'argent, sou (souvent dans un contexte négatif) : *J'avais gagné quatre mille roubles au cercle des marchands. Je suis sorti de cette petite fête avec cinquante kopeks* (G. Leroux, *Rouletabille chez le tsar*, 1913).

KORUNA n. f. V. *couronne.*

KRACH n. m. (mot all., déverbal de *krachen,* « craquer », 1811 (Bourse), mais répandu à partir de 1873). Effondrement des cours de la Bourse ; faillite d'une société financière : *Globalement, si l'on est encore loin d'un krach boursier, cette correction est suffisamment inattendue pour stresser les gérants* (C. Gatinois, *Le Monde*, 31 janvier 2010).

KRONA, KRONE, KROON n. f. V. *couronne.*

LACSÉ n. m. (largonji de *sac*). Billet de 1000 anciens francs (1947, Esnault) ou de 100 nouveaux francs (1977, Caradec) • VAR. **lacsatif** (intention humoristique ; 1958, Esnault). Billet de 1000 anciens francs • **laxé** (1968, *Petit Simonin illustré*). Billet de 1000 nouveaux francs.

LADRE n. m. (du latin médiév. *lazarus*, « lépreux », 1135 ; métaphore de l'insensibilité physique et, partant, morale du lépreux, 1640, Oudin). Vx. Individu extrêmement avare : *Cet avare-là n'est pas un ladre : c'est une bête de proie. Il reste un monstre ; mais il cesse d'être grotesque pour devenir terrible* (Georges Darien, *Le Voleur*, 1897). V. citat. à *avare*. Syn. *fesse-mathieu, pingre, rapiat, rat,* etc.

LAISSEZ-PASSER (détournement ironique ; 1953, Esnault). Vx. Billet de banque.

LARANQUE, LARANQUÈS, LARANT(E)QUÉ (largonji de *quarante* ; nombreuses variantes de 1872 à 1935, Esnault). Arg. anc. Pièce de 40 sous (soit 2 francs) : *Il me refile toujours un linvé, des fois larantqué : il ne s'agit que d'être à la distribution* (Maurice Donnay). *Faut-i'qu'un'gonzess'soit paquet / D'prendre un franc cinquant'pour eun' passe / Quand a peut d'mander larant'quet...* (A. Bruant, 1891).

LARCIN n. m. (du lat. *latrocinium* (v. *larron*), « vol à main armée, brigandage » ; dès 1130, *larrecin, Lois de Guillaume*). Vol de peu d'importance, commis sans violence et sans effraction : *En homme avisé, patient, prudent,* *méthodique, Joseph n'ignorait pas que les petits larcins quotidiens font les gros comptes annuels* (Octave Mirbeau, *Le Journal d'une femme de chambre*, 1900).

LARGE adj. (du lat. *largus*, « abondant, libéral, généreux » ; vers 1050, *Vie de saint Alexis*). Se dit d'une personne généreuse, qui ne regarde pas à la dépense : *[Il] alla prendre son portefeuille dans la poche de sa veste. Il fut plus large que d'habitude, comme pour s'excuser d'avoir été désagréable* (Georges Simenon, *Le Riche Homme*, 1970). / **Large des épaules** loc. adj. (s.-ent. « large des épaules, mais pas de la bourse » ! 1786, Leroux). Se dit d'un avare.

LARRON n. m. (du lat. *latro,* « bandit, voleur » ; xᵉ s., *Passion*). Vieilli. Voleur, bandit : *Je ne veux pas être un larron légal ; je n'ai de goût pour aucun genre d'esclavage. Je veux être un voleur, sans épithète* (Georges Darien, *Le Voleur*, 1897).

LASAGNE, LAZAGNE ou **LAZINGUE** (*lazagne*, « portemonnaie », 1899, Nouguier ; « portefeuille », 1911, Esnault ; *lazingue*, fin du XIXᵉ s., id.). n. m. Porte-monnaie ou portefeuille : *Je voulais n'importe quoi pourvu qu'il en arrive à ouvrir son lazingue* (Alphonse Boudard, *La Métamorphose des cloportes*, 1962).

LAUBÉ n. m. (largonji de *beau* ; 1955, Simonin). Vx et arg. Sou • VAR. **lobé** (1953, Sandry & Carrère).

LAVER v. tr. (emploi métaphorique du verbe usuel ; sens 1 : 1748, langage poissard, Esnault ; sens 2 : 1807, id.). 1. Dépenser. 2. Vendre (généralement à perte) : *Ils avaient tout lavé à perte. À présent c'était la débine* (L.-F. Céline, *Mort à crédit*, 1936) • DÉR. **lavable** adj. (1830, Larchey). Se dit d'une marchandise illicite et facile à écouler, ou d'argent facile à recycler, à « blanchir » • **lavage** n. m. (1839, Balzac). Vente d'objets, souvent au rabais, à la suite d'une faillite, d'une saisie, etc. : *Oh ! le lavage n'avait pas été long : un brocanteur avait acheté le tout pour quinze francs* (A. Bruant).

LAZINGUE n. m. V. *lasagne.*

LÈCHE-BUDGET n. m. (mot composé éloquent ; *Le Réveil du Père Duchêne,* 1882, cité par Fustier). Vx. Ministre ou fonctionnaire du gouvernement. Cf. le nom-adjectif composé *budgétivore* (1845, Bescherelle), plus ancien, « savant » et non argotique, qui nous dit à peu près la même chose !

LÉGUER v. tr. (emprunt au lat. *legare,* même sens ; XIIIe s.). Laisser par testament ou par un autre acte de dernière volonté • **legs** n. m. (vient en réalité du verbe *laisser*, influencé par le lat. *legare* ; 1474, *Ordonnances des rois de France*). Disposition à titre gratuit faite par un testateur de ses biens, en tout ou partie, au profit d'une ou plusieurs personnes physiques ou morales ; le bien ainsi laissé • **légataire** n. (du lat. *legatarius* ; 1463, *Lettre de Louis XI*). Personne qui bénéficie d'un legs. / **Légataire universel** (1607, Loysel). Personne qui bénéficie de la totalité des biens du testateur.

LÉGUME n. m. **Gros légume** (1840, Esnault). Fam. Fonctionnaire puissant et haut placé. / N. B. On rencontre souvent en ce sens le fém. (1922, F. Jammes) : *Quant au vulgaire, il était, à une très forte majorité, pour Ludo contre les pontifes, les bonzes, les grosses légumes* (Clément Vautel, *Le Fou de l'Élysée*, 1939).

LEK n. m. Unité monétaire principale de l'Albanie.

LERCHE et **LERCHEM** adj. (largonji de *cher* ; *lerche* 1907, Esnault ; *lerchem* 1926, id.). Arg. Cher • VAR. **lerchot** (1957, Sandry & Carrère) • **lerchaille** (1962, Boudard). Syn. *chérot.*

LÉSINE n. f. (de l'italien *lesina,* « alène », emblème d'une société d'avares fictive, dans une satire du XVIe s. ; *Lezina* 1609, Mathurin Régnier). Vx. Avarice sordide : *À l'économie succéda l'âpre lésine qui compte les grains de sel du pot-au-feu, qui pèse le savon du blanchissage, qui mesure la chandelle de la veillée* (E. Gaboriau, *L'Argent des autres,* 1874) • VAR. **lésinerie** n. f. (1604, *La Contre-lésine*) • DÉR. **lésiner** v. intr. (de *lésine* ; 1618). Épargner de façon sordide sur le prix des plus petites choses : *Elle était décidée à ne pas lésiner ; s'il fallait dix francs, on les mettrait* (Jules Vallès, *L'Enfant,* 1884). Syn. *liarder, regarder, rogner.*

LESSIVER v. tr. (emploi métaphorique du verbe usuel, cf. *blanchir* ; sens 1 : 1895, Esnault ; sens 2 : 1922, Esnault). Vx. 1. Vendre (de façon plus ou moins licite) : *Deux jours après le départ du paternel, le complet neuf était lessivé à la « Trompette de Jéricho »* (Dubut de Laforest). Syn. *blanchir.* 2. **Se faire lessiver**, perdre tout son argent au jeu • DÉR. **lessive** n. f. (1867, Delvau) et **lessivage** n. m. (1901, A. Bruant). Vx et pop. Vente (souvent illicite, frauduleuse). Syn. *blanchiment* • **lessiveur** n. m. (contemporain). Receleur qui revend les objets volés • **lessiveuse** n. f. (2007, Robert). Affaire servant à blanchir l'argent sale.

LETTRE DE CHANGE n. f. (terme de financier ; 1798, *Dict. de l'Acad. fr.*). Document par lequel un créancier ou tireur, prescrit à son débiteur, ou tiré, de payer à une date donnée une certaine somme à une personne désignée, le bénéficiaire. Syn. *traite.* / **Accepter une lettre de change** (*Dict. de l'Acad. fr.*, 1798), prendre l'engagement de la payer à l'échéance, en mettant son nom au bas ou au travers du corps de l'écriture, avec le mot *Accepté.*

LETTRE DE JÉRUSALEM n. f. (désignation peu claire ; 1800, Nougaret, selon Rigaud). Arg. anc. Lettre de détenu qui demande à sa dupe de l'aider à récupérer une grosse somme, voire un trésor qu'il a planqué et auquel il n'a pas accès lui-même (cette arnaque refleurit aujourd'hui, sous une forme assez voisine, dans des lettres plus ou moins « exotiques » qui nous sont adressées par Internet...) : *La Lettre qui sert à monter l'arcat s'appelle lettre de Jérusalem parce qu'on l'écrit sous les verrous de la Préfecture* (1872, Larchey). Syn. *arcasienne.*

LEU(X)DÉ n. m. (largonji de *deux* ; 1901, A. Bruant). Pièce de 10 centimes, « gros sou ».

LEV n. m. Unité monétaire principale de la Bulgarie.

LEVÉE n. f. (*levée de numéraire*, 1867, Littré). Somme retirée dans une banque ou un établissement de crédit.

LEVER v. tr. (emploi ironique du verbe usuel, du lat. *levare*, « alléger, soulager », proche ici de *soulever* ; 1834, Esnault). Arg. anc. Voler (un mouchoir, un fiacre, une maîtresse)./ **Lever le pied** (1867, Delvau). Partir en emportant la caisse • DÉR. **levage** n. m. (1867, Delvau). Vx. Escroquerie • **leveur** n. m. (sens 1 : 1835, Esnault ; sens 2 : 1834, id.). 1. Syn. de *jardinier.* 2. Syn. de *pick-pocket.*

LÉZÉLOUSSEM n. m. (jargon préfixé de *sou* ; 1878, Esnault) et **lézéloussoc** (1901, A. Bruant). Arg. anc. Pièce de 5 centimes (un sou).

LIARD n. m. (p.-ê. de l'adjectif ancien *liart*, « de couleur grisâtre » ; 1383). Petite monnaie de bronze valant le quart d'un sou, qui a eu cours en France du XIVe au XVIIIe s. ; au XIXe s., monnaie de très faible valeur : *Pas un liard, couper un liard en deux*, etc. • DÉR. **grippe-liard** (1862, Mallarmé, *Correspondance*) et **tireliard** (1866, Delvau, puis dans le *Journal* de Léon Bloy, en 1903). adj. Vx. Avare • **liarder** v. tr. (1611, « mendier, gagner misérablement », Cotgrave). Anc.

L

Lésiner • **liardeur, euse** adj. et n. (1807, Boiste). Vx. Avare : *Ce n'est pas un de ces pince-mailles, usuriers liardeurs hypnotisés par le bénéfice immédiat, qui « méprisent de grands avantages à venir pour de petits intérêts présents »* (Georges Darien, *Le Voleur*, 1897).

LIDRÉ, LISDRÉ ou **LIXDRÉ** n. m. (largonji de *dix (ronds)* ; 1883, Chautard). Pièce de 10 sous (= 0, 50 fr.) : *Pour toi, ce sera pas cher ! Pasque c'est toi ! Vingt ronds de chambre, autant pour moi, un lidré pour le garçon, rapport à l'eau !* (Oscar Méténier, 1885).

LIMOUSINEUR n. m. (de *limousine*, « plomb » ; 1836, Vidocq). Arg. anc. Voleur du plomb des toitures (on sait qu'au XXIe s., il existe encore des équipes spécialisées dans le vol organisé et massif de métaux considérés comme précieux, comme le zinc, le bronze, le cuivre, etc.).

LINGOT n. m. (origine controversée ; vers 1392). Masse de métal, souvent précieux, qui garde la forme du moule dans lequel elle a été coulée : *Le patron de cette officine fut compromis dans la fameuse affaire des lingots d'or, qui commença la réputation de Rouletabille* (G. Leroux, *Rouletabille chez le tsar,* 1913).

LINVE ou **LINVÉ** n. m. (largonji de *vingt (sous)* ; A. Bruant). Arg. anc. Pièce d'un franc d'avant 1914 : *La braise est rare ; / Faut trois mois pour faire un linvé, / À Saint-Lazare* (A. Bruant, 1886).

LINZQUÉ n. m. (largonji de *quinze* ; 1901, A. Bruant). Arg. anc. Pièce de 75 centimes (« quinze sous »).

LIQUIDE adj. et n. m. (de l'ital. *liquido*, « qui coule » ; *dettes liquides*, 1837, Balzac ; subst. 1651, Scarron). Se dit de l'argent dont on peut disposer immédiatement (qui nous coule entre les doigts ?) : *Elle avait refusé l'enveloppe d'argent liquide, quand il l'avait accompagnée à la gare de Lausanne* (Patrick Modiano, *L'Horizon*, 2010). *Faut-il que j'aille voir mon dabe* [c.-à-d. mon père] *ou bien mon DAB* [c.-à-d. mon *Distributeur Automatique de Billets*] *pour faire le plein de liquide ? J'hésite...* • DÉR. **liquidité** n. f. (1867, Littré). Somme immédiatement disponible (moins fam. et plus officiel que le nom *liquide*) : *L'illusion du tout-marché, entretenue par les normes comptables internationales, qui a conduit à s'imaginer qu'il y avait un marché, donc une liquidité, pour tout actif financier, même le plus baroque* (Michel Pébereau, *Le Monde*, 12 mars 2010) • **illiquidité** n. f. (néologisme) : *Le risque d'illiquidité, c.-à-d. l'impossibilité de revendre les obligations avant leur échéance, est réel* (Isabelle Ehrhart, *Le Monde*, 28 février 2010).

LIQUIDER v. tr. (de l'ital. *liquidare,* « rendre fluide, liquide » ; dès 1520, Bordeaux). Régler (un problème financier) en tenant compte de l'actif et du passif : *Il montrait beaucoup trop encore, dans la moindre de ses paroles, son désir de liquider l'affaire à tout prix et au plus vite* (G. Duhamel, *La Passion de Joseph Pasquier*, 1945). • DÉR. **liquidation** n. f. (dès 1416). Action de fixer le montant d'une somme, d'un compte à régler : *Tantôt c'était un emprunt, tantôt une liquidation ou une répartition de dividendes, dont il était chargé* (E. Gaboriau, *L'Argent des autres*, 1874).

LIRE n. f. (emprunt à l'ital. *lira,* attesté depuis le XIIIe siècle ; 1592, d'après Arveiller). Unité monétaire de l'Italie : *Les sommes qu'il leur a avancées doivent, à mon avis, s'élever à plusieurs centaines de mille lires* (Henri de Monfreid, *Les Secrets de la mer Rouge*, 1932).

LISTE CIVILE n. f. (calque de l'anglais *Civil List* depuis 1712 ; 1830, Balzac). Somme qu'alloue chaque année le Parlement aux dépenses de la couronne, dans les régimes monarchiques ou impériaux.

LIVRE n. f. (du lat. *libra*, poids ; balance ; dès 1100, *Chanson de Roland*, « monnaie de compte représentant un poids d'une livre d'argent » et passée à moins de cinq grammes lors de l'adoption du système métrique). En France, synonyme de *franc* jusqu'au XIXe s. : *Vous vous êtes cru à plaindre de n'avoir que cent vingt livres à dépenser par an, réduites à cent huit livres à cause de votre taxe de douze francs* (Voltaire, *L'Homme aux quarante écus,* 1768) ; en argot, somme de 100 francs (1860, Esnault), ainsi que la var. **livraille** (1926). V. *parisis* et *tournois* • **livre (sterling)**, unité monétaire principale de la Grande-Bretagne et de l'Irlande du Nord (1653), qui valait vingt shillings de douze pence jusqu'en 1971 et qui depuis, vaut cent nouveaux pence. La livre est aussi l'unité monétaire principale de Chypre, de l'Égypte, du Liban, de Malte, de la Syrie et de la Turquie : *La livre sterling, nouvelle cible des marchés* (Marie de Vergès, *Le Monde*, 28 février 2010).

LOITRÉ n. m. (largonji de *trois* ; 1901, A. Bruant). Arg. et Vx. Pièce de 3 francs.

LOMBARD n. m. (de *Lombardie* ; sens 1 : au Moyen Âge ; sens 2 : 1831, Balzac). Vx. 1. Banquier prêteur sur gage, le plus souvent originaire de Lombardie. 2. Usurier.

LOTERIE n. f. (du néerlandais *loterie* ou de l'italien *loteria* ; 1538). Jeu de hasard qui fonctionne à partir d'une distribution ou ventes de billets entiers ou de fractions de billets et qui assure à tout un chacun, avec l'aplomb de la pub, qu'il peut gagner le gros lot ! *C'était alors les loteries dont il était question, et elles étaient tellement à la mode que chacun en* *faisait, les uns d'argent, les autres de bijoux et de meubles* (Bussy-Rabutin, *Histoire amoureuse des Gaules*, 1665). *Le père Goriot était encore un avare qui prêtait à la petite semaine, un homme qui nourrissait des numéros à la loterie* (Balzac, *Le Père Goriot*, 1834). V. *gros lot.*

LOTO n. m. (emprunt à l'ital. *lotto,* «jeu de hasard, le plus souvent géré par l'État, où l'on parie sur des numéros allant de 1 à 90», depuis 1673 ; ce mot désigna d'abord un impôt extraordinaire institué en 1530 à Florence et dont la perception se faisait au moyen d'un jeu de hasard obligatoire ; en France, on est passé en 1976 de la *Loterie nationale française* à la *Société de la Loterie nationale et du Loto national*, puis à *France Loto* en 1989 ; nom déposé – comme le bilan ?). Jeu public organisé par la *Française des jeux* (avec forte participation de l'État), consistant à cocher des numéros sur un bulletin, et qui permet de perdre très facilement depuis n'importe quel bureau de tabac, de mirobolants millions !

LOUER v. tr. (du lat. *locare*, «placer, disposer, donner à ferme» ; en français, d'abord «donner un salaire à celui que l'on engage pour un temps déterminé ; prendre à gages» ; 1100, *Chanson de Roland,* puis sens 1 : 1223, Gautier de Coinci ; sens 2 : 1165, Benoît de Sainte-Maure). Étonnant verbe à double sens «inverse» : 1. Donner (un appartement, un appareil, etc.) à loyer pour un certain temps, moyennant un prix déterminé, selon des conditions stipulées par écrit, avec des clauses particulières (entretien, réparations) : *Victor possédait d'autres terres, certaines à plusieurs kilomètres, qu'il louait à des bouchers de La Rochelle pour y engraisser leurs bêtes* (Georges Simenon, *Le Riche Homme*, 1970). *Si l'on est croyant, on ne peut que s'écrier : « Loués soient les beaux appart'parisiens et vides de Monsieur Hausseman... pour y caser promptement les sans-logis ! »* 2. Obtenir la jouissance d'un appartement, d'une maison, d'un appareil, moyennant un loyer : *Le lendemain, je louai un* *studio meublé où nous abritâmes nos amours* (Léo Malet, *Trilogie noire*, 1948) • **location** n. f. (dès 1219). Action de louer un objet ou un logement ; résultat de cette action : *L'Allemand a voulu revoir l'épave. List lui a rappelé le prix de la location de l'emplacement* (Yves Ravey, *L'Épave*, 2006) • **location-vente** n. f. (1939, Malaquais). Contrat de location assorti d'une promesse de vente, à l'expiration duquel le preneur, ayant versé des sommes plus élevées que des loyers normaux, devient propriétaire de la chose louée, généralement un logement : *Location-vente qu'on appelle ça, même qu'après vingt ans c'est inaliénable à perpète, couché en belle ronde sur le cadastre de la commune* (Jean Malaquais, *Les Javanais*, 1939) • **sous-location** (1804, *Code civil*). Contrat par lequel un locataire principal loue à un sous-locataire • **locataire** n. (1510, Clermont). Personne qui prend à loyer une propriété urbaine : *Quand mon regard rencontre celui d'un locataire, je suis gêné* (Emmanuel Bove, *Mes Amis*, 1932) • **sous-locataire** n. (1611, Isambert). Personne qui a contracté une sous-location avec un locataire principal • **co-location** n. f. (1970, Robert). Contrat d'association entre plusieurs locataires dans un même logement • **co-locataire** n. (1946, R. Abellio). Personne qui est locataire avec d'autres dans un logement commun.

LOUIS n. m. (du nom du Roi ; 1640). Pièce d'or ou d'argent à l'effigie des rois de France, de Louis XIII à Louis XVI ; puis pièce d'or de vingt francs à l'effigie de Napoléon ; ensuite, somme de vingt francs-or : « *J'aurais bien besoin de quelques louis* », *disait-il d'une voix honteuse* (E. Gaboriau, *L'Argent des autres*, 1874). *En France, le « louis » frappé, en 1640, sous le règne de Louis XIII, va subsister, du moins sous sa dénomination populaire, jusqu'au début de la Première Guerre mondiale* (Pierre Gascar, *L'Or*, 1967). V. citat. à *napoléon*.

LOUP n. m. (sens 1 : 1807, Esnault ; sens 2 : 1827, id.). Vx. 1. Dette criarde. / **Faire un loup** (1867, Delvau). 2. Créancier • DÉR. **louvetier** n. m. (1874, typographes, Boutmy). Homme endetté.

LOUSSEM (largonji de *sou* ; nombreuses variantes, de **loussdré** (1878) à **loussbé** (1918), toutes chez Esnault). Arg. anc. Sou (pour les forains, les soldats et les voyous).

LOVÉ n. m. (mot romani ; 1899, Esnault). Arg. anc. Sou : *Elle a filé une torgnole à la Marlène qui* [...], *avant l'arrivée de Pépette, la serveuse, lui tirait, de la caisse, une pleine poignée de lovés* (A. Nolat, *Les Voyageurs du petit jour*, 2004).

LOYER n. m. (du lat. *locarium*, « prix d'un service, d'hébergement », de *locus*, « lieu » ; vers 1100, « salaire, récompense » ; 1266 *loier*, « prix de location de diverses choses »). Redevance pour l'usage habituel mais temporaire d'un local d'habitation, de commerce, ou d'une propriété : *Sa mère était montée et avait demandé l'argent d'une voix sèche, comme si elle s'adressait à un locataire qui n'avait pas payé son loyer depuis longtemps* (Patrick Modiano, *L'Horizon*, 2010).

LUCRATIF, IVE adj. (du lat. *lucrativus*, « profitable, avantageux » ; 1314, *Chirurgie Henri de Mondeville*). Qui procure un bien, des profits (pécuniaires ou matériels), des bénéfices ou des avantages financiers : *La Maison blanche avait calculé que les enchères sur les droits à polluer pourraient être deux à trois fois plus lucratives que ce qui avait été inscrit au budget* (*Le Monde*, 5 février 2010) • **lucre** n. m. (du lat. *lucrum*, « gain, profit » ; vers 1467, G. Chastellain). Profit pécuniaire, souvent matériel, plus ou moins licite et recherché avec avidité (langue soutenue) : *Quelques aigrefins véreux ayant travesti sa pensée dans un but de lucre imbécile !* (L.-F. Céline, *Mort à crédit*, 1936).

LUNE n. f. (analogie de forme et de couleur blanche ; Esnault). Vx. Pièce d'argent d'un franc (1872) ; de 5 francs (1899).

MACAIRE n. m. (de Robert Macaire, bandit littéraire célèbre, dans le mélodrame *L'Auberge des Adrets*, 1823 ; 1867, Delvau). Vx. Escroc, agent d'affaires véreux : *Leur basse histoire n'a pas même eu toujours les honneurs du « Bulletin des Tribunaux » ; ils se croyaient des Macaire et n'ont été que des filous* (Luchet, cité par Bruant).

MADRIER n. m. (emploi emphatique (v. *bâton*) ; 1988, Viard-Zacharias). Arg. Somme de 10 millions de nouveaux francs (un milliard d'anciens francs).

MAGNAT n. m. (du plur. lat. *magnates*, « les grands, les puissants », attesté depuis la Vulgate et formé sur *magnus*, « grand » ; 1895, P. Bourget). Capitaliste, industriel ou financier très puissant et très riche : *Le Mexicain Carlos Slim* [...], *ce septuagénaire magnat des télécommunications, bat de 500 millions Bill Gates, le cofondateur de Microsoft* (*Le Monde,* 12 mars 2010).

MAGNIEN n. m. (de *magnin*, « chaudronnier », dans certains dialectes de l'est de la France ; 1899, Nouguier). Vx. Sou.

MAGOT n. m. (origine obscure ; 1440, *macaux* plur. « sacs »). Fam. Somme d'argent assez importante que l'on a thésaurisée et que l'on cache. Syn. *bas de laine, pécule.*

MAHOMET n. m. (1882, Humbert). Anc. Petit sac de cuir dans lequel les forçats conservaient leurs économies.

MAILLE n. f. (du lat. médiéval *medalia*, « demi-setier » (IXe s.) ; 1130, *Lois de Guillaume le Conquérant* ; encore en 2007, *Lexik des cités*). Monnaie de très faible valeur, sous les Capétiens, valant un demi-denier ; auj., arg. **de la maille**, de l'argent. V. *cache-maille* et *pince-maille*.

MAIN n. m. **Faire une main levée** (ironie sur la *mainlevée judiciaire* ; 1828, Vidocq). Arg. anc. Commettre un vol : *De vieux avares, c'est pain béni, il faut faire une mainlevée* (Vidocq, *Mémoires*). / **Faire une main tombée** (1952, Esnault) Arg. Faire main basse (sur qqch.) • **Main courante** (1867, Littré). Vieilli. Livre de commerce où sont inscrites au fur et à mesure les opérations de compte. Syn. *brouillard*.

MAÎTRE-CHANTEUR n. m. (p.-ê. jeu de mots sur le titre de l'opéra de Wagner, calque de l'all. *Die Meistersinger* (1868) ; mais ce nom composé daterait de 1842, d'après Esnault ; d'abord simpl. *chanteur*, 1835, Raspail). Homme qui pratique le chantage : *Mais la personne la plus protégée, la plus gâtée par le sort, n'est-elle pas à la merci de n'importe quel maître-chanteur* ? (Patrick Modiano, *L'Horizon*, 2010).

MALABAR n. m. (idée de puissance ; 1975, Le Breton). Arg. anc. Billet de cinq cents nouveaux francs.

MALADE DU POUCE loc. adj. (« qui n'aime pas à compter ses sous » ; 1859, Monselet, in Larchey). Vx. Avare.

MALFAITEUR n. m. (du v. lat. *malefacere*, « faire du tort, nuire » ; 1155, Wace, *Roman de Brut*). Celui qui commet des délits, des crimes : *Les bons citoyens doivent collaborer à l'arrestation des malfaiteurs. – Oui, dans un pays de mouchards* (Albert Paraz, *Le Gala des vaches*, 1948).

MALFRAT n. m. (mot languedocien *maufaras, malfaras*, « malfaiteur », dér. de *maufaire*, « mal faire » ; 1866, Delvau). Vaurien, malfaiteur.

MALHEUR n. m. (du préf. *mal-* et du nom *heur*, « moment » ; « coup funeste du sort », 1174-1200, *Roman de Renart*). Circonstance, situation qui entraîne des conséquences négatives pour une personne ou un groupe de personnes • DÉR. **malheureux, euse** n. (1155, Wace, *Roman de Brut*). Vieilli. Personne qui n'est pas favorisée par la nature, les circonstances ou le destin : *Tant que la révolution n'aura pas balayé la société moderne, il y aura des malheureux, proféra assez bas un vieillard* (E. Bove, *Mes Amis*, 1932).

MALHONNÊTE adj. (de *mal* et de *honnête* ; 1680, Richelet). Se dit d'une personne qui triche avec la morale, la probité, et autres nobles étiquettes. Contr. *honnête* • **malhonnêtement** adv. (avant 1679, Cardinal de Retz). D'une manière malhonnête, etc. • **malhonnêteté** n. f. (1676, père Bouhours). Le contraire de l'honnêteté…

M

MALI n. m. (du lat. *malus*, « mauvais » ; 1978, Doppagne). En Belgique, syn. de *déficit*.

MALINGREUX n. m. (de *malingre*, « maladif » ; 1628, Olivier Chéreau). Arg. anc. Mendiant qui feignait d'avoir des maux et des plaies, pour susciter la pitié des passants.

MALTAISE n. f. (la Croix de Malte figurait sur les écus émis en 1718 ; 1790, *Le Rat du Châtelet* ; encore en 1867, Delvau). Arg. anc. Louis d'or.

MALTOUSE n. f. (suffixation de *mallette* ; 1829, Vidocq). Arg. Article de contrebande. / **Pastiquer la maltouse** (1836, Vidocq), faire passer en contrebande : *Je vous ai dit que Bras-Rouge pastiquait la maltouze* (E. Sue, *Les Mystères* *de Paris,* 1842) • DÉR. **maltousier, ère** n. (id.). Contrebandier, ère.

MANCHE n. f. (de l'ital. *mancia*, « gratification » ; 1836, Vidocq). Pop. **Faire la manche**, syn. de *mendier* : *Il ne me restait plus qu'à aller avec les cloches, faire la manche, en guenilles, devant leur lourde* (Alphonse Boudard, *La Métamorphose des cloportes*, 1962).

MANDAT n. m. (emprunt au lat. *mandatum*, « mission de remplacer quelqu'un dans une affaire », puis « charge », dér. de *mandare* « mander » ; 1835, *Dict. de l'Acad. fr.*). Titre par lequel une personne donne ordre de payer à un tiers une certaine somme : *Maman m'envoyait parfois un mandat de dix francs. Jamais davantage* (Eugène Dabit, *Petit-Louis*, 1930). *Mandat-carte, mandat-lettre, mandat-poste* • DÉR. **mandataire** n. (1537, « celui qui a reçu mandat d'une autre personne d'agir en son nom »). Intermédiaire agréé pour la vente en gros de denrées alimentaires : *Un mandataire aux Halles.*

MANGAV(E) n. (du romani *mangav*, « je demande » ; sens 1 : 1932, Esnault ; sens 2 : 1937, id.). Vx. 1. n. f. Mendicité. 2. n. m. Mendiant.

MANGER v. tr. (emploi figuré du verbe usuel ; fabliau de la seconde moitié du XIIIe s.). Fam. Dépenser : *Supposez que je sois en terre, où seriez-vous ? Il faudrait décamper, aller en Suisse, manger l'argent de papa, qui n'en a guère* (Balzac, *Le Père Goriot*, 1834). / **Manger la laine sur le dos de qqn** (image pittoresque ; 1816, P.-L. Courier). Vx. Exploiter, dépouiller qqn de ses biens • DÉR. **mangeur** n. m. (de *manger* ; sens 1 : 1836, Vidocq, encore chez Delvau ; sens 2 : 1866, Delvau). Vx. 1. **Mangeur de galette**, homme vénal qui accepte de l'argent pour trahir. 2. Homme dissipateur, prodigue.

MAQUIGNON n. m. (sans doute issu de *maquereau,* avec influence de *barguigner,* « hésiter » ; dès 1200, au sens de « marchand de chevaux » ; puis 1559, Amyot). Négociateur ou entremetteur d'affaires louches ou véreuses • DÉR. **maquignonner** v. intr. (1511, *Sottie des sots ecclésiastiques*). Négocier quelque chose en employant des procédés de maquignon • **maquignonnage** n. m. (1585, Cholières). Manoeuvre frauduleuse ou indélicate.

MARAUDE n. f. (de *marault,* « mendiant, filou », 1480, *Mistère du Viel Testament* ; « d'abord vol de denrées commis par des soldats en campagne », 1690, Furetière, puis par ext. « petit larcin commis par n'importe qui », 1754, Poitevin). Vol de peu d'importance, souvent commis par des enfants • VAR. **maraudage** n. m. (1892, Zola) • DÉR. **marauder** v. tr. (d'abord « mendier », 1549, R. Estienne, puis « pratiquer la maraude », 1700, Pomey). v. intr. Se livrer à la maraude • **maraudeur, euse** n. (1679, Miège). Celui, celle qui maraude. V. *chaparder* et *picorer.*

M

MARAVÉDIS n. m. (empr. à l'esp. *maraved* (1203), de l'ar. *muaibiti,* « qui concerne les Almoravides », dynastie qui domina le Maroc et l'Espagne de 1040 à 1147, et sous laquelle fut frappée cette monnaie). Ancienne monnaie de billon espagnole de faible valeur ; emploi surtout fam., désuet et dans un contexte négatif : *N'avoir pas un maravédis.*

1. MARCHAND, E n. m. (du latin *mercari,* « commercer » ; diverses formes dès le xe s.). Syn. de *commerçant* : *Il tira un énorme portefeuille de la poche de sa veste de cuir, car il payait tout en billets, comme les marchands de bestiaux* (Georges Simenon, *Le Riche Homme,* 1970) • VAR. anc. **marcandier** n. m. (« marchand », 1545, *Le Mirouer des enfans ingratz* ; « mendiant… » 1628, O. Chéreau). Mendiant qui se dit marchand ruiné • DÉR. **marchandise**

n. f. (XIIe s.). Tout objet pouvant faire l'objet d'un marché, d'une opération commerciale • **marchander** v. tr. (1500, *Mémoires* de Commynes). Discuter pour faire baisser le prix proposé par le vendeur : *S'il eust suivi son inclination ordinaire, il auroit voulu marchander une femme comme il aurait fait une pièce de drap* (Furetière, *Le Roman bourgeois,* 1666) • **marchandage** n. m. (1872, Th. Gautier). Le fait de marchander • **marchandeur, euse** adj. et n. (1884, Daudet). Se dit d'une personne qui marchande.

2. MARCHAND, E adj. (1165 *nef marcëande,* Chrétien de Troyes). Qui se rapporte au commerce ; (contemporain) où on fait du commerce. / **Galerie marchande**, ensemble de boutiques groupées dans un même ensemble, notamment sous le chapiteau d'un supermarché : *Bosmans se souvenait de la galerie marchande de cette station de métro en se demandant si elle existait encore aujourd'hui* (Patrick Modiano, *L'Horizon,* 2010).

MARCHANDISER v. tr. (de *marchandise* ; contemporain). Transformer en produit commercial • DÉR. **marchandisage** n. m. (calque de l'anglais *merchandising*, « qui fait partie de la mercatique » ; 1974, Robert). Ensemble des techniques de conditionnement destinées à accroître la vente des produits. • **marchandisation** n. f. (1978, Robert). Transformation en produit commercial • **marchandiseur, euse** (de l'anglais *merchandiser* ; 1975, Robert). n. Spécialiste du marchandisage. / N. B. Au moins pour le profane, la distinction entre ces termes plus ou moins hérités du *merchandising* anglo-américain n'est pas toujours évidente... V. *marketing* et *mercatique.*

MARCHÉ n. m. (du lat. *mercatus*, « commerce, trafic, négoce, marché public, foire », qui a donné *marched*, « réunion de vendeurs et d'acheteurs dans un lieu public où se débitent denrées et marchandises », fin du Xe s., *Passion* ;

sens 1 : 1921, Vidal de la Blache ; sens 2 : 1155, Wace ; sens 3 : 1934, Chardonne). 1. Endroit (concret ou virtuel) où se déroulent d'importants échanges commerciaux, ou qui se spécialise dans le commerce d'un produit particulier : *Le capitalisme ira alors à son terme : il détruira tout ce qui n'est pas lui. Il transformera le monde en un immense marché, au destin déconnecté de celui des nations* (Jacques Attali, *Une Brève Histoire de l'avenir,* 2006). 2. Endroit où l'on fixe le cours des marchandises : *Le marché de Londres, de Paris. Marché à terme, à prime, ferme, d'escompte, au comptant,* etc./**Marché des pieds humides** n. m. (*Le Mercure*, 1882). Vx. Nom donné à la petite Bourse, qui se tenait en plein air, exposée aux intempéries. 3. Ensemble des consommateurs d'un produit.

MARGE n. f. (du latin *margo,* « bord, bordure » ; 1945, Baudhuin). **Marge bénéficiaire** ou **de bénéfice**, différence entre le prix de vente et le prix d'achat, qui apporte un bénéfice au vendeur.

M

MARGOULIN n. m. (issu du verbe *margouliner*, usité dans le Bas-Maine au sens de « aller vendre de bourg en bourg » ; 1858, TLF). Commerçant malhonnête ; individu peu scrupuleux en affaires • DÉR. **margouliner** v. tr. (1881, Rigaud). Se livrer à un commerce douteux • **margoulinage** n. m. (id.). Activité du margoulin.

MARK n. m. (de l'all. *mark* ; 1723, *une marque*, fém. « monnaie de compte des banquiers de plusieurs villes d'Allemagne » ; *marc*, 1847, Balzac ; *mark,* 1873, Larousse). Unité monétaire des pays germaniques, appelée anc. **deutsche Mark (DM)**, valant cent pfennigs, remplacée auj. par l'euro : *Max, parfois, laissait quelques marks sur la table : « Tu t'achèteras des bonbons »* (I. Némirovsky, *Le Vin de solitude*, 1935). *Les Allemands aussi ont bien profité de l'euro* : *vraisemblablement un peu sous-évalué par rap-*

port à ce qu'aurait été ce cher deutsche mark, la monnaie unique a musclé les exportations allemandes (Alain Frachon, *Le Monde*, 5 mars 2010) ; anc. unité monétaire de la Finlande (**markka** en finnois), devenue à partir de 1999 une subdivision de l'euro.

MARKETING n. m. (emprunt à l'angl. *marketing,* dér. de *to market*, « faire son marché, acheter et vendre » ; 1944, R. Servoise). Ensemble de tout ce qui concourt à créer des produits adaptés aux besoins et aux désirs des consommateurs et à assurer leur commercialisation optimale. / N. B. L'Académie fr. condamne cet immigré et propose, sans grand succès, de le remplacer par son « équivalent français » *commercialisation* • VAR. (rare) **marchéage** n. m. et **mercatique** n. f. (1978, Robert) • DÉR. **mercaticien, enne** n. Spécialiste de la mercatique.

MAROUFLER v. tr. (emploi détourné du verbe des peintres, « coller sur un support » ; 1975, Arnal). Se livrer à des vols dans des véhicules en fourrière, en parlant de certains gardiens indélicats.

MARQUER v. intr. (emploi emphatique du verbe usuel ; sens 1 : 1829, Vidocq ; sens 2 : « multiplier par 4 », 1867, Delvau). 1. Vx. Avoir une apparence cossue. 2. **Marquer avec une fourchette**, exagérer le compte d'un débiteur, la note • DÉR. **marquant** n. m. (1836, Vidocq). Arg. anc. Homme que son apparence signale comme riche.

MARRON adj. (issu de l'esp. *cimarron*, « animal domestique échappé et redevenu sauvage », appliqué dès 1658 aux esclaves évadés ; sens 1 : 1830, Lhéritier ; sens 2 : 1811, chanson, Vidocq). Arg. 1. Qui exerce irrégulièrement une profession (ne s'applique qu'à des professions lucratives, et pas au marchand de marrons…) : *Sutter a vécu de sa pension de général. Vécu est une façon de parler, car en* *réalité sa pension a été mangée tous les ans par des avocats marrons, des hommes d'affaires véreux* (Blaise Cendrars, *L'Or*, 1925). 2. Vx. **Fait, paumé, servi**, etc. **marron**, pris sur le fait, au cours d'un délit, avec le plus souvent des objets volés : *Il* [Vidocq] *l'emmène su z'une affaire, pour qu'il soit servi marron* (Vidocq, *Mémoires*, 1829) • DÉR. **marronner** v. tr. (1836, Vidocq). Arg. anc. Manquer un vol par maladresse.

MASSE n. f. (emploi spécialisé du mot usuel, très polysémique, issu du lat. *massa*, « pâte, masse, tas » ; sens 1 : 1842, « bourse commune dans un atelier d'artistes », A. Bourgeois, Brisebarre ; sens 2 : 1836, Vidocq ; sens 3 : 1860, Goncourt). 1. Somme, quantité de valeurs constituées par des apports particuliers et servant à financer des besoins collectifs. Syn. *cagnotte*. 2. Somme constituée de retenues faites sur le salaire d'un prisonnier et qui lui est remise à sa libération : *La masse destinée à être remise aux prisonniers lors de leur libération, et qui s'augmente tous les jours, ne produit point d'intérêt* (Vidocq, *Les Voleurs*). 3. Somme constituée de la réunion des mises de plusieurs joueurs. Syn. *pot* • DÉR. **masser** v. tr. (1867, Delvau). Fournir l'argent à la masse.

MATABICHE n. m. (emprunt, par l'intermédiaire du bantou *matabicho* « pourboire », au port. *matabicho*, « gorgée de boisson alcoolique » ; 1927, A. Gide). Pourboire (mot du Congo belge et d'Afrique Équatoriale Française).

MATELAS n. m. (de l'épaisseur confortable du magot ; 1886, Esnault). Fam. Liasse de billets de banque, ou portefeuille bien garni : *Le marle, père tranquille, assis sur un matelas de cinq cents briques, recueillera toujours plus de témoignages d'estime que le pétardier chronique* (A. Simonin, *Le Savoir-vivre chez les truands*, 1967).

M

MATÉRIELLE n. f. (emplois spécialisés de l'adj. ; sens 1 : 1883, Fustier ; sens 2 : 1935, L. Daudet). 1. Vx. Gain quotidien des joueurs qui vivent du jeu. 2. Pop. Revenus nécessaires pour subvenir à ses besoins matériels.

MATRAQUER v. tr. (de *matraque* ; 1927, Esnault). Fam. **Matraquer qqn,** lui faire payer un prix trop élevé. Syn. *estamper, gruger.*

MATRICULER v. tr. (de *matricule,* n° d'identification, dans l'armée ; 1901, A. Bruant). Arg. milit. Voler.

MÈCHE (ÊTRE DE -) loc. verbale (sans doute de *mèche,* « matière préparée pour prendre feu » ; 1793, Esnault). Être complice, notamment dans un partage.

MÉDAILLE n. f. (de l'ital. *medaglia,* même origine que *maille,* attesté au sens de « monnaie ancienne valant environ un demi-denier, en usage dans le nord de l'Italie, dans les États pontificaux et à Malte » ; 1827, Demoraine). Pop. et Vx. Pièce de cinq francs. / **Médaille d'or** (1867, Delvau). Vx. Pièce de vingt francs • DÉR. **médaillé, e** adj. (vers 1880, *Mémoires* de Claude). Pop. et Vx. Riche.

MENDIER v. tr. et intr. (du lat. class. *mendicare,* même sens ; 1re moitié du XIIe s., *Psautier de Cambridge*). Demander l'aumône • DÉR **mendiant, e** n. (fin XIIe s., *Le Conte de Floire et Blancheflore*). Personne qui mendie : *Les mendiants, chiftirs d'occasion… vieux de la vieille dont on ne voit plus les tatouages tellement ils sont couverts de crasse* (Alphonse Boudard, *La Métamorphose des cloportes,* 1962) • **mendicité** n. f. (1269-1278) Jean de Meung, *Roman de la Rose*). État d'une personne qui mendie : *Les ministres français devraient interdire la mendicité. – Mais elle est interdite ! – Allons donc ! Et tous ces gueux qui vendent des lacets ! Ils sont plus riches que vous et moi* (E. Bove, *Mes Amis,* 1932) • **mendi-**

got, e n. (1875, Rabasse). Pop. Syn. de *mendiant*: *De dix pas en dix pas, des mendigots à têtes d'affamés, quelques-uns pourvus d'une vieille casquette de porteur d'on ne sait quoi* (Léon Daudet, *Mémoires,* 1928). *Petite mendigote/Je sens ta menotte/Qui cherche ma main* (chanson de Jean Renoir, 1954) • **mendigoter** v. intr. (1878, Rigaud). Syn. de *mendier.*

MENOUILLE n. f. V. *monnaie.*

MENSUALITÉ n. f. (du lat. *mensis*, « mois » ; 1874, *Gazette des Tribunaux*). Rétribution ou allocation mensuelle.

MERCANTI n. m. (pluriel, pris comme sing., de l'ital. *mercante*, « marchand » ; apparaît dès la fin du XIIIe s., chez Marco Polo). Commerçant, homme d'affaires âpre au gain et malhonnête : *Des soldats, des marins, des mercantis se rendent en foule à l'Ermitage, acclament Sutter sous ses fenêtres* (Blaise Cendrars, *L'Or*, 1925).

M

MERCATIQUE n. f. (J.O. du 2 avril 1987). Mot proposé pour remplacer *marketing.* V. ce mot.

MÉTAL n. m. (la matière pour la pièce de monnaie ; 1867, Delvau). Pièce de monnaie, par opposition au billet. / **Le métal jaune** (1834, Balzac), l'or. V. *médaille.*

MÉTAYER, ÈRE n. (de *moitié* ; vers 1200, *Godefroy de Bouillon*). Personne qui fait valoir une terre qui n'est pas à elle et qui rend la moitié de ses produits au propriétaire : *Quand il était métayer aux Quatre-Vents, il faisait tout le travail avec sa femme, afin d'éviter de payer un valet* (Georges Simenon, *Le Riche Homme*, 1970) • DÉR. **métayage** n. m. (1396, *moitoiage*, « convention par moitié »). Mode d'exploitation agricole dans lequel le propriétaire et l'exploitant d'un domaine se partagent la récolte dans des proportions fixées par contrat. V. *ferme.*

METTRE v. tr. **Mettre de côté**, (pop.) **à gauche**, et **à la care** (1901, A. Bruant), **à plat** (1942, Esnault). loc. verbale (1re expression assez explicite, 1929, Némirovsky ; la seconde suggère sans doute : « du côté du portefeuille » ! 1901, Bruant). Économiser, épargner : *Comment aurions-nous vécu ? Il n'a rien mis de côté pour moi, rien, pas un sou* (I. Némirovsky, *David Golder*, 1929). *Avec tout l'aubert qu'il pouvait mettre à gauche, i's'rait aujord'hui tout c'qu'i'y a d'gandin* (A. Bruant). / Selon H. Snell, on disait à Genève, en 1900, **mettre à coin** • **Mettre du beurre dans les épinards** (1877, Zola, mais dès 1828, Vidocq : *accommoder les épinards*, en un sens voisin). Fam. Augmenter un peu les revenus • **mettre la main à la pâte** (1867, Delvau). Arg. Aider à un vol et participer aux bénéfices • **mettre sous presse** (id.). Arg. Mettre en gage • **mettre tous ses œufs dans le même panier** (id.). Fam. Confier toute sa fortune à un seul banquier.

MEUNIER n. m. (« celui qui emmagasine le blé » ; 1836, Vidocq). Arg. anc. Receleur.

MEURT-DE-FAIM n. m. (1604). Vx. Personne qui manque des ressources nécessaires pour vivre. Syn. *crève-la-faim*.

MÉVENDRE v. tr. (du préf. *mé-* et de *vendre* ; 1283, Philippe de Beaumanoir). Vx. Vendre à vil prix, à perte. Syn. *brader* • DÉR. **mévente** n. f. (1243, La Rochelle *mesvende*). Vente à perte, ou vente difficile.

MICHÉ ou **MICHET** n. m. (forme pop. de *Michel* ; 1764, Médard de Saint-Just, in Delvau). Client d'une prostituée : *C'est pas avec des michés de ce genre-là que le commerce irait très fort, des fois* (Aragon, *Les Voyageurs de l'impériale*, 1947). / **Miché de carton** (1867, Delvau). Client de passage, sans grands moyens. / **Miché sérieux** (id.). Client généreux.

MICHETON n. m. (de *michet* ; vers 1810, chanson, selon Esnault). Syn. péj. de *miché* : *Les michetons sérieux, les grossiums, les bourrés, paraîtraient pas avant une heure pour libérer les bordures de trottoir de leurs huit-cylindres-wagons* (A. Simonin, *Le Cave se rebiffe*, 1954) • DÉR. **michetonner** v. intr. (1898, Esnault). Arg. Payer une prostituée • **michetonneur, euse** n. (vers 1920, Cellard). Individu qui se prostitue • **michetonnerie** n. f. (1986, Boudard). Milieu des clients de maisons closes : *La michetonnerie se bouscule aux portes des lupanars* (A. Boudard, *La Fermeture*, 1986).

MICHON n. m. (emploi métaphorique de *michon*, pain ; 1628, Chéreau). Arg. anc. Argent. / **Faire du michon** (1829, *Mémoires d'un forçat)*, gagner beaucoup d'argent.

MILLERIE n. f. (de *mille* ; 1822, Mézière). Vx. Loterie foraine.

MILLET ou **MILLED** n. m. (de *mille* ; 1873, Esnault ; *milled*, 1928, J.-H. Rosny aîné). Vx. Somme ou billet de 1000 francs : *Quand il a un truc dans l'ciboulot, tu l'en f'rais pas démord'pour un millet* (A. Bruant) • VAR. **millot** (rare ; 1881, Rigaud).

MILLIARD n. m. (resuffixation de *million*, avec le suffixe *-ard* ; 1740, *Dict. Acad. fr.*). Somme de mille millions d'unités monétaires : *Tu n'as jamais entendu parler des mines argentifères d'El Paso ? – Dieu merci, non, interrompit Golder. – Il y a des milliards là-dedans. – Il y a des milliards partout, mais il faut pouvoir les prendre* (I. Némirovsky, *David Golder*, 1929) • **(multi)milliardaire** n. (1866, Th. de Banville ; *multi-*, 1944, Queneau). Personne qui possède des milliards : *Ce milliardaire qui milite en faveur d'une meilleure entente entre chrétiens et musulmans détient déjà 7 % du capital du conglomérat médiatique contrôlé par le clan Murdoch* (Marc Roche, *Le Monde*, 26 février 2010).

MILLIASSE n. f. (de *mille*, avec sans doute jeu de mots sur *liasse* ; « mille millions », 1723, Savary). Vx. Très forte somme d'argent.

MILLION n. m. (emprunt à l'ital. *milione,* 1re moitié du XIVe s., P. de Faitinelli, dér. de *mille* à l'aide du suff. augm. *-one*). Somme de mille fois mille francs ou d'autres unités monétaires : *Talma ? je l'ai vu aussi. En voilà encore un qui en a fait de c't'argent ! – Sept ou huit millions au moins ; y n'connaissait pas sa fortune* (Henri Monnier, *Scènes populaires*, 1835) • **(multi)millionnaire** n. (1740, Lesage). Personne qui possède des millions : *Quand elles maudissaient ce millionnaire infâme, Victorine faisait entendre de douces paroles* (Balzac, *Le Père Goriot,* 1834). *Johann August Sutter, je ne dirai pas le premier milliardaire américain, mais le premier multimillionnaire des États-Unis, est ruiné par ce coup de pioche* (Blaise Cendrars, *L'Or*, 1925)

MILORD n. m. (de l'angl. *my lord*, « monseigneur », à travers l'ancien gascon ; dès 1480, « homme qui fait étalage de richesse » ; « riche » 1867, Delvau). Pop. Homme riche et élégant (cf. la chanson de Piaf en 1959 : *Milord*, paroles de G. Moustaki) : *Être sapé comme un milord.*

MINABLE adj. et n. (de *miner*, « détruire » ; 1807, Michel). Qui est miné, usé par les privations, la misère, la maladie : *Quand un convalescent bien minable s'apprêtait à quitter le service, M. Potain au moment du départ, lui glissait un billet de cinq cents francs dans la main* (Léon Daudet, *Mémoires,* vers 1900). Syn. *pitoyable.* / N.-B. Aujourd'hui, cet adjectif-nom s'emploie plutôt dans le registre intellectuel, comme le *pauvre type*.

MINCE n. m. (de la minceur du papier employé pour la fabrication ; « assignat », 1794). Vx. Assignat ; billet de banque : *Des minces : on appeloit ainsi vulgairement le* *papier monnoie, connu sous le nom d'assignats, quand il étoit en émission ; c'est maintenant le nom que le peuple donne aux billets de banque* (d'Hautel, 1808).

MINE n. f. (empr. au lat. *mina*, du gr. μνα ; 1564). Autref. Poids de 100 drachmes chez les Grecs, monnaie grecque valant 1/60 de talent, ou 100 drachmes.

MINERVAL n. m. (de *Minerve*, déesse de la sagesse ! 1840, complément au *Dict. de l'Acad. fr.*). Frais de scolarité, dans l'enseignement secondaire ou supérieur, en Belgique (et, anc., en Allemagne et aux Pays-Bas).

MISE n. f. (emplois spécialisés du mot usuel ; sens 1, 1611, Cotgrave ; sens 2 : 1813, Étienne de Jouy, *L'Hermite de la Chaussée d'Antin* ; sens 3 : a) 1957, *Petit Simonin illustré* ; b) 1960, Le Breton ; sens 4 : 1864, L. Grangier). 1. Somme engagée au jeu ou dans une affaire : *Tenez, au casino, quand quelqu'un me fauche ma mise, je ne proteste pas, jamais* (Albert Paraz, *Le Gala des vaches*, 1948). / **Sauver la mise à qqn** (1867, Delvau), lui prêter de l'argent à temps, pour le sortir d'une situation difficile. 2. **Mise de fonds**, investissement, placement. 3. Arg. **Mise en l'air** a) détroussage exécuté soit sur la voie publique par un homme, soit dans une chambre d'hôtel par une femme ; b) action punitive contre un commerçant qui refuse le racket. 4. En Suisse romande, vente aux enchères • DÉR. **miser** v. tr. (sens 1 : « vendre », Gaudy-Lefort, *Glossaire genevois*, 1827 ; « acheter », 1864, Grangier, *Glossaire fribourgeois* ; sens 2 : 1839, Balzac). 1. (En Suisse romande). Vendre ou acheter aux enchères ; enchérir. 2. Mettre une somme d'argent en enjeu, parier : *En temps de paix, les parieurs du dimanche venaient au champ de courses miser sur des chevaux lustrés, pomponnés* (D. de Roulet, *Kamikaze Mozart*, 2007) • **miseur** n. m. (1928, W. Pierrehumbert). En Suisse romande, enchérisseur.

MISÉRABLE n. m. (billet à l'effigie de Hugo ; 1955, Esnault). Vx. Billet de 500 anciens francs. V. *miséreux* • DÉR. **misérablement** adv. Dans une situation de misère : *J'aurai vécu misérablement, j'aurai enduré des souffrances sans nom, mais du moins mes enfants seront riches* (E. Gaboriau, *L'Argent des autres*, 1874).

MISÈRE n. f. (du latin *miseria*, issu de *miser*, « malheureux » ; sens 1, 1re moitié du XIIe s., *Psautier d'Oxford* ; sens 2 : 1835, Balzac). 1. État de grande pauvreté, de grand dénuement : *On a vu des Français à qui on ouvrait la porte de la Bastille aimer mieux y rester que de languir dans la misère et l'abandon* (Condorcet, *Réflexions sur l'esclavage des nègres*, 1781). *À présent ta vie est foutue, / c'est l'dur, la crève ou la misère* (Jehan Rictus, *Le Cœur populaire*, vers 1900). *La misère a cela de bon, qu'elle supprime la crainte des voleurs* (A. Allais, vers 1900). / **Prendre** et **quitter le collier de misère** (1867, Delvau), se mettre au travail ; avoir fini sa journée de travail. 2. Fam. **Une misère**, une somme dérisoire • DÉR. **miséreux, euse** n. (de *misère* ; 1894, Goncourt). Personne qui vit dans une extrême pauvreté. / N. B. L'adjectif **misérable** au sens de « qui est dans la misère, qui manque de ressources » (milieu du XVe s., A. Chartier) est devenu obsolète... : *Les animaux n'ont que des besoins, mais l'homme est misérable par des privations* (Condorcet, *op. cit.*, 1781) • **miséreusement** adv. (1894, Goncourt). Rare. De façon miséreuse.

MISTOUFLE ou **MISTOUILLE** n. f. (resuffixation arg. de *misère* ; 1866, Delvau). Arg. Misère : *Quand t'as bien bouffé du connard / et qu't'as fait l'tour de la mistoufle / ce qui t'reste à fair'c'est du grand art* (Bernard Dimey, *Poèmes voyous*, 1978) • DÉR. **mistouflard, e** adj. et n. (1901, A. Bruant). Syn. arg. de *miséreux*.

MITAINE n. f. **Grinchir à la mitaine** (1836, Vidocq). Arg. anc. Se disait d'une détourneuse, qui volait dans les magasins en cachant dans son soulier des dentelles, qu'elle saisissait avec ses doigts de pied, à travers son bas coupé, appelé mitaine.

MITEUX, EUSE adj. et n. (de *mite*, « chassie » ; 1873, Ch. Cros). Syn. de *gueux, miséreux* : *Un miteux qui aurait bien voulu s'envoyer de belles petites, mais devait se restreindre, question monnaie* (Aragon, *Les Voyageurs de l'impériale*, 1947).

MITRAILLE (altération de l'anc. fr. *mitaille*, « morceau de métal », en 1295, dérivé de *mite,* monnaie de cuivre de Flandre ; 1704, *Dict. de Trévoux*). Petite monnaie : *T'as bu, t'es soûle ! À preuve, tu vois pas c'qu'on t'donne : quoiqu'c'est, de c'te mitraille que j'entrevois là ? – Des pièces six yards* [pour : *liards*] (Henri Monnier, *Scènes populaires*, 1862).

M

MOIS n. m. (métonymie : la durée pour la somme versée ; av. 1614, chez Brantôme, au sens actuel). Salaire correspondant à un mois de travail : *Il tire de sa poche trois billets de cent francs. Il les pose sur la table. – Tout mon mois, dit-il* (Eugène Dabit, *Petit-Louis*, 1930).

MONACO n. m. (allusion à la monnaie frappée au XIXe s. par le Prince Honoré V de Monaco et qui n'eut guère de succès auprès des Français ; 1842, Verat et Eustache). Monnaie sans grande valeur : *Je restais le bras en avant, battant inexorablement, du bout de mon pouce sur le medius, le rappel des monacos* (G. Courteline, *Premières armes*, vers 1890) • VAR. **monac'** (1854, Alyge).

MONARQUE n. m. (emploi métaphorique, pour « louis », en opposition à « napoléon » ; 1827, Demoraine). Arg. anc. Écu de cinq francs.

MONÉTAIRE adj. (emprunt au bas-lat. *monetarius*, Ve s. ; 1596, Charondas). Relatif à la monnaie, à sa fabrication et à sa valeur : *En l'appliquant* [la formule inventée par Taylor], *il est possible de dire immédiatement si la F.E.D., la Banque centrale européenne ou la Banque du Japon mènent une politique monétaire plutôt neutre, accommodante ou restrictive* (P.-A. Delhommais, *Le Monde*, 24 janvier 2010). / **Masse monétaire** (1975, Y. Bernard et J.-C. Colli). Ensemble des créances constituées des disponibilités monétaires et quasi monétaires. / **Système monétaire** (1896, W.-A. Shaw). Ensemble de toutes les monnaies métalliques ayant cours dans un pays • DÉR. **monétarisme** n. m. (1965, Robert). Courant théorique faisant jouer à la monnaie un rôle déterminant dans les fluctuations économiques • **monétariste** (id.) adj. Relatif au monétarisme ; n. adepte du monétarisme • **monétiser** v. tr. (sens 1 : 1874, Larousse ; sens 2 : 1823, Boiste ; sens 3 : 1825, Balzac). 1. Transformer (un métal) en monnaie. 2. Donner la valeur, le cours des monnaies à des effets de papier. 3. Réduire à la seule valeur monétaire • **monétisation** n. f. (sens 1 : 1823, Boiste ; sens 2 : 1846, Proudhon). 1. Action de monétiser (au sens 2). 2. Action de transformer un métal en monnaie.

MONÉTIQUE adj. et n. f. (1983, Robert). Se dit de l'ensemble des techniques modernes (informatique, télématique, etc.) qui permettent d'effectuer toutes les opérations et transactions bancaires, financières et boursières.

MONNAIE n. f. (du lat. *Moneta,* nom du temple qui était dédié à Junon, à Rome, et où l'on fondait la monnaie ; 1170 *monoie*, Chrétien de Troyes). Pièce de métal de titre, forme et poids caractéristiques, frappée sur l'avers et le revers d'une empreinte particulière, et garantie par l'autorité d'émission comme moyen légal d'échange, de paiement et d'épargne : *Il ne lui restait plus rien, pas une pièce d'un franc, pas une pièce de deux sous. Il avait vidé sa monnaie dans les mains des gens à pourboire* (Jules Vallès, *L'Enfant,* 1884). *L'Ordre marchand parle la langue unique de la monnaie. Il s'organise à tout instant en une forme unique, autour d'un seul centre, d'un cœur unique, où se rassemble une classe créative (armateurs, industriels, marchands, techniciens, financiers) caractérisée par son goût pour le neuf et sa passion de la découverte* (Jacques Attali, *Une Brève Histoire de l'avenir,* 2006) • VAR. pop. **monaille** n. f. (1901, A. Bruant), **menouille** (1872, Poulot) et **monouille** n. f. (1894, *Le Père Peinard*) • DÉR. **monnayer** v. tr. Convertir en argent liquide ; tirer un profit pécuniaire de quelque chose : *Il avait trouvé un pantalon en tergal et des chemises. Ce serait facile de monnayer les chemises* (Yves Ravey, *L'Épave,* 2006) • DÉR. **monnayable** adj. (1886, Léon Bloy). Dont on peut tirer une contrepartie, un avantage financier.

M

MONSEIGNEUR n. m. (acception ironique : devant « Monseigneur », toutes les portes s'ouvrent !, 1827, Grandval). Vx. Instrument d'effraction : *Le détenu qui dessinerait sur les murs des représentations de potences, de guillotines, de monseigneurs, de clés, etc., devrait être sévèrement puni* (Vidocq. *Considérations sur les prisons*, 1836). V. *dau(f)fe* • DÉR. **monseigneuriser** v. tr. (1867, Delvau). Crocheter une porte.

MONSIEUR n. m. (de *paumer,* « perdre » ; 1867, Delvau aux sens 1 et 2). Vx. et pop. 1. **Monsieur de la paume**, celui qui perd. 2. **Monsieur Lebon** ou **Lesimple**, celui qui est destiné à perdre. Syn. *dupe, pigeon,* etc.

MONTANT n. m. (du verbe *monter*, « atteindre un certain niveau » ; 1675, Jacques Savary, *Le Parfait négociant*). Somme à laquelle s'élève un compte, une dépense, une recette.

MONT-DE-PIÉTÉ n. m. (calque de l'italien *monte di pietà*, « mont de piété », attesté au sens d'« institution charitable qui prête de l'argent gratuitement ou à des taux modiques, moyennant un gage » ; XVe s.). Établissement de bienfaisance, où on prête pour un certain temps, sur gages, de l'argent à des personnes plus ou moins dans le besoin : *Le bijoutier a la preuve, assure-t-il, qu'en sortant de sa boutique vous êtes allé tout droit au Mont-de-piété engager une montre et une chaîne qu'il venait de vous livrer* (E. Gaboriau, *L'Argent des autres*, 1874). Syn. *crédit municipal, ma tante, pégale*. V. citat. à *prêter* • **Le petit Mont** (1867, Delvau). Vx. Le commissionnaire au mont-de-piété.

MONTE-EN-L'AIR n. m. (du verbe *monter*, de la prép. *en* et du nom *air* ; 1885, Esnault). Pop. et Vx. Cambrioleur qui opérait aux étages : *Gn'en a les z'uns qu'il est banquiers / Et les aut's qu'il est monte-en-l'air* (Jehan Rictus, *Le Cœur populaire*, vers 1900). V. citat. à *dévaliser*.

MONTEUR, EUSE DE COUPS n. (1867, Delvau). Vieilli. Personne qui vit d'expédients et d'escroqueries.

MORLINGUE n. m. (abrègement et altération de *porte-mornif* (1876, Rabasse), *porte-morningue* (1878, Rigaud) ; 1889, A. Bruant). Porte-monnaie ou portefeuille : *J'ai plus qu'la peau dans mon morlingue : / Pas même d'quoi pour deux ronds d'gringue* (Léon de Bercy). / **Congestionné du morlingue**, bien pourvu en argent ; **constipé du morlingue**, avare (1948, Esnault, pour les 2 locutions). / **Avoir des oursins** ou **un hérisson dans le morlingue** (1957, A. Simonin), être très avare. V. *radin*.

MORNIFLE n. f. (sans doute de *bailler mornifle sur les livres du roy,* « faire de la fausse monnaie », 1611, Cotgrave ; *mornifle* vient d'un verbe *mornifler,* gifler le museau, composé de *mor(re)* « museau, groin », et de *nifler,* « donner un coup sur le nez » (1637, Ferrand, *Muse normande*) ; 1821 « monnaie », Ansiaume). Arg. Monnaie, argent monnayé : *T'as des relations, dis donc ! Pfft* [...] *! De temps en temps, j'les tape d'une pièce de mornifle, mais c'est tout* (A. Le Breton, *La Loi des rues,* 1955) • VAR. **morningue** n. f. (1878, Rigaud) • DÉR. **mornifle tarte** n. f. et **mornifleur tarte** n. m. (1836, Vidocq). Arg. anc. Fausse monnaie ; faux monnayeur • **fausse mornifle** n. f. Fausse monnaie : *Où est-ce qu'on allait bondir, Pierrot et moi qui n'y connaissions que t'chi dans la fausse mornifle ?* (A. Simonin, *Le Cave se rebiffe*, 1954) • **mornifler** v. tr. (1926, Esnault). Payer.

MOUISE n. f. (empr. de l'all. dial. du Sud *mues*, « bouillie » ; 1895, Esnault). Misère, pauvreté : *On a sa dignité ! Pas envie de passer pour un mendigot. Je suis sûr qu'ils ne soupçonnent même pas dans quelle mouise je patauge* (Jean-Luc Porquet, *La Débine*, 1987) • DÉR. **mouisard, e** adj. (1901, Esnault). Syn. de *gueux, miséreux.*

MOULIN (idée de la source de profit, en l'occurrence « le blé » ; sens 1 : 1836, Vidocq ; sens 2 : 1935, Simonin & Bazin). Arg. 1. Magasin du receleur. 2. Prostituée qui rapporte : *Dans l'ensemble, les moulins tournent. Même en février 1956, alors qu'un froid polaire plongeait la ville dans une semi-hébétude, ces dames ont artillé tous les après-midi* (A. Nolat, *Les Voyageurs du petit jour*, 2004). V. *meunier.*

MOUSCAILLE n. f. (de l'arg. *mousse*, « excrément », probablement empr. au bret. *mous*, avec un suff. arg. *-caille* ; 1887, Verlaine). Pop. Situation matérielle très difficile : *Madame*

Héronde était honnête, elle, comme pas une. Jamais elle faisait tort d'un centime. Et pourtant dans sa mouscaille ce qu'on lui a confié comme trésors ! (L.-F. Céline, *Mort à crédit*, 1936). Syn. *misère, mouise.*

MOUSSELINE (métaphore du métal facile à travailler ; 1833, Moreau-Christophe). Arg. anc. Pièce d'argent.

MOUSSU, E adj. (de *mousse*, idée de confort ; 1901, A. Bruant). Riche.

MOYENS n. m. pl. (abrègement de *moyens d'existence* ; vers 1500, *Mémoires* de Commynes). Ressources financières : *Il lui restait des petits moyens, mais alors des si minuscules, qu'elle avait à peine pour bouffer et encore pas tous les jours* (L.-F. Céline, *Mort à crédit*, 1936).

NABAB n. m. (mot hindoustani, « vice-roi, gouverneur aux Indes » ; 1836, P. de Kock). Homme extrêmement riche : *La jeune personne aura au moins vingt mille francs de rente : c'est un joli parti, mais ce n'est pas assez pour vous, Delaberge, qui êtes un nabab !... un Crésus !...* (Paul de Kock, *Zizine,* 1836). *Le Nabab*, roman d'Alphonse Daudet (1877). V. *Crésus.*

NAGÉE n. f. (du verbe *nager*, qui semble signifier ici « couler » ! 1990, Nicollier). En Suisse romande, perte financière.

NAP, NAPO OU NAP'S (abrév. de *Napoléon* ; **nap** et **napo** 1887, Esnault ; **nap's** 1909 idem). Arg. Pièce d'or à l'effigie de Napoléon III (notamment la pièce de 20 francs).

NAPOLÉON n. m. (1807, Stendhal). Pièce d'or à l'effigie de Napoléon Ier ou de Napoléon III valant vingt francs de l'époque et encore cotée en Bourse aujourd'hui : *M. DE PONTRESME – Combien ? – M. BARUTIN – Vingt et une fois dix louis. Quatre mille deux cents francs... Quatre billets de mille. Plus dix napoléons* (V. Hugo, *Mille francs de récompense*, 1866). V. *bonaparte.*

NARCODOLLAR n. m. (mot anglais ; 1981, Robert). Nom donné aux profits tirés du trafic international de la drogue.

NÉGOCE n. m. (du lat. *negotium*, « occupation, affaire » ; 1617). Vieilli. Activité plus ou moins importante d'échange ou de commerce : *Ses petites économies lui permettant d'entreprendre le négoce à son propre compte, on l'avait* *vu s'élever au plus haut degré de prospérité sans donner lieu au moindre reproche* (Charles Nodier, *Les Quatre Talismans*, 1838) • **négociant** n. m. (sans doute d'après l'ital. *negoziante,* au sens de « marchand », XIVe s ; sens 1 : depuis le XIVe s. ; sens 2 : emploi emphatique, 1841, Lucas ; sens 3 : 1867, Delvau). 1. Personne qui se livre à une activité commerciale relativement importante. 2. Arg. Riche protecteur. 3. Homme riche, à son aise.

NERF n. m. (du normand *neir,* « noir », selon Esnault ; 1878, Rigaud). Arg. Sou, argent monnayé (surtout dans un contexte négatif). / Fam. **Le nerf de la guerre** (d'abord chez Rabelais, *les nerfs des batailles,* dans *Gargantua*, 1534 ; puis *le nerf de la guerre*, 26 octobre 1688, Marquise de Sévigné, citée par Littré). L'argent (nécessaire à une entreprise) : *Les gars n'avaient pas encore reçu le fameux nerf de la guerre. Ça va les rebecter* (Léo Malet, *Trilogie noire*, 1948). *L'argent, c'est le nerf de la guerre pour les militaires de haut rang, mais la nervure de la guéguerre pour les économiquement faibles.*

NET adj. et adv. (emploi spécialisé de l'adjectif net, « pur, non altéré » ; avant 1483, *Lettres* de Louis XI). Toutes charges et taxes déduites. Contr. *brut.* V. citat. de Voltaire à *écu.*

NETTOYER v. tr. (emploi expressif du verbe usuel ; 1841, Esnault). Pop. Dévaliser ou dépouiller complètement : *Nettoyer un bocard.* Syn. *lessiver, rincer.*

NIB DE PÈZE ou **DE MONNAIE** loc. (probablement de *nibergue*, du fourbesque *niberta*, argot italien ; milieu du XIXe s.). Pop. Pas un sou : *La vie est une question de cadre. Autre chose est de la juger le dos au feu et le ventre à table, autre chose est de l'envisager avec, sur soi, nib de monnaie* (G. Courteline, *La Pipe*, vers 1890).

NICHE FISCALE n. f. (du sens de « refuge confortable » ; 2008). Mesure astucieuse (ou lacune dans le droit) qui permet de minorer l'impôt du contribuable trop bourré de fric pour être taxé proportionnellement, dans le cadre du régime général : *La commission des finances de l'Assemblée s'inquiète d'autant plus de cette évolution que les seules niches fiscales priveront l'État de 75 milliards de recettes en 2010* (Claire Guélaud, *Le Monde*, 7 février 2010). Et ça rime : *Allez, les riches, à la niche ! — Ouah ! ouah ! sur l'heure, Monsieur le Percepteur !...*

NICKEL n. m. (métonymie de la matière pour l'objet ; 1895, Paul Bourget). Aux U.S.A. et au Canada, pièce de cinq cents faite d'un alliage de nickel.

NIVEAU DE VIE n. m. (altération pop. du lat. class. *libella*, « instrument servant à niveler, niveau » ; vers 1955). Ensemble des biens et des services (tant matériels qu'intellectuels) qu'un individu, un ménage ou un groupe social peut se procurer avec le revenu dont il dispose : *Au rythme actuel d'évolution, dans dix ans, alors que l'Empire américain sera à son apogée, le niveau de vie des Français ne sera plus que de 60 % de celui des Américains* (Jacques Attali, *Une Brève Histoire de l'avenir*, 2006). V. l'article *eau*, où la notion de « niveau » s'applique très concrètement à la possession des biens...

NIXCO interj. (de l'alsacien *nix*, issu de l'all. *nichts*, « rien » ; 1835, Raspail). Arg. anc. Rien du tout ! • VAR. **nisco** (1844, *Dictionnaire complet*). **Nisco braisicoto !** (1867, Delvau). Pas d'argent !

NON-VALEUR n. f. V. *valeur*.

NONNE ou **NONNEUR** n. m. (origine obscure ; 1815, chanson de Winter). Arg. anc. Complice du voleur à la tire : *Le nonneur est, en quelque sorte, le valet du tireur ; sa besogne* *consiste à observer et presser la personne qui doit être volée, à recevoir à propos la montre ou la bourse* (Vidocq, *Les Voleurs*, 1836).

NOTE n. f. (empr. au lat. *nota* « signe, marque » ; seconde moitié du XIIIe s., *Dit des Avocats*). Facture, somme à payer : *Dix francs, fichtre ! J'entrevis la note montant à un louis, ma mère les appelant voleurs* (Jules Vallès, *L'Enfant*, 1884). V. citat. à *écot* et *régler*.

NOUGAT n. m. (métaphore de la denrée appréciée ; 1960, Esnault). Part de butin.

NOURRIR v. tr. (c'est rassembler les informations utiles pour préparer un vol ; 1797, bandits d'Orgères). Arg. anc. Monter soigneusement un vol. **Nourrir le poupard**, même sens : *Il n'a qu'à se trouver demain (c'était ce matin) à la barrière de Bercy, au « Panier fleuri », et là il verrait celui qui a nourri le poupard* (E. Sue, *Les Mystères de Paris*, 1842) • DÉR. **nourrisseur** n. m. (sens 1 : 1829, Vidocq ; sens 2 : 1883, Fustier). Arg. anc. 1. Celui qui procède aux recherches préliminaires à un « coup ». 2. Voleur qui dévalise les appartements en l'absence des maîtres • **nourrissage** n. m. (1927, Locard). Préparation d'un vol.

NOYAUX n. m. pl. (d'un ancien jeu des noyaux, colorés en blanc et en noir, pile et face ; 1747, langage poissard, Esnault). Vx. Argent, monnaie. / **Noyaux du Mexique** (1866, Villars), louis d'or.

NUMÉRAIRE n. m. (« espèces courantes en or et en argent qui circulent dans un État » ; 1720, John Law). Argent monnayé ayant valeur légale, par opposition à la monnaie scripturale (qui ne repose que sur l'écriture).

OBLIGATION n. f. (emploi spécialisé du mot usuel ; 1370-1372, Oresme, « dette de reconnaissance »). Titre négociable (nominatif ou au porteur) remis par une société ou une collectivité publique à ceux qui lui prêtent des capitaux : *Les* sociétés anonymes, *fondées d'abord par des actionnaires, s'étendent le plus souvent par des emprunts, c'est-à-dire en créant des obligations* (J. Jaurès, *Études socialistes,* 1901). *Voilà des papiers, des obligations anglaises. Des billets ! On comptera ça chez nous !* (Tristan Bernard, *Amants et voleurs,* 1905). V. citat. à *caisse* • DÉR. **obligataire** adj. (*emprunt obligataire*, 1947, Villemer). Qui se rapporte aux obligations, ou consiste en obligations : *Quelque 2,8 milliards d'euros ont été empruntés depuis le début de l'année sur le marché obligataire par des entreprises non financières* (I. Ehrhart, *Le Monde*, 24 janvier 2010).

OBOLE n. f. (du lat. *obolus*, emprunt au grec οβολοσ, monnaie athénienne valant 1/6 de la drachme ; 1262, Étienne Boileau). Anc. Petite pièce de monnaie française du Moyen Âge valant un demi-denier ; auj. don, présent de très faible valeur (1845, Louis Blanc) : *On vend d'l'amour pour eune obole, / À Batignolles* (A. Bruant, 1884).

OCTROI n. m. (du verbe *octroyer*, réfection de l'anc. fr. *otreier,* « louer, engager, garantir », issu du lat. *auctorare*, de même sens, vers 1100, *Chanson de Roland* ; *denier d'octroy*, 1611, Cotgrave). Taxe que certaines municipalités, pour subvenir aux dépenses communales (jusqu'en 1948), étaient autorisées à établir et percevoir sur certaines marchandises de consommation locale à leur entrée dans la ville.

ŒIL n. m. (emplois spécialisés). **À l'œil** loc. 1. Fam. Gratuitement (1827, *Un Monsieur comme il faut*). 2. Vx. À crédit (1829, Vidocq) : *Au fond de vagues brasseries/Ils ont bu tout le soir à l'œil* (Jean Richepin, *La Chanson des gueux,* 1876) • **Œil de crapaud, de perdrix** (métaphore approximative ;... *de crapaud*, 1840, Esnault ;... *de perdrix*, 1847, *Dictionnaire nain*). n. m. Louis d'or ; **œil de bœuf** n. m. (métaphore de la rondeur ; 1866, Delvau). Écu de cinq francs.

ŒUF SUR LE PLAT n. m. (image de deux ronds concentriques ; 1878, Rigaud). Pop. et Vx. Somme de 25 francs, se présentant sous la forme d'un louis d'or (le jaune) et d'une pièce d'argent de 5 francs (le blanc).

OFFRE PUBLIQUE D'ACHAT (O.P.A.) n. f. (vers 1965, Robert). Procédure (hostile ou non) consistant à tenter d'acquérir de façon transparente les parts d'une société cotée en Bourse : *Le groupe américain Honeywell, spécialiste des automatismes et équipements aéronautiques, a annoncé, mercredi 18 mai, son intention de lancer une offre publique d'achat (OPA) amicale sur le fabricant français de masques, gants, harnais et lunettes de sécurité Sperian Protection (Le Monde,* 21 mai 2010) • **offre publique d'échange (O.P.E.)** (1979, selon le TLF). n. f. Procédure voisine, selon laquelle les actions de la société visée seraient échangées contre des titres de la société initiatrice • DÉR. **opéable** adj. (vers 1970, Robert). Se dit d'une société susceptible d'être ainsi phagocytée. V. *raider.*

OGRE n. m. (métaphore de « celui qui amasse et dévore » ; 1836, Vidocq). Arg. anc. Usurier, receleur.

ONCE n. f. (du lat. *uncia*, « la douzième partie d'un tout, douzième de la livre [monnaie] »). Vx. Monnaie d'or de valeur variable, ayant eu cours notamment en Espagne et en Amérique latine : *Ruez-vous sur l'or, car la fête de l'once ne devrait pas se prolonger au-delà de cette année. C'est Philip Klapwijk, le président du cabinet GMFS réputé pour le sérieux de ses études sur les métaux précieux, qui l'a dit, mercredi 13 janvier à Londres* (Alain Faujas, *Le Monde*, 17 janvier 2010).

ONCLE n. m. (traduction de l'ital. *zio*, au sens de « prêteur sur gages » ; 1642, Belgique, selon Esnault). Vx. Usurier : *Florine connaissait l'*oncle *de Raoul. Ce mot symbolisait l'usure, comme, dans la langue populaire,* ma tante *signifie le prêt sur gages* (Balzac, *Une Fille d'Ève,* 1839). V. *tante (ma -).*

ONÉREUX, EUSE adj. (du lat. *onerosus*, « pesant, lourd » au propre et au fig. ; 1694, *Dict. de l'Acad. fr.*, mais déjà *à titre onéreux*, 1611, Cotgrave). Qui occasionne des dépenses élevées, des frais importants : *N'envions point à une sorte de gens leurs grandes richesses* ; *ils les ont à titre onéreux, et qui ne nous accommoderaient point* (La Bruyère, *Les Caractères*, 1688).

ONGUENT n. m. (« ce qui guérit (presque) tout » ; 1867, Delvau). Vx. Argent.

OPÉRER v. tr. (emploi imagé du verbe usuel ; à rapprocher de *douloureuse* ; vers 1870, Esnault). Arg. Escroquer, dépouiller.

OR n. m. (du lat. *aurum*, désignant déjà la matière, la monnaie et la richesse ; vers 881, *Cantique de sainte Eulalie*). Le métal précieux par excellence, symbole de la richesse, et longtemps une forte valeur boursière, la « valeur refuge »

O

(Mirabeau, selon Delvau, l'appelait la **boue jaune** !) : *Elle m'a montré de l'*or ; *c'est une pièce de vingt sous. Oh ! pourquoi me donner la soif des richesses ?* (Jules Vallès, *L'Enfant*, 1884). *Dire d'une personne qu'elle a un cœur d'or, ce n'est pas dire qu'elle a le cœur tendre, l'or étant un métal fort dur* (A. Allais, vers 1900). V. citat. à *surenchère.* / **Chercheur d'or** n. m. (1865, Taine). Victime de la fièvre de l'or, en Amérique, à partir de 1848 : *La plupart des chercheurs d'or traversaient l'isthme. Un véritable torrent humain remontait le Gulf Stream, battait les plages de Cuba et de Haïti* (Blaise Cendrars, *L'Or*, 1925). / **Être cousu d'or** (image en général très exagérée). Être extrêmement riche : *Son voisin, au contraire, étant tout cousu d'or, / Chantait peu, dormait moins encore* (La Fontaine, *Le Savetier et le Financier*, 1678). / **La poule aux œufs d'or** (1817, Mme de Staël, mais déjà en 1767 *tuer la poule aux œufs d'or*, Du Pont de Nemours, allusion à La Fontaine, *Fables,* V, 13 : *La Poule aux œufs d'or*, 1668), source de profits à venir, qu'il faut se garder de tarir ! : *Lorsqu'on lui eut dit que cela ne valait pas le diable en bonne monnaie, sa figure déjà bien longue s'allongea encore, il se mit à pleurer sa poule aux œufs d'or* (Henri Bouchot, *La Franche-Comté*, 1890. • **faire de l'or** ou **chier de l'or** (1867, Delvau). Arg. Gagner beaucoup d'argent • PROV. **Tout ce qui brille n'est pas or** : certes, mais signalons que l'or bien astiqué peut parfois avoir été trop poli pour être honnête ! • **De l'or en barre** (1807, Paul-Louis Courier, *Lettres*), se dit de qqch. de très précieux : *Une tutelle pareille, ai-je entendu dire à l'enterrement de ma mère, ça vaut de l'or en barre* ; *le petit s'en apercevra plus tard* (Georges Darien, *Le Voleur*, 1897) • VAR. **Orient** n. m. : *Il y avait pourtant de belles foufières, des coucous, des brides d'Orient* (Vidocq, *Mémoires*, 1828) • **roro** n. m. (verlan dupliqué de *or* ; 2007, *Lexik des cités*) : *Lui, c'est un 100 % roro, que ce soit bague, montre, gourmette* • DÉR. **or-dur** n. m. (jeu de mots ; 1867, Delvau). Vx. Cuivre • **aurifère** adj. Qui contient ou fournit de l'or : *Ses* *échantillons* [...] *de sable aurifère, de pierres précieuses, de minerais de toutes sortes forment un tas de cendres chaudes* (Blaise Cendrars, *L'Or*, 1925).

ORFROI n. m. (du lat. médiéval *aurum phrygium*, « or de Phrygie », les ouvrages de ce pays étant très réputés jadis ; vers 1160, *Eneas*). Étoffe tissée d'or employée dans la confection de certains vêtements, chapes, chasubles ou ornements liturgiques, ou broderie en fils ou en lamelles d'or, d'argent ou de soie, appliquée au Moyen Âge sur des vêtements de seigneurs ou de riches personnages et, encore aujourd'hui sur des chapes, chasubles ou ornements liturgiques.

ORPAILLEUR n. m. (croisement de *or* et de *harpailler*, « malmener », 1611, Cotgrave). Personne qui cherche à extraire, par des lavages successifs, les paillettes d'or provenant du sable de certains cours d'eau ou des alluvions aurifères : *Ceux qui sont arrivés trop tard pour trouver un emplacement d'orpailleur, un « placer », se transforment en commerçants, spéculent sur les produits de première nécessité et réalisent des fortunes rapides* (Pierre Gascar, *L'Or*, 1967). Syn. *chercheur d'or.*

OS n. m. (1851, Esnault). Pop. et Vx. Argent : *L'soir on rencontr'plus d'une fripouille, / Extra muros, / Qui vous assomme et vous dépouille / De votre pauvre os* (Victor Meusy, vers 1890). / **Avoir (de) l'os**, avoir de l'argent, des ressources • DÉR. **désossé** adj. m. (1881, Esnault). Ruiné.

OSEILLE n. f. (origine obscure ; 1875, Rabasse). Arg. Argent : *Tu dis donc qu'il t'faut de l'oseille... – Dis donc, est-il frusqué un peu chouettement ? – Ah ! mon vieux, des diamants à sa limace et du jonc plein ses poches !* (Oscar Méténier, 1885).

OSIER n. m. (dérivé de *os* ou jeu de mots sur *jonc* ; 1935, Simonin & Bazin). Arg. Argent : *Balancer son osier à des nanas qui friment... / Dev'nir Monsieur Ducon, ça m'a jamais tenté* (Bernard Dimey, *Poèmes voyous*, 1978).

OUISTITI n. m. (p.-ê. déformation du pop. *truc à la ouis-pince* ; 1908, rat d'hôtel, Léautaud). Pince à deux mors filetés, qui permet, depuis l'extérieur, de faire tourner une clé restée dans la serrure.

OUVRAGE n. m. (euphémisme ; 1797, bandits d'Orgères). Arg. anc. Action délictueuse • DÉR. **ouvrier, ère** n. (1828, Vidocq). Voleur, euse : *Quelques mots d'argot, lâchés par intervalles, ne tardèrent pas à m'apprendre que tous les membres de cette aimable compagnie étaient des* ouvriers *(voleurs)* (Vidocq, *Mémoires*, 1828).

PACTOLE n. m. (du nom d'une rivière de Lydie, affluent de la Grèce ancienne qui, selon la légende, roulait des sables d'or ; 1800, abbé Delille). Source abondante de profit : *L'Amour c'est un pactole mais faut savoir le faire* (Bernard Dimey, *Poèmes voyous*, 1978). V. citat. à *rouble*.

PAIRE DE CYMBALES n. f. (jeu de mot sur *cinq balles* ; 1867, Delvau). Arg. anc. Pièce de dix francs.

PALET n. m. (analogie de forme ; 1883, Fustier). Vx. Pièce de 5 francs. • VAR. **palard** (1926, Esnault) et **palarin** (1928, id.).

PALPER v. tr. (1763, Mme de Belot, citée par Féraud). Fam. Toucher (de l'argent) : *Je serai bien contente de farfouiller dans le butin ou de palper l'osier demain matin* (Albertine Sarrazin, *La Traversière*, 1966).

PANADE n. f. (d'abord « chose de peu de valeur », 1836, Vidocq ; sens actuel, 1878, Rigaud). Fam. Misère : *Je me suis mise dans la panade pour l'aider* (M.-F. Goron, *Mémoires*, vers 1890).

PANIER PERCÉ n. m. (image pittoresque du récipient qui laisse filer ce qu'il contient ; 1694, *Dict. de l'Acad. fr.*, mais dès 1640, *sot comme un panier percé*, Oudin). Fam. Personne qui dépense à tort et à travers : *Ils étaient des « paniers percés ». À force de pas payer leur terme, il a fallu qu'ils décampent* (L.-F. Céline, *Mort à crédit*, 1936). Syn. *prodigue, gaspilleur*.

PANNE n. f. (*pane*, « misère » (Savoie) ; 1810, Esnault). Vx. Misère : *Lantier flairait la panne ; ça l'exaspérait de sentir la maison déjà mangée* (E. Zola, *L'Assommoir*, 1877) • DÉR. **panouille** n. f. (1899, Nouguier). Même sens • **pan(n)é,** e adj. et n. (1828, Vidocq). Vx. Qui est démuni, qui vit dans la misère : *Je puis te faire gagner quelque chose. – Ça ne serait pas sans faute, car je suis panné, Dieu merci !* (Vidocq, Mémoires, 1829). *Elle bâille, elle écrit ses lettres, elle a refusé de boire avec ces deux pannés* (Jean Lorrain, *La Maison Philibert*, 1904). • **pannezard** adj. m. (1821, Ansiaume). Même sens • **panouillard** n. m. (1899, Nouguier). Syn. de *miséreux*.

PANNER v. tr. (de *pane*, chiffon à nettoyer ; 1867, Delvau). Arg. anc. Gagner au jeu.

PANTE ou **PANTRE** n. m. (d'abord « paysan » (1821, Ansiaume), puis « dupe » ; 1833, Esnault). Vx. Homme facile à duper. Syn. *cave* • DÉR. **pantriot** n. m. (1872, Esnault). La victime, celui qui paie.

PAPIER-MONNAIE n. m. (calque de l'angl. *paper-money*, 1691 ; on a traduit par *argent en papier*, en 1701-1702, puis par *papier* en 1719, selon Brunot ; 1720, La Haye). Monnaie fiduciaire non convertible en métal précieux. / **Papier Joseph** (du prénom de l'inventeur de ce papier mince, Joseph Montgolfier, directeur de papeteries à Annonay, au début du XVIIIe s., père de l'inventeur de l'aérostat ; 1756, *Encyclopédie*). Vx. Billet de banque : *Un garçon de banque qui lui apportait cinquante mille francs en papier joseph* (Dumas père, *Villefort*, 1851). / **Papier de soie** (1867, Delvau). Même sens.

PAPILLONNER v. tr. (de *papillon*, voiture de blanchisseur, couverte d'une bâche blanche ; 1836, Vidocq). Arg. anc. Voler du linge au blanchisseur • **papillonneur** n. m. (id.). Voleur de linge : *Communiquez-moi le dossier de ces filous* *dits* papillonneurs, *jetant leur dévolu sur les voitures de blanchisseurs* (G. Macé, *Mon Musée criminel,* 1890).

PAPILLOTE n. f. (emploi métaphorique du mot usuel ; sens 1 : 1899, Nouguier ; sens 2 : 1911, Esnault). Vx. 1. Billet à ordre qui restera impayé. 2. Pièces de monnaie enveloppées de papier.

PARACHUTE DORÉ n. m. (adapt. de l'anglais *golden handshake* ; 2002). Prime ou indemnité de départ prenant la forme d'une clause contractuelle très avantageuse entre un dirigeant d'une société anonyme et l'entreprise qui l'emploie : *Axel Miller, le patron de Dexia, a renoncé à ses indemnités de départ à la demande de la ministre de l'Economie Christine Lagarde qui a conditionné la recapitalisation de la banque franco-belge à l'abandon de ce parachute doré* (*L'Humanité*, 1er octobre 2008). *L'ancien patron de Vinci n'avait touché que des cacahuètes en récompense de ses immenses talents : une augmentation de salaire de 2,9 à 4,2 millions entre 2003 et 2005, un parachute doré de 12,6 millions, une retraite-chapeau complémentaire de 2,1 millions et quelques millions de plus-value de stock-options* (Robert Solé, *Le Monde*, 28 mars 2010) • Var. **parachute en or**.

PARADIS FISCAL n. m. (*Instruction au Ministère des finances* du 18 mai 1973). Pays appliquant un régime fiscal dérogatoire tel qu'il conduit à un niveau d'imposition anormalement bas pour certains contribuables : *La France est intraitable avec les paradis fiscaux. La preuve, elle vient de publier une infamante « liste noire » des pays « fiscalement non coopératifs ». Impressionnant. Sauf que…* (J.-F. Julliard, *Le Canard enchaîné*, 17 février 2010). *Hormis la mise sous surveillance des paradis fiscaux et l'encadrement – relatif – des bonus des banquiers, rien n'a abouti* (Éditorial du *Monde*, 2 avril 2010). Autre définition « financièrement correcte » : « pays à régime fiscal privilégié ».

PARIER v. tr. (réfection du lat. *pariare*, « rendre égal » et « être égal, aller de pair » ; 1549, R. Estienne). Engager (une somme) dans un pari, soutenir un pari • DÉR. **pari** n. m. (1688, Richelet). Jeu d'argent où le gain dépend de l'issue d'un autre jeu, d'une épreuve, d'une compétition sportive à propos de laquelle on a misé une certaine somme. / **Pari mutuel** (1907, Alain-Fournier, *Correspondance*), pari organisé par un groupement officiel qui répartit le montant total des enjeux entre les différents gagnants : *Des adversaires résolus de l'introduction du pari mutuel en Angleterre ont avancé encore que son fonctionnement était nuisible aux chevaux qui devaient parfois attendre une demi-heure* (Adolphe de Neuter, *La Casaque rose*, 1925) • **parieur, euse** n. (1640, Oudin). Personne qui parie, qui aime parier,

PARISIS adj. invar. (du lat. *parisiensis*, « parisien » ; 1370, *Ordonnance des rois de France*). Se disait au Moyen Âge d'une monnaie frappée à Paris et valant un quart de plus que l'unité équivalente frappée à Tours : *Sol, denier, livre parisis*. V. *tournois*.

PARTAGEUSE n. f. (1867, Delvau). Vx. Femme entretenue qui se contente (au mieux) de la moitié de la fortune de l'homme qui l'entretient.

PARTAGEUX n. m. (de *partager* ; 1848, Dauzat). Désignation péjorative par les possédants à l'égard des révolutionnaires partisans de la redistribution des richesses et de l'égalité absolue des biens.

PASCAL n. m. (à l'effigie du savant Blaise Pascal ; 1973, Risser). Billet de 500 nouveaux francs.

PASSE n. f. (du verbe *passer* ; sens 1 : 1690, Furetière ; sens 2 : *être dans une belle passe*, 1704, *Dict. de Trévoux*). 1.

Série de coups heureux (au jeu), de victoires : *Réussir une passe de trois.* 2. Situation bonne ou mauvaise : *Être dans une bonne ou une mauvaise passe.*

PASSIF n. m. (1775, Beaumarchais). Ensemble des dettes et des charges qui grèvent un patrimoine ou une entreprise. Contr. *actif.*

PASTILLE n. f. (pièce « de petite taille » ; 1875, Cavaillé, in Larchey). Vx. Pièce de 0,50 franc.

PATARD n. m. (emprunt à l'espagnol *pataca*, par le provençal ; sens 1 : 1429, *Lettre du roi aux gouverneurs* ; sens 2 : XVe s. ; sens 3 : 1848, Chateaubriand ; sens 4 : 1879, Huysmans). 1. Ancienne monnaie d'argent de billon, de faible valeur, frappée depuis le XVe s. aux Pays-Bas, en Belgique et dans le nord de la France. 2. Monnaie des papes d'Avignon, valant un double ; ancienne monnaie de faible valeur en Provence, à partir de Louis XI. 3. Vx. Gros sou double, pièce de deux sous. Syn. *décime.* 4. Vx. Sou, centime, menue monnaie.

PATENTE n. f. (abrév. de *lettre patente,* empr. à l'angl. *patent* attesté dans ce sens dès 1615 ; sens 1 : 1736, Aubin ; sens 2 : 1791, *Dict. de la Constitution,* dans Frey). 1. Document officiel délivré par les ports constatant l'état sanitaire d'un navire en partance et du port de provenance : *Je me précipite sur mon coffre, et j'en extrais la fameuse patente que ce brave gouverneur m'a fait délivrer pour me jouer un bon tour* (Henri de Monfreid, *Les Secrets de la mer Rouge*, 1932). 2. Impôt direct annuel, au profit des départements et des communes, payé par les commerçants, les industriels et certaines professions libérales, remplacé en 1975 par la taxe professionnelle, supprimée à son tour en 2010.

PATRIMOINE n. m. (du lat. *patrimonium*, « bien de famille » ; vers 1150, *Roman de Thèbes*). Ensemble des biens et des obligations d'une personne (physique ou morale) ou d'un groupe de personnes, appréciables en argent, et dont font partie les actifs (valeurs, créances) et les passifs (dettes, engagements), transmissibles aux descendants sous certaines conditions : *En 2007, il* [René Dosière] *a publié sur son blog sa déclaration de patrimoine* (Sylvie Caster, revue *XXI* n° 8, automne 2009). En 1966, Hervé Bazin a inventé le « pendant féministe » de ce substantif institutionnel, avec son roman intitulé *Le Matrimoine*.

PAUMER v. tr. (de *paume* ; 1844, *Dict. complet*). Perdre (de l'argent) • DÉR. anc. **paumaquer** (1901, Bruant) et **pomaquer** (1856, chanson, Esnault) v. tr. Même sens • **repaumer** v. tr. (1836, Vidocq). Arg. anc. Reprendre.

PAUVRE adj. et n. (du lat. *pauper*, de même sens ; 1546, Rabelais). Dont les ressources sont insuffisantes, qui possède à peine le strict nécessaire pour subvenir à ses besoins, qui a très peu d'argent : *Je n'aimais que ces gens-là, parce que, seuls, les pauvres avaient été bons pour moi, quand j'étais petit* (Jules Vallès, *L'Enfant*, 1884). *Vous laisseriez Joyce épouser ce garçon aussi pauvre qu'un rat d'église ?* (I. Némirovsky, *David Golder*, 1929). V. citat. à *acquisition.* / **Nouveaux pauvres** (octobre 1984, *Nouvel Observateur* et *Femmes d'aujourd'hui*), catégorie de personnes tombées brusquement d'une situation moyenne dans la misère : *Ce « nouveau pauvre » typique, dont on nous a si souvent brossé le portrait, le cadre moyen en costume-cravate qui s'est retrouvé du jour au lendemain sur le trottoir, existe-t-il vraiment* ? (Jean-Luc Porquet, *La Débine*, 1987) • DÉR. **pauvrard** adj. et n. (1867, Delvau). Extrêmement pauvre (rare) • **pauvresse** n. f. (1785, Sade). Vieilli. Femme qui vit dans une grande misère : *Annie – c'est le nom de la pauvresse – était à cette époque en service chez* *un clergyman réputé pour son ardeur philanthropique* (Georges Darien, *Le Voleur*, 1897) • DÉR. **pauvreté** n. f. (vers 1140, *povertez*, Geoffroy Gaimar). Condition d'une personne qui manque des ressources nécessaires pour mener une vie décente : *Le vœu de pauvreté condamne les palais, comme le vœu d'humilité contredit l'orgueil* (Voltaire, *L'Homme aux quarante écus*, 1768). *La tâche auguste du juge est d'assurer à chacun ce qui lui revient, au riche sa richesse et au pauvre sa pauvreté* (A. France, *Crainquebille*, 1904).

PAVÉ n. m. (analogie de volume ; 1977, Caradec). Arg. Somme de 10 000 nouveaux francs.

PAYANT n. m. **Cochon de payant** (1939, C. Vautel), désignation ironique du contribuable, de l'individu taxé de mille façons : *M. Plouvier s'exclama : – Cochons de payants ! Braves, gentils, pauvres cochons de payants !* (Clément Vautel, *Le Fou de l'Élysée*, 1939).

PAYER v. tr. et intr. (sens 1 : 1170, Chrétien de Troyes ; sens 2 : 1180, Marie de France). 1. Donner une somme pour un achat : *Vous n'voulez pas payer, n'est-ce pas ? Eh ben, nous allons voir. – Non, sûr que nous ne paierons pas. C'est une injustice. Douze francs !* (Henri Monnier, *Scènes populaires*, 1835). *À ta santé ! j'paye un litron* (A. Bruant, 1895). 2. Verser une paye, un salaire à qqn : *Mais l'ouvrièr'gagn'pas son pain ; / quoi qu'a fasse, alle est mal payée / a n'fait mêm'pas pour son loyer* (Jehan Rictus, *Le Cœur populaire*, vers 1900) • v. intr. (1875, « donner du profit », L. Simonin, *Revue des Deux-Mondes*, cité par Littré). Pop. Rapporter : *Le blé ça paye pas… Ça a eu payé ! Mais ça paye plus… Ça paye, oui, si on veut, ça paye, la semence quoi ! J'suis qu'un pauvre paysan* (F. Raynaud, vers 1960) • **se payer** v. pron. S'offrir (quelque chose d'agréable, de désiré) : *Il faut profiter de l'existence*

P

tant qu'on a la santé et les moyens. Maintenant, vous allez pouvoir vous payer des voyages ! (Jean L'Hôte, *La Communale*, 1957). *Avec l'argent de l'Allemand, peut-être, il se paierait cette voiture de collection* (Yves Ravey, *L'Épave*, 2006). • DÉR. **paiement** ou (vx) **payement** n. m. (1165, *paiement*, Guillaume d'Angleterre). Somme versée pour un achat ou en échange d'un service : *Cet achat et le paiement de ces droits ont absorbé la plus grande partie de mon bénéfice sur les perles* (Henri de Monfreid, *Les Secrets de la mer Rouge*, 1932) • **non-paiement** n. m. (dès 1493, *Ordonnances des rois de France*). Le fait de ne pas payer : *Le non-paiement du loyer est pourtant le pire désordre* (Clément Vautel, *Le Fou de l'Élysée*, 1939) • **paye** ou **paie** n. f. (du verbe *payer* ; 1227, Guillaume le Clerc ; N. B. L'orth. avec *i* l'emporte aujourd'hui sur celle avec *y*, mais curieusement la prononciation est généralement [pɛj] dans les deux cas, comme dans le mot *veille* ; à l'inverse, on dit toujours [pɛmã] et non *[pɛjmã] ! une bizarrerie du français...). Rétribution versée aux militaires et aux ouvriers ; salaire versé à intervalles réguliers à tout employé accomplissant régulièrement un travail : *Le fourgon spécial apportant la paye des ouvriers des usines Folk, estimée à cinq millions, a été attaqué à proximité de l'usine par quatre hommes* (Léo Malet, *Trilogie noire*, 1948). *Leurs salaires* [des ouvriers] *devraient être établis de façon qu'ils puissent s'offrir un peu de superflu et non pas, comme en ce moment, crever la faim avec leurs paies* (A. Le Breton, *La Loi des rues*, 1955). *Ils* [les sans-papiers] *ont des fiches de paye, sont inscrits à l'Urssaf et règlent leurs loyers* (Catherine Simon, *Le Monde*, 28 février 2010). Syn. *traitement.* / **Une bonne paie** (*de bonnes payes,* 1856, Baudelaire). Vx. Personne qui honore sa parole, sa signature. / **Une mauvaise paie** (1640, Oudin), un débiteur insolvable ou de mauvaise foi.

PAYS DES FOURRURES n. m. (ils étaient fourrés d'astrakan ou de loutre ! 1882, J. Claretie, dans *Le Temps*, cité par Fustier). Vx. Ensemble des spéculateurs de la Bourse de Paris.

PÉCULE n. m. (emprunt au lat. *peculium*, « petit bien amassé par l'esclave » ; 1611, Cotgrave). Somme d'argent généralement peu importante, et économisée petit à petit par une personne dépendante d'une autre personne : *Si l'esclave eût été libre, et né de parents libres, il eût pu épargner ou hériter un pécule suffisant pour subvenir à ses besoins* (Condorcet, *Réflexions sur l'esclavage des nègres*, 1781). *Le pécule à Grand-mère... ça y est !... on l'avait à moitié flambé !...* (L.-F. Céline, *Mort à crédit*, 1936). Syn. *magot.*

PÉCUNE n. f. (emprunt au lat. *pecunia*, « avoir en bétail », d'où « fortune qui résulte du bétail », de *pecus*, « bétail » ; 1re moitié du XIIe s., *Psautier de Cambridge*). Vieilli. Argent comptant. / N. B. Ne pas confondre avec **pécule**, qui est masculin. V. le précédent • DÉR. **pécuniaire** adj. (emprunt au latin *pecuniarius*, « relatif à l'argent » ; 1308). Qui concerne les ressources en argent, la fortune. / N. B. Attention, l'adjectif **pécunier* n'existe pas ! • **pécunieux, euse** adj. (emprunt au latin *pecuniosus*, de même sens ; 1370). Fam. Qui a beaucoup d'argent. Syn. *fortuné, riche.* Contr. *impécunieux.*

P

PÉGAL(E) n. m. (var. de *pagaille,* selon Sainéan ; 1878, Rigaud). Pop. Mont-de-piété : *Ton Rouquin c'est une bordille. Son chalumeau, il ferait mieux de le porter au pégale* (Alphonse Boudard, *La Métamorphose des cloportes*, 1962).

PÈGRE n. m. (origine incertaine, p.-ê. de *pega, pego* « poix, glu », du lat. *picare*, « poisser » ; *paigres*, 1797, S. Mercier). Arg. anc. Voleur : *Un jour à la Croix-Rouge, / Nous étions dix à douze, / Tous pègres de renom* (Chanson morale [sic], in Vidocq, 1836). / Péj. **Pègre à marteau** (1829, *Mémoires d'un forban),* voleur de petite envergure, qui agit sur des coups de tête. / **Pègre de la Haute** (1821, Ansiaume). Filou de haut vol • n. f. Milieu des voleurs. / **La Haute Pègre** (1828, Vidocq), association de voleurs « de haut vol » : *Gay, Mouton, lieutenant dans la garde nationale, et Durand, dit le Turc, bijoutier rue Saint-Sauveur, s'étaient mis de la partie, ainsi que plusieurs grinches de la haute pègre, qu'on avait amicalement prévenus de venir prendre part à la curée* (Vidocq, *Mémoires*, 1828). / **La Basse pègre** (1854, Esnault), les voleurs de petite catégorie • DÉR. **pégrer** v. intr. (1867, Delvau). Voler • **pégreur, euse** n. (à partir de 1883, Esnault). Voleur, voleuse.

PÉGRAINE ou **PÉGRENNE** n. f. (du rotwelsch (argot germ.) *pegern*, « faire crever » ; 1821, Ansiaume). Arg. anc. Faim. / **Caner la pégrenne** (1828, Vidocq). Syn. de *crever la faim* : *Que veux-tu, mon homme ? Quand on cane la pégrenne, on rigole pas* (Vidocq, *Mémoires*, 1829) • DÉR. **pégrenner** v. intr. (1836, Vidocq). Même sens • **pégreleux** n. m. (1957, Sandry-Carrère). Miséreux.

PÉGRIOT n. m. (de *pègre* ; 1829, Vidocq). Vx. Apprenti voleur du « grade » le plus bas : *Vous n'êtes que des pégriots. – Pégriots tant que tu voudras ; mais nous n'avons pas de roulant* [fiacre], *et il faut se tirer de là* (Vidocq, *Mémoires*, 1829). / **Brûler le pégriot** (1867, Delvau), faire disparaître les traces d'un vol • VAR. **pégrillon** n. m. (1835, Raspail).

PÉLAUD ou **PÉLOT** n. m. (p.-ê. variation sur *palet* ; **pélot** 1876, Esnault ; **pélaud** 1888, Courteline). Sou (souvent dans un contexte négatif) : *J'm'ai toujours connu dans la peine / Sans un pélot, sans un radis…* (A. Bruant) • VAR. **pello** (1875, Rabasse).

PELOTE n. f. (emploi métaphorique de l'amas, de la boule ; 1847, Balzac, selon Duneton-Claval). Biens, fortune. / **Faire sa pelote** (1808, d'Hautel), amasser de petits profits (plus ou moins licites) de manière à constituer une somme d'argent importante.

PENNY n. m. (mot anglais ; plur. **pence** pour la somme, **pennies** pour les pièces ; milieu du XVe s.). Unité monétaire britannique, la plus petite pièce d'argent, qui valait le douzième du shilling, et qui vaut le centième de la livre sterling depuis l'adoption du système décimal en 1971. / **Pas un blady-penny** (du slang *a bloody penny*, « un foutu petit sou » ; 1960, Esnault). Arg. Pas un sou !

PENSION n. f. (emprunt au latin *pensio*, « paiement, indemnité » ; décret d'août 1790). Allocation versée périodiquement à une personne par un souverain, un état, un organisme social, un particulier pour assurer son existence matérielle, l'indemniser, la récompenser pour des services rendus, des travaux, des mérites : *Le maître étant obligé, à cette époque de liberté, de leur avancer* [aux esclaves] *les vivres, l'entretien pour six mois, et une pension alimentaire pour la vie, s'ils sont estropiés ou jugés hors d'état de travailler* (Condorcet, *Réflexions sur l'esclavage des nègres*, 1781). *Je connais des putains qui crèchent aux Abbesses / Avec leurs vieux parents retraités sans pension* (Bernard Dimey, *Poèmes voyous*, 1978). Syn. *rente, revenu.* / **Fonds de pension**, v. *fonds* • DÉR. **pensionner** v. tr. (milieu du XIVe s.). Attribuer une pension à qqn.

PÉPÈTE ou **PÉPETTE** n. f. (dimin. de *pépée*, « fille » ; 1867, Delvau). Vieilli. Pièce de monnaie (surtout au plur.) : *Où qu'tu crois qu'y carr'nt leurs pépettes* ? (Jehan Rictus, *Le Cœur populaire*, vers 1900).

PÉPITE n. f. (emprunt à l'esp. *pepita,* « pépin de fruit » ; 1714, Feuillée). Petite masse d'or natif, sans gangue, que recherchent avidement les orpailleurs (v. ce mot) : *Les pépites sont de toutes les dimensions ; la plus grosse qui ait été extraite pesait 16 onces* (Blaise Cendrars, *L'Or*, 1925). *L'Oural où, dit la chronique, le métal précieux se trouvait à une si faible profondeur que les pépites adhéraient parfois, comme des tubercules, aux racines des plantes qu'on arrachait* (Pierre Gascar, *L'Or*, 1967).

PERDRE v. tr. et intr. (du lat. *perdere* ; 1269-1278, Jean de Meung, *Roman de la Rose*). Subir une perte, notamment d'argent, et parfois au jeu • DÉR. **perdant, e** part. prés. substantivé (1288, Jean de Journy). Celui, celle qui perd sa mise, ou de l'argent • **perte** n. f. (du lat. pop. *perdita*, part. passé fém. substantivé de *perdere* ; 1465, *Farce de Maître Pathelin*). Le fait de perdre de l'argent dans une transaction ; cet argent lui-même : *En suivant la marche lente d'affranchissement que nous avons proposée, les pertes des propriétaires seraient aussi successives, et cette perte serait moindre qu'ils ne le croiraient* (Condorcet, *Réflexions sur l'esclavage des nègres*, 1781). *Durant la crise, les épargnants ont subi de grosses pertes* • **perdable** adj. (1300, *Hystoire Job*). Qui peut être perdu.

PÈRE AUX ÉCUS n. m. (image évidente ! 1867, Delvau). Vx. Homme riche.

PÉRÉQUATION n. f. (du bas-lat. impér. *peraequatio*, « répartition égale de l'impôt » ; 1442, *Lettres de Louis XI*). Répartition de charges en fonction de critères choisis pour les rendre équitables • DÉR. **péréquer** (1979, Hanse). Procéder à une péréquation. / N. B. La forme belge synonyme **péréquater** (1978, Doppagne), plus lourde, est parfois critiquée.

PÉROU n. pr. (pays d'Amérique du Sud, réputé pour ses mines d'or et d'argent). Source de richesses : Dorante : *Moi qui ne suis rien, moi qui n'ai point de bien.* Dubois : *– Point de bien ! Votre bonne mine est un Pérou* (Marivaux, *Les Fausses Confidences*, 1737). / **Ce n'est pas le Pérou !** loc. pop. (1842, Balzac). C'est une somme modeste : *Il doit avoir trente-sept sous. Ce n'est pas le Pérou, mais…* (Henri Barbusse, *Le feu*, 1915).

PERRUQUE n. f. (origine obscure ; sens 1 : 1867, Delvau ; sens 2 : 1856, *faire en perruque*, « travailler pour soi »). Pop. et Vx. 1. Détournement de matériaux appartenant à l'État. 2. Travail exécuté en fraude par un ouvrier pour son propre compte, avec le matériel de l'entreprise.

PESCILLER (D'ESBROUFFE) v. tr. (orig. prov. ; 1821, Ansiaume, nombreuses var. postérieures). Arg. anc. Prendre, arracher (avec violence).

PESETA n. f. (mot esp., 1903, Larousse). Ancienne unité monétaire principale de l'Espagne, remplacée en 2002 par l'euro • DÉR. **pésette** (francisation du précédent ; 1926, Esnault). Pop. Sou, argent (surtout au plur.).

PESO n. m. (mot espagnol, « poids », du lat. *pensum* ; 1598). Unité monétaire principale de plusieurs pays d'Amérique latine (Argentine, Bolivie, Colombie, Cuba, Mexique, République dominicaine, Uruguay) et des Philippines.

PÉTARD n. m. (p.-ê. du vieux mot *patart*, de l'esp. *pataca*, « pièce d'argent » ; 1882, *Le Gaulois*, cité par Fustier). Vx. Sou.

PETIT CAPORAL n. m. (1957, Sandry-Carrère). Billet de 10 000 anciens francs, à l'effigie de Napoléon.

PETITE VAISSELLE V. *vaisselle*.

PÉTRIN n. m. (du lat. *pistrinum*, « moulin à blé, boulangerie » ; 1790, *dans le pétrain)*. Fam. Situation économique difficile, misère : *Être dans le pétrin jusqu'au cou.*

PÈZE ou **PÈSE** n. m. (origine incertaine, soit de l'occitan *pèse*, « poids », soit du verbe *peser* ; *pèse* 1813, Esnault ; *pèze* 1836, Vidocq). Pop. Argent : *Lulu me l'affirmera fréquemment : « Avec du pèze, le marché noir, les combines, les faux tickets, on trouvait ce qu'on voulait »* (A. Nolat, *Les Voyageurs du petit jour*, 2004). / **Être au pèze** (1901, A. Bruant), être riche.

PFENNIG n. m. (mot allemand, d'abord *Pfenning* ; 1812). Vx. Unité monétaire divisionnaire allemande, valant un centième de mark.

PHARO ou **FARO** n. m. (p.-ê. en relation avec le nom fém. de l'île de Pharos, dans la baie d'Alexandrie ; 1957, Simonin). Arg. Jeu de hasard pratiqué dans les tripots et qui demandait des mises importantes : *Gégène la Bobine s'est planqué pendant la guerre, jusqu'à la libération de Paris. Il tirait le pharo dans un clandé de la rue des Francs-Bourgeois* (A. Nolat, *Les Voyageurs du petit jour*, 2004).

PHILANTHROPE n. m. (jeu de mots probable des forains sur le verbe *filer* (à l'anglaise !) 1836, Vidocq). Vx. Filou.

PHILIBERT n. m. (jeu de mots sur *fil* ; 1836, Vidocq). Arg. anc. Carambouilleur. Syn. *briseur.*

PHILIPPE n. m. (de *Philippe*, nom de souverains étrangers, et de Louis-Philippe pour Delvau, en 1866 ; sens 1 : 1532, Rabelais ; sens 2 : v. ci-dessous). 1. Ancienne monnaie de Macédoine, puis d'Espagne : *Pour ses interestz il luy donnait sept cens mille et trois philippus pour payer les barbiers* (Rabelais, 1532). 2. Vx. Écu, louis : *Mais ce n'est* *pas tout que de vouloir…* ; *as-tu des philippes* ? (Vidocq, *Mémoires*, 1828). / **Petit philippe** (1821, Ansiaume), trois francs ; **gros philippe** (1836, Vidocq), six livres.

PHILOSOPHE n. m. (jeu de mots sur *filou* ; 1836, Vidocq). Vx. Miséreux ; filou. Il faut rappeler le surenchérissement génial du père Hugo dans *Les Misérables* (1862), lorsqu'il baptise l'infâme Thénardier du sobriquet de *filousophe* ! • DÉR. **philosophie** n. f. (1836, Vidocq). Vx. Misère.

PHYNANCE n. f. V. *finance.*

PIASTRE n. f. (emprunt à l'italien *piastra*, nom d'une ancienne monnaie d'argent depuis la 1re moitié du XIVe s.). Monnaie divisionnaire (actuelle ou ancienne) de l'Égypte, du Liban et de la Syrie, valant 1/100 de la livre : *Le trafic et le scandale des piastres (alors monnaie de l'Indochine française) entre 1949 et 1953 a contribué au discrédit de la IVe République.* / N. B. Au Québec, **piastre** ou **piasse** (1916, Louis Hémon) sont des synonymes pop. de *dollar.* V. *avare.*

PICAILLON n. m. (mot savoyard, « petite pièce de cuivre qui sonne », de l'anc. prov. *piquar*, sonner ; 1750, langage poissard, Sainéan) (surtout au plur.). Pop. Argent : *Des nuits et des nuits à imaginer la grande scène de vengeance, à lui serrer la gorge, à lui faire cracher les picaillons, tout son sale fric* (Alphonse Boudard, *La Métamorphose des cloportes*, 1962) • VAR. **picailles** n. m. pl. (1981, Amila).

PICKPOCKET n. m. (mot anglais, composé de *to pick*, « cueillir » et *pocket*, « poche » ; 1859, Ponson du Terrail). Vx. Individu qui vole habilement dans les poches : *Les pickpockets les moins inoccupés sont précisément ceux qui ont toujours les mains dans les poches* (A. Allais). Syn. *voleur à la tire.*

PICORER v. tr. (de *piquer* ; 1573, J. Le Frère de Laval). Vx. Marauder, voler sur les chemins • DÉR. **picorage** n. m. Arg. anc. Butin, et **picoreur** n. m. Voleur de grand-route (tous deux en 1836, Vidocq) • **picorée** n. f. (1890, Morlaix, selon Esnault). Maraude.

PICOT ou **PIQUOT** n. m. (de *piquer* ; 1927, Carco). Vx. Voleur et revendeur de vin : *Les picots sont des biberons qui vous pompent des barriques et revendent le contenu à des bistrots* (Francis Carco, *Traduit de l'argot*, 1927).

PIÈCE n. f. (d'un mot gaulois **pettia* ; *pièce d'argent*, 1285, Rutebeuf). Petit disque plat gravé dans un métal plus ou moins précieux et servant de monnaie d'échange : *Si l'on ne le voyait de ses yeux, pourrait-on jamais s'imaginer l'étrange disproportion que le plus ou le moins de pièces de monnaie met entre les hommes ?* (La Bruyère, *Les Caractères*, 1688). / **Donner la pièce à qqn** (1934, Montherlant), lui octroyer un pourboire. / **Donner** ou **rendre à qqn la monnaie de sa pièce** (1787, Jean-François Féraud, *Dict. critique de la langue française*). Traiter quelqu'un de la même manière que l'on a été traité par lui, lui rendre la pareille. V. citat. au sens propre à *caisse*, in fine.

PIED n. m. (du nom de mesure de longueur ; 1820, Esnault). Arg. Part de butin prélevée après un vol : *Mon pied ! ou je casse !* (ma part, ou je te dénonce) (A. Humbert, *Mon bagne*, 1880).

PIED DE NEZ n. m. (origine obscure ; 1867, Delvau). Vx. Pièce de cinq centimes.

PIGE n. f. (sens 1 : 1866, Delvau ; sens 2 : 1903, Esnault). 1. Tâche qu'un compositeur ou un lecteur d'épreuves devait accomplir dans un temps déterminé. 2. Mode de rémunération d'un journaliste payé à la ligne et, par extension, à l'article : *Les candidats sont rares, mais en général la pige c'est un travail d'appoint* (Albertine Sarrazin, *La Traversière*, 1966) • **pigiste** n. et adj. (1952, Larousse). Compositeur ou journaliste payé à la pige, soit en plus de son travail régulier, soit d'une manière habituelle.

PIGEON n. m. (métaphore de l'animal confiant ; fin du XVe s., *Recueil Trepperel*, GLLF). Homme facile à tromper, à escroquer. Syn. *cave, dupe* • DÉR. **pigeonner**. v. tr. (1553, Belon, in GLLF). Tromper, escroquer. / N. B. On a dit en Suisse romande, dans le même sens, **apigeonner** et **rapigeonner** (1900, H. Snell).

PILE n. f. (emploi monétaire du mot usuel ; 1873, Esnault). Arg. Somme de cent francs.

PILLER v. tr. (du latin *pilleum*, « chiffon » ; début du XIVe s.). S'emparer des biens que renferme un lieu pris par violence et mis à sac : *Aux fenêtres des gens s'exclament : « Ah ! On pille les boutiques »* (Eugène Dabit, *Petit-Louis*, 1930) • DÉR. **pillage** n. m. (vers 1355) et **pillerie** n. f. (vx) (1345, *pillorie*). Action de piller ; résultat de cette action • **pillerot** n. m. (1883, Fustier). Vx. Voleur.

PILON n. m. (du sens « jambe de bois » ; sens 1 : 1894, Esnault ; sens 2 : 1889, Macé). 1. Mendicité. 2. Mendiant, notamment mendiant infirme ou qui simule une infirmité : *Les pilons à la Santé, à Fresnes, comment qu'ils se passent les bons tuyaux* (Alphonse Boudard, *La Métamorphose des cloportes*, 1962) • DÉR. **pilonner** v. intr. (idem). Quémander : *Merde !... V'là un sergot... Faut m'trotter... / Pourtant j'fais du tort à personne : / Ej'pilonne* (A. Bruant) • **pilonnage** n. m. (1899, Nouguier). Vx. Mendicité.

PIMPIONS n. m. pl. (origine obscure ; 1867, Delvau). Arg. anc. Pièces de monnaies.

P

PINCE n. f. ou **PINCEAU** n. m (emploi détourné des mots usuels ; sens 1 : 1935, Simonin et Bazin ; sens 2 : 1829, Vidocq). 1. Vx. Un franc. 2. Abrév. de *pince-monseigneur* : *Il ne faut pas oublier de nous munir d'une pince, dans le cas où il y aurait un coffre* (Vidocq, *Mémoires*, 1829).

PINCE-MAILLE n. m. (de *pincer* et de *maille* (v. ce mot) ; 1482, *pinsemaille* G. Flamand). Vx. Avare : *Un pincemaille avait tant amassé / Qu'il ne savait où loger sa finance* (La Fontaine, *L'Enfouisseur et son compère*, 1678). V. *liard*. Syn. *fesse-mathieu, ladre, pingre*.

PINCE-MONSEIGNEUR n. f. (de *pince* et de *monseigneur*, v. ce mot ; 1879, A. Daudet). Instrument servant à l'effraction : *Il était brutal, porté sur la pince-monseigneur, alors qu'on fait tous les sésame ouvre-toi du monde avec des fausses clefs, des caroubles on les appelle* (Alphonse Boudard, *La Métamorphose des cloportes*, 1962). Syn. *dauf(f)e*.

PINCER v. tr. (de *pince* ; sens 1 : 1799, bandits d'Orgères ; sens 2 : 1829, Vidocq). Vx. 1. Forcer avec un levier. 2. Voler adroitement.

PINGRE adj. et n. (mot d'origine incertaine et de sens variés : « brigand, mendiant, malheureux » – ce dernier sens encore chez Vidocq ; p.-ê. « pauvre hère, parce que marchand d'épingles » (P. Guiraud) ; au sens d'« avare », 1807, d'Hautel). Avare, mesquin : *Il* [René Dosière] *n'est pas « horriblement pingre », il est économe. Quand on le lui fait remarquer, il l'admet bien volontiers : « C'est vrai, j'ai toujours été un peu économe »* (Sylvie Caster, revue *XXI* n° 8, automne 2009) • DÉR. **pingrerie** n. f. (1807, d'Hautel). Avarice mesquine.

PIPER v. tr. (du lat. class. *pipare*, « piauler, glousser », mot d'orig. onomatopéique ; sens 1 : XVe s. ; sens 2 : XVIIe s.).

Arg. anc. 1. Tromper. 2. Escamoter • DÉR. **pipeur** n. m. (1455, *Coquillards*). Tricheur • **piperie** n. f. (id.). Tricherie, escamotage.

PIQUER v. tr. (emploi expressif du verbe usuel ; fin du XIVe s., Eustache Deschamps). Fam. Voler, dérober : *On a saigné Socrate hier à la Villette / Entre onze heures et minuit à deux pas du métro / Pour lui piquer ses fafs, trois sacs et sa musette* (Bernard Dimey, *Poèmes voyous*, 1978). Syn. *barboter, chauffer, etc.* / **Piquer dans la caisse**, y faire des prélèvements malhonnêtes, en parlant du caissier ou du comptable.

PIRATE n. m. (du lat. *pirata*, lui-même empr. au gr. πειρατησ, « brigand, pirate » ; dès 1213, « navigateur interceptant les navires pour les piller »). Individu qui s'enrichit ou acquiert une position sociale aux dépens d'autrui, par escroquerie, spéculation (auj. souvent électronique). Syn. *hacker* • **pirater** v. tr. Syn. d'*escroquer* • **piratage** n. m. Action de pirater : *En dix minutes, notre as de l'informatique a trouvé une centaine de coordonnées. Il s'est arrêté là, pour ne pas être accusé de piratage* (J. Canard, *Le Canard enchaîné*, 17 mars 2010).

PISTOLE n. f. (nom d'anciennes monnaies d'Espagne et d'Italie, proches du *louis* français, au XVIe s. ; 1650, La Rochefoucauld). Anc. Monnaie de compte française valant dix livres : *Ayant donc compté les deux mille pistoles dont ils étaient convenus, elle les enferma dans une cassette* (Bussy-Rabutin, *Histoire amoureuse des Gaules*, 1665). V. citat. à *ducat* • **Grande pistole,** dix francs ; **petite pistole**, dix sous (1878, Rigaud) • **être à la pistole** loc. verbale (dès le XVIIIe s.). Jouir d'un régime de faveur dans une prison, moyennant finance (à l'origine, une pistole par jour) : *Ce fut avec un profond sentiment d'horreur qu'elle entra dans une chambre de la pistole où Fernand avait été transféré* (Ponson du

Terrail, *Rocambole,* 1857) • DÉR. **pistolette** (1877, Carreau du Temple). Syn. de **petite pistole** • **pistolier** n. m. (1833, Moreau-Christophe). Détenu qui jouit du régime de la pistole.

1. PLACER v. tr. (emploi spécialisé du verbe usuel ; 1680, *Dict.* de Richelet). Employer, déposer (de l'argent, des valeurs) afin de les faire fructifier, d'en augmenter la valeur ou d'en tirer des bénéfices : *Le faux Vautrin, dit l'agent en continuant, reçoit les capitaux de messieurs les forçats, les place, les leur conserve* (Balzac, *Le Père Goriot*, 1834). *L'argent qu'il gagnait, il le plaçait en bonne terre* (Georges Simenon, *Le Riche Homme*, 1970) • DÉR. **placement** n. m. (du verbe *placer* ; 1755, Mirabeau). Action de placer de l'argent, des capitaux, des valeurs, pour les faire fructifier ; le capital ainsi placé : *Les propriétés vraiment fertiles coûtent* [en Algérie] *aussi cher qu'en France, et sont achetées, comme des placements de fonds, par des Parisiens très riches* (Guy de Maupassant, *Bel-Ami*, 1885). Ce substantif est très productif : on rencontre les composés **placement-forêt, placement-loisir, placement-pierre, placement-plaisir, placement-refuge, placement-vacances,** etc. Syn. *investissement.*

2. PLACER [prononc. èr] n. m. (de l'esp. *placer*, « banc de sable, bas-fond » ; 1846, G. Ferry). Gisement secondaire de roches sédimentaires, le plus souvent d'origine alluvionnaire, produisant des métaux et des minéraux lourds, notamment de l'or et des pierres précieuses : *Des femmes, il y en a des femmes qui travaillent sur les placers, de rudes gaillardes qui n'ont pas froid aux yeux* (Blaise Cendrars, *L'Or*, 1925).

PLAN n. m. (1867, Delvau). Vx. Mont-de-Piété • DÉR. **planquer** v. tr. (id.). Mettre au mont-de-Piété.

PLANCHE À BILLETS n. f. (emploi technique du mot usuel ; 1837, Balzac). Vx. Planche gravée servant à la fabrication du papier-monnaie. / **Faire marcher la planche à billets**, émettre du papier-monnaie de manière excessive : *La première* [solution] *est de faire marcher la planche à billets, au risque de créer une inflation et un appauvrissement durable du pays* (S. Cossé, *Le Monde*, 12 février 2010).

PLANQUER v. tr. (altération de *planter*, au sens ancien de « cacher » ; sens 1 : 1790, *Le Rat du Châtelet* ; sens 2 : 1878, Rigaud). Fam. 1. Dissimuler (une chose précieuse) : *Les Chinois* [...], *quand ils vont envahir l'Europe, ils iront où ? Non pas dans le centre du Massif Central, ni dans le sud de l'Italie... Hop ! Crac ! Ils iront en Suisse. Parce qu'ils savent que tout le monde va planquer son or en Suisse. Là-bas c'est bourré : à Bâle, à Genève, à Lausanne, à Zurich, Ça regorge d'or* (F. Raynaud, vers 1960). 2. Économiser • DÉR. **planque** n. f. (sens 1 : 1835, Raspail ; sens 2 : 1901, A. Bruant). 1. Fam. Endroit où on cache de l'argent, des objets précieux, un bien acquis frauduleusement. 2. Mont-de-Piété.

PLAQUE n. m. (analogie de forme ; sens 1 : 1886, Hogier-Grison ; sens 2 : contemporain). 1. Jeton. 2. Un million d'anciens francs.

PLÂTRE n. m. (analogie de couleur ; « monnaie » 1836, Vidocq ; « métal » 1843, *Dict. moderne*). Arg. et Vx. Argent monnayé : *Il découpait gravement les coupons d'une mastard pile d'actions, qui devaient, entre nous, représenter pas mal de plâtre !* (A. Simonin, *Le Cave se rebiffe*, 1954). / **Être (plein) au plâtre** (1875, Rabasse), être riche.

PLEIN, E adj. (avec un complément plus ou moins sous-entendu ; 1886, Esnault). Bien en fonds, à l'aise. V. citat. à *bourré*. / **Plein d'aubert, de pognon, plein aux as** (1870-80 d'après Bruant), très riche : *T'as vu le frère, la cuite qu'il a ? Et avec ça, plein aux as. Si qu'on le serrait en sortant ?* (A. Le Breton, *La Loi des rues*, 1955).

PLOYANT et **PLOYÉ** n. m. (il se « replie » ; 1836, Vidocq). Pop. et Vx. Portefeuille.

POGNON n. m. (dérivé de *poigner*, « saisir avec la main », XVIe s. selon Godefroy, avec influence du franco-prov. *pougnon*, « petit gâteau ou petit pain », à rapprocher de *galette* ; sens actuel, 1840, Halbert). Argent : *Ainsi Bob, qui balançait le pognon, ne tarda-t-il pas, bien qu'il eût une bonne couverture, à tomber pour présomption de proxénétisme* (A. Nolat, *Les Voyageurs du petit jour*, 2004). / Vx. **Être au pognon** (1890, Esnault), être riche • VAR. **poignon** (1846, *Intérieur des prisons*) ; **pougnon** (1848, Pierre) • DÉR. (aujourd'hui désuets) **pognoner** v. intr. Gagner gros (1925, Esnault) et **pognoniste** n. m. Affairiste (1898, id.).

POINT n. m. (système de comptage, notamment dans les jeux d'argent ; « un franc », 1835, Raspail). Arg. anc. Unité de prix (de 1 à 100 francs).

POISSER v. tr. (de *poix*, matière visqueuse dont certains voleurs s'enduisaient les mains pour mieux aspirer leur butin ; 1800, bandits d'Orgères). Vx. Voler • DÉR. **poisse** n. m. (id., mais déjà *poissard* en ce sens, dès 1531, Sylvius), **poisseur**, 1876, Rabasse) et **poisseux** (1878, Rigaud). Vx. Voleur, voyou • **poissencher** v. tr. (1844, *Dictionnaire complet*). Dépouiller.

POIVRER v. tr. (emploi métaphorique de *poivre*, qui « force la valeur de l'objet par son arôme » ! sens 1 : 1808, d'Hautel ; sens 2 : 1836, Vidocq). 1. Exagérer le montant d'une note. Syn. *saler*. 2. Vx. Payer • DÉR. **poivrement** n. m. Paiement et **poivreur** n. m. Payeur (les deux en 1836, Vidocq).

PONTE n. m. (de *ponter*, « miser une somme », 1718 ; sens 1 : 1703, Wartburg ; sens 2 : 1883, Esnault). 1. Dans un jeu de hasard (baccara, pharaon, roulette, etc.), personne qui joue contre le banquier : M. DE PONTRESME – *Un homme vient de se jeter à l'eau ?* – M. BARUTIN – *Un ponte, qui a perdu* (V. Hugo, *Mille francs de récompense*, 1866). 2. Homme riche, important, faisant autorité.

PORTEFEUILLE n. m. (du verbe *porter* et de *feuille* ; 1824, Balzac). Étui de petites dimensions, muni de compartiments, que l'on porte sur soi et dans lequel on range des papiers, des cartes, des billets de banque : *Machinalement il prit son portefeuille, lui mit quelques billets de mille francs dans la main* (I. Némirovsky, *David Golder*, 1929). *Ceux qu'ont l'portefeuille / Plus ou moins « all right »* (Léo Ferré, *Les Copains de la neuille*, 1957). V. citat. à *abouler* • VAR. pop. **porte-luques** (de *luque*, « faux papier », issu de l'ital. *lucro*, « gain ») et **portemince** (de *mince*, v. ce mot ; tous deux : 1836, Vidocq).

PORTE-MONNAIE n. m. (du verbe *porter* et de *monnaie* ; 1856). Bourse à un ou à plusieurs compartiments, de dimensions réduites, destinée à contenir essentiellement des pièces de monnaie : *Malheureusement je me souviens que je n'ai plus d'argent. Je raconte une histoire, que j'avais oublié mon porte-monnaie chez moi, très loin* (Tristan Bernard, *Amants et voleurs*, 1905) • VAR. arg. **porte-lasagne** (du verbe *porter* et de *lasagne*, « pâte italienne », 1928, Esnault), **porte-menouille** et **porte-monaille** (déformation de *monnaie* ; 1901, A. Bruant), **porte-mornif** (de *mornifle*, monnaie ; 1876, Esnault), **porte-morningue** (de *morningue*, monnaie ; 1878, Rigaud) : *Un port'-lasagn', Vierge Marie ! / qu'y aurait-y d'dans qu'un larantqué* (Jehan Rictus, *Le Cœur populaire*, vers 1900).

POSSÉDER v. tr. (du lat. *possidere*, de même sens ; 1364, *Archives nationales*). Avoir la pleine propriété d'une chose, d'un bien : *C'est qu'il n'avait pas le temps. Il faut beaucoup de temps pour posséder beaucoup de choses, pour étreindre*

P

beaucoup de choses. Posséder ! C'était quand même le maître mot (G. Duhamel, *La Passion de Joseph Pasquier*, 1945) • DÉR. **possession** n. f. (milieu du XIIe s., *Psautier* de Cambridge). Le fait de posséder • **possessif, ive** adj. (vers 1380). Qui éprouve un besoin excessif de posséder.

POT-DE-VIN n. m. (mot composé au sens métaphorique ; sens 1, 1483 ; sens 2 : 1908, Sorel). 1. Vx. Commission, pourboire. 2. Somme d'argent ou cadeau offert(e) clandestinement à une personne pour en obtenir, de façon illégale ou illicite, quelque avantage : *Considérant qu'à Paris le pourboire, jadis de bon plaisir, est devenu une obligation envers les cochers de fiacre, il jugea équitable que le pot-de-vin, pourboire des classes supérieures, suivît la même évolution* (Maurice Barrès, *Les Déracinés*, 1897). Syn. *dessous-de-table*.

POU AFFAMÉ n. m. (image pittoresque ! 1867, Delvau). Ambitieux pourvu d'un emploi lucratif et qui veut s'enrichir le plus vite possible (encore actuel, donc pas vx !).

POUF n. m. (mot onomatopéique, au sens de « tournure, faux-cul » ; sens 1 : 1863, Camus, mais dès 1723 sous une forme bretonnante ; sens 2 : 1789, *Cahiers de doléances* ; sens 3 : 1867, Delvau). Vx. 1. **Faire (un) pouf**, refuser de payer une dette. 2. **À pouf**, gratuitement ; à crédit. 3. Banqueroute.

POUILLEUX, EUSE adj. et n. (d'une forme ancienne de *pou* ; XIIIe s., subst. « celui, celle, qui a des poux, est misérable », Eustache d'Amiens). Se dit d'un individu qui est dans une extrême misère (et dans une grande saleté) : *Ils étaient pouilleux comme une gare, crasspects, déglingués, ils s'échangeaient les morpions* (L.-F. Céline, *Mort à crédit*, 1936).

POULE n. f. (origine peu claire ; sens 1 et 2 : 1659, *Maison des Jeux Académiques,* Paris). 1. Mise engagée par chacun des joueurs au début d'une partie ; total des mises. 2. Partie où la totalité des mises individuelles revient au gagnant final • DÉR. **pouleur** n. m. (1867, Delvau). Vx. Souscripteur de poules ; parieur de courses.

POULET n. m. (sens 1 : 1932, Esnault ; sens 2 : 1856, id. ; sens 3 : a) 1878, id. ; b) 1926, id.). 1. Syn. de *coq.* / **Demi-poulet**, pièce de dix francs. 2. Profit clandestin (dans le bâtiment). 3. Paiement d'un ouvrage a) soit par anticipation ; b) soit retardé.

POURBOIRE n. m. (de la prép. *pour* et du verbe *boire* ; 1760). Somme d'argent remise comme gratification en plus de la rétribution normale d'un travail ou d'un service : *Et j'm'en r'venais tout doucett'ment, / après avoir su'mon pourboire / pris seul'ment d'quoi sucer deux verres* (Jehan Rictus, *Le Cœur populaire*, vers 1900). V. *pot-de-vin* • VAR. **pourbûche** (1905, Chautard), **pourcif** (resuffixation de *pourboire* ; 1960, A. Simonin), **pourliche** (influence de *licher,* « boire » ; 1889, Esnault) et **poursoif** (1901, A. Bruant) n. m. Pop. *« Bon Dieu ! disait l'un, tu vas pas m'dire que t'as pas touché de pourliche avec la belle madame du quatrième ! »* (A. Le Breton, *La Loi des rues*, 1955).

P

POURCENTAGE n. m. (de la prép. *pour* et du numéral *cent* ; 1872, Littré). Participation à un profit, à un bénéfice, calculée généralement pour cent unités • VAR. désuètes : **pour(-)cent** (1845, Bescherelle) ; **percentage** (1842, *Compl.* du *Dict. de l'Acad. fr.*).

POURRI adj. et n. (part. passé de *pourrir,* au fig. ; n. m. 1884, Goncourt). Se dit d'un homme corrompu, vénal, ou d'un système financier reposant sur la corruption. V. *toxique.*

POUSSER v. intr. (abrègement de *pousser les enchères* ; 1867, Delvau). Syn. de *surenchérir*, dans les ventes aux enchères.

POUSSIER n. m. (calque de l'arg. esp. *polve* et du slang *dust*, « poussière » ; 1828, Vidocq, mot ancien pop. jusqu'en 1935 selon Esnault, et remplacé par *braise*, qui renvoie au même champ lexical). Vx. Monnaie, argent : *Arrange-toi ; il me faut du poussier* (Vidocq, *Mémoires*, 1828) • VAR. **poussière** n. f. (1835, *Confessions de Delcroix*).

POUVOIR D'ACHAT n. m. (1952, *Combat*). Quantité de biens et de services qu'il est possible de se procurer avec un nombre déterminé d'unités monétaires. V. *salaire* et citat. à *hausse*.

PRÉBENDE n. f. (du latin médiév. *praebenda*, IXe s., « biens affectés à l'entretien du prêtre qui dessert une église » ; sens moderne : 1869, Hugo). Revenu, profit attaché à une charge, à une fonction quelconque ; avantage attribué par faveur : *Il prit le chemin de Genève aussitôt. Il y cueillit une prébende de 600 000 francs par an* (Léon Daudet, *Mémoires*, 1919). V. *provende* • DÉR. **prébendier** n. m. (1468, *Lettres de Louis XI*). Vx. Celui qui jouit d'une prébende.

PRÉCAIRE adj. (du lat. jur. *precarius*, « mal assuré, passager » ; 1618, A. d'Aubigné). Dont on ne peut garantir la solidité, la durée ; qui n'est pas sûr, peut être à tout instant remis en cause : *Emploi précaire. Ouvrier précaire* • **précarité** n. f. (1823, Boiste). Caractère de ce qui est précaire ; grande pauvreté : *[En Amérique], la classe moyenne, principal acteur de l'économie de marché, retrouvera la précarité à laquelle elle croyait avoir échappé en se dissociant de la classe ouvrière* (Jacques Attali, *Une Brève Histoire de l'avenir*, 2006).

PRÉLÈVEMENT n. m. (du verbe *prélever* ; 1767 au sens d'« impôt »). Action de prélever une somme, une taxe sur un total financier ; résultat de cette action, quantité ainsi prélevée. *Prélèvement fiscal, automatique, forfaitaire, libératoire, etc.*

PRÈS DE loc. prép. **Être près de ses sous** (1935, Simonin et Bazin). Fam. Se montrer avare, pingre. / **Être près de ses pièces** (1867, Delvau) Vx. Avoir peu ou pas d'argent.

PRESTATION n. f. (du latin *praestatio*, « action de s'acquitter de quelque chose, de fournir quelque chose en vertu d'une obligation » ; dès 1288 au sens d'« action de fournir quelque chose »). Action de fournir avec ou sans rétribution, un produit qui n'est pas un bien matériel, mais qui satisfait l'usage d'une personne ou d'un groupe de personnes. *Prestations de service, en nature, familiales*, etc. • DÉR. **prestataire** adj. et n. m. (adj. 1927, Gide ; n. m. sens 1 : 1963, Larousse ; sens 2 : 1968, *Réforme de la Sécurité sociale* ; sens 3 : 1845, Bescherelle, puis 1936, R. Capitant). 1. Personne, entreprise qui fournit une prestation. 2. Personne bénéficiant d'une prestation. 3. Contribuable soumis à l'impôt des prestations en nature.

PRÊT n. m. (déverbal de *prêter* ; sens 1 : dès 1165 *prest*, Benoît de Sainte-Maure ; sens 2 : « solde des troupes », 1360-1370, *Baudouin de Sebourg*). 1. Action de prêter quelque chose ; ce qui est prêté. Contr. *emprunt*. 2. Somme allouée par l'État pour l'entretien du soldat, dont une partie est employée d'office dans ce but, par l'administration du corps dont il fait partie. / **Prêt bonifié** (1967, G. Belorgey), qui est associé à un boni, à un avantage financier : *Pendant la crise, l'État est venu au secours de Renault sous la forme d'un prêt bonifié de 3 milliards d'euros* (S. Lauer, *Le Monde*, 15 janvier 2010). / **Prêt d'honneur** (1875, Larousse), prêt gratuit accordé aux étudiants pour leur permettre de poursuivre leurs études, qui doit être remboursé dans un délai de dix ans après l'obtention du diplôme pour lequel il est alloué. / **Prêt-relais** (1985), accordé par les banques en attente de la vente d'un autre bien (deux ans maximum).

PRÊTER v. tr. (de *prêt* ; *prêter sur gage*, 1585, Noël du Fail). Mettre de l'argent à la disposition de quelqu'un avec la condition impérative d'un remboursement et, dans le cas du prêt sur gages, d'une garantie quelconque : *Allons donc, monsieur le sournois, certainement qu'elle prête sur gages, et moins cher qu'au grand mont* (E. Sue, *Les Mystères de Paris,* 1842). *C'est un philanthrope cynique. Il prête aux gens afin d'en exiger des services, mais il ne le leur cache pas* (Georges Darien, *Le Voleur,* 1897). V. *devoir* et *emprunter* • DÉR. **prêteur, euse** adj. et n. (*presteur,* 1283 Philippe de Beaumanoir). Se dit d'une personne (physique ou morale) qui prête de l'argent : *Representez vous un monde autre, on quel un chascun prête, un chascun doibve, tous soient debteurs, tous soient presteurs* (Rabelais, *Tiers livre,* 1546). Syn. *bailleur de fonds.* / **Prêteur sur gages** (1830, Balzac). Individu qui accorde un prêt moyennant un objet meuble ou immeuble à titre de garantie : *Le jeune William Booth, qui devait fonder l'Armée du Salut en 1878, se faisait embaucher, dans le même quartier* [de Londres] *comme commis d'un prêteur sur gages* (Jean-Luc Porquet, *La Débine*, 1987).

PRÉVARICATEUR, TRICE adj. et n. (de *prévariquer,* du lat. *praevaricari,* proprement « marcher de travers » ; 1432, « s'écarter de la loi divine », puis 1549, « être de connivence avec la partie adverse ; manquer à son devoir », Estienne). Se dit d'une personne qui manque aux devoirs de sa charge, de son mandat : *Il ne réclame aucune sanction personnelle contre qui que ce soit,* [...] *ni contre les officiers de police incapables de défendre l'ordre public, ni contre les fonc-*

tionnaires prévaricateurs (Blaise Cendrars, *L'Or*, 1925) • **prévarication** n. f. (« action de s'écarter de la justice, de manquer au devoir de sa charge », 1350, Roques). Délit commis par un fonctionnaire dans l'exercice de ses fonctions : *En Espagne, le juge Baltasar Garzon est renvoyé devant un tribunal pour prévarication* (J.-J. Bozonnet, *Le Monde*, 14 mai 2010).

PRIME n. f. (du lat. *praemium,* « avantage, faveur, prélèvement » ; sens 1 : dès 1620 ; sens 2 : 1751, Voltaire, *Siècle de Louis XIV*). 1. Somme payée à échéance régulière par un assuré à son assureur dans le cadre d'un contrat. 2. Somme d'argent donnée à une personne, à une catégorie de personnes à titre de récompense, d'aide ou d'encouragement : *Je passe devant un bazar. Je pourrais acheter tout ça avec ma prime de démobilisation* (Eugène Dabit, *Petit-Louis*, 1930). V. citat. à *brut.*

PRINCIPAL n. m. (1323, *Chartes de Rethel*). Par opposition aux intérêts, capital dont il est demandé paiement : *Je vous paierai, lui dit-elle, / Avant l'oût, foi d'animal, / Intérêt et principal* (La Fontaine, *La Cigale et la fourmi*, 1668). *La mademoiselle* […] *annonçait que la somme de francs soixante-douze soixante-deux, produit de l'intérêt trois virgule vingt-cinq, était venue s'ajouter au principal* (Jean Malaquais, *Les Javanais*, 1939).

PRIX n. m. (du lat. *pretium*, « valeur d'une chose ; argent, récompense, salaire » ; 1160-1174 « valeur commerciale d'une chose », Wace, auteur normand du XIIe s., *Roman de Rou*). Somme d'argent contre laquelle s'échange un bien ou un service : *On l'a mis dans d'la terre glaise, / Pour un prix exorbitant, / Tout en haut du Pèr'-Lachaise, / À Ménilmontant* (A. Bruant, 1885). *L'Allemand était prêt à payer le prix de la voiture neuve* (Yves Ravey, *L'Épave,* 2006). *Prix d'achat, de vente, de revient.* / **Prix doux** (1867, Delvau),

P

prix modéré. / **Prix fou** (id.), prix exorbitant. / **Vente à prix cassés** n. f. (fin du XXe s.). Proposition commerciale alléchante, qui ne correspond pas toujours à une offre honnête. / **À prix d'or** loc. adv. (1805, Cottin). Très cher : *Une belle étoffe, vraiment, et qui vient de la grand-mère, et qu'on a payée à prix d'or* (Jules Vallès, *L'Enfant,* 1884).

PROBE adj. (emprunt au lat. *probus*, « honnête, vertueux » ; *prob*, 1464, J. Lagadeuc). Littér. Qui a une conduite honnête, respectueuse du bien d'autrui • DÉR. **probité** n. f. (1429-30, Alain Chartier). Syn. de *droiture, honnêteté* : MONSIEUR RÉMY : *Vous êtes-vous aperçue qu'il ait manqué de probité ?* ARAMINTE : – *Lui ? Non vraiment* ; *je ne le connais que pour un homme très estimable* (Marivaux, *Les Fausses Confidences*, 1737).

PRODIGUE adj. et n. (du latin *prodigus*, même sens ; 1265, Brunet Latin ; 1560, *enfant prodigue*, en référence à la Bible). Qui dépense son argent avec trop de facilité, qui est d'une générosité sans frein : *Un proverbe dit : « Tel père, tel fils ». Un autre : « À père avare, enfant prodigue ». Lequel croire ?* (A. Allais, 1875). *Il lui survenait des bouffées prodigues… Il se lançait dans la dépense…* (L.-F. Céline, *Mort à crédit*, 1936). Syn. *dépensier, dissipateur, gaspilleur, panier percé* • **prodigalité** n. f. (du lat. *prodigalitas*, même sens ; 1265, Brunet). Action de dépenser sans mesure ; caractère de la personne qui dépense ainsi : *Se laisser voler ! Ne pas veiller sur sa fortune ! C'est mille fois plus atroce que la prodigalité qui, au moins, éparpille l'or !* (Georges Darien, *Le Voleur*, 1897) • **prodiguer** v. tr. (du lat. *prodigere*, dér. de *agere,* « pousser devant soi » ; 1552 Ronsard). Dépenser, distribuer sans compter : *Il avait quelque part, dans Paris, un ménage où il prodiguait l'argent dont il se montrait si avare ici* (E. Gaboriau, *L'Argent des autres*, 1874).

PRODUIRE v. tr. (du lat. *producere* ; sens 1 : 1486, Jean Molinet ; sens 2 : 1690, Furetière). 1. Donner, fournir, procurer la croissance de qqch. 2. Donner un revenu, rapporter • DÉR. **production** n. f. (du lat. médiéval *productio* ; 1755, Mirabeau). Ensemble des activités qui permettent à l'homme de créer et de s'approprier les produits de l'agriculture, de l'industrie, ou d'assurer les services permettant de satisfaire les besoins de la société ; ces produits eux-mêmes : *Ceux qui tiennent à maintenir un lien très fort et très direct entre modernité et rationalisation ont toujours condamné la société de consommation pour mieux protéger l'idée d'une société de production axée sur le travail, l'organisation rationnelle de la production, l'épargne et l'intégration nationale* (Alain Touraine, *Critique de la modernité*, 1992) • **productif, ve** adj. (avant 1475, G. Chastellain). Se dit de ce qui produit, crée ou rapporte • **productivité** n. f. (1858, Littré-Robin). Rapport entre la production et les différents facteurs qui ont permis de l'obtenir (travail, dépenses engagées, qualité, etc.) : *La productivité globale du travail baisse en France depuis l'an 2000* (Jacques Attali, *Une Brève Histoire de l'avenir,* 2006) • **productivisme** n. m. (1964, Perroux). Péj. Système d'organisation de la vie économique dans lequel la production et la productivité prennent une importance excessive • **contre-productif, ive** adj. (1962, René Dumont). Se dit d'un secteur économique ou d'un individu dont le rendement est insuffisant • **surproduire** (1897). Produire en excès • **surproduction** n. f. (1846, Robert). Production excessive par rapport à la demande solvable • **sous-production** n. f. (1926, Robert). Production insuffisante pour satisfaire la demande.

PRODUIT n. m. (part. passé subst. du verbe *produire* ; « gain, bénéfice, rapport », 1690, Furetière). Ce que rapporte, en espèces ou en nature, une charge, une propriété foncière ; profit, bénéfice que l'on retire d'une activité commerciale ou financière. Syn. *gain, rapport, recette.*

PROFIT n. m. (du lat. *profectus*, « avancement, progrès ; succès, profit » ; 1re moitié du XIIe s. *prufit*, « avantage » ; 1832, Raymond). Gain en argent que l'on retire d'une chose ou d'une activité : *Cette philosophie du profit a trouvé dans les régions où se sont produites ces « fièvres de l'or » un terrain de choix où établir son règne* (Pierre Gascar, *L'Or*, 1967). *Microsoft, le géant américain de l'informatique, a notamment fait état, jeudi, d'un bond de 60 % de ses profits au deuxième trimestre de son année fiscale* (C. Gatinois, *Le Monde*, 31 janvier 2010). / Fam. **Passer qqch. par Profits et Pertes** (1919, P. Benoit), le considérer comme définitivement perdu : *Une de ses anciennes gagneuses, dactylo facturière dans le civil, lui en avait montré le système : Doit et Avoir, Profits et pertes, Balance quotidienne et Centralisateur pareillement – bref on ne peut plus astucieux pour connaître l'état de vos biens à toute heure du jour et de la nuit* (Jean Malaquais, *Les Javanais*, 1939) • DÉR. **profiteur** (1636, rare avant 1904). n. m. Celui qui tire profit abusivement de qqch. : *Une thune pour un travail pareil ? Va donc, hé ! Profiteur, capitaliste !* (A. Le Breton, *La Loi des rues*, 1955).

PROLÉTAIRE n. m. (du lat. *proletarius*, « citoyen de la dernière classe de la société romaine, qui n'était considéré comme utile que par les enfants (en lat. *proles*) qu'il engendrait » ; 1789 adj., Dupont de Nemours). Personne qui ne possède pour vivre que les revenus que lui procure une activité salariée manuelle, et dont le niveau de vie, par rapport à l'ensemble du groupe social, est bas : « La république » : *On ne l'établit pas chez un peuple pourri de civilisation, dans une population de 32 millions avec des fortunes monstrueusement colossales, avec des millions de prolétaires ; il faut des mœurs, des terres à défricher* (Chênedollé, *Journal*, 1833) • ABRÉV. fam. **prolo** n. m. (1882, *Journal de l'Instruction publique*, cité par Fustier) *Car les pauvres prolos / N'ont jamais droit qu'à la peau / De balle* (Raoul Ponchon, avant

1900, cité par Bruant) • DÉR. **sous-prolétaire** n. (1962, Robert). Personne qui fait partie du sous-prolétariat ; *p. ext.*, personne surexploitée • **prolétariat** n. m. (« condition de prolétaire et classe des prolétaires », 1832, P. Leroux). Partie de la classe ouvrière consciente de l'exploitation dont elle est l'objet dans le système capitaliste, et qui travaille à mettre fin à cette exploitation par la révolution • **sous-prolétariat** n. m. (1976, *Le Point*). Partie du prolétariat la plus exploitée.

PROMOTION DES VENTES n. f. (fin des années 60). Développement des ventes par des actions de publicité et de communication • DÉR. **ventes promotionnelles** n. f. pl. Opérations de ventes à prix réduit, prétendument avantageuses pour les clients.

PROPRIÉTAIRE n. (du bas-latin des juristes *proprietarius*, « appartenant à qqn » ; 1263, *Constitution de la maison Dieu de Troyes*). Celui, celle qui possède en propriété un bien acquis légalement • VAR. péj. **proprio** (1878, Esnault) et **probloque** (1886, id.) : *Le mécontent* [...] *s'empara du registre et se mit à y exposer ses griefs contre la corporation des concierges, ces « vampires » et la féodalité des « infâmes proprios »* (Clément Vautel, *Le Fou de l'Élysée*, 1939).

P

PROSPÉRITÉ n. f. (du lat. *prosperitas*, même sens ; 1re moitié du XIIe s., *Psautier d'Oxford*). État ou situation d'un pays, d'une collectivité ou d'une personne dont les affaires sont bonnes, dont la réussite est manifeste : *La dégringolade financière a frappé durement l'Islande, qui se considérait comme un inexpugnable havre de prospérité* (G. Lemarquis, *Le Monde*, 12 février 2010) • DÉR. **prospère** adj. (empr. au lat. *prosper*, « heureux, propice, favorable » ; 1355, « dont l'état est florissant », Bersuire). Qui jouit d'une très grande aisance.

PROVENDE n. f. (même origine que *prébende*, avec influence de *providere*, « prévoir »). Vieilli. Capital ou pension accordés par les tribunaux à titre d'indemnité.

PROVISION n. f. (du lat. *provisio*, « action de prévoir ; action de pourvoir à » ; terme de droit commercial, dès le XVIe s.). Créance de somme d'argent que possède le tireur contre le tiré d'un effet de commerce : *La persistance des provisions pour pertes sur crédit et l'impact du remboursement des aides a pesé sur leurs profits* [des établissements financiers américains] *au quatrième trimestre 2009* (J. Porier, *Le Monde*, 24 janvier 2010). V. *chèque* • DÉR. **provisionner** v. tr. (1955, A. Soubiran, *Les Hommes en blanc*). Syn. de *approvisionner.*

PURÉE n. f. (idée de milieu trouble, dans lequel on patauge ; 1878, Rigaud). Pop. Misère • adj. (1895, Esnault). Qui est, qui vit dans la misère • n. m. **Un purée**, un individu misérable : *« Le Pèr'Noël, c'est sûr, pardi, va pas chez des purées comm'vous ! »* (Jehan Rictus, *Le Cœur populaire*, vers 1900) • DÉR. **purotin** adj. et n. m. (1878, Rigaud). Qui dénote la misère ; individu qui vit dans la misère : *V'là une femme qui me saute dessus, comme la famine sur un purotin* (Jean Lorrain, *La Maison Philibert,* 1904).

QUANTUM n. m. (mot latin, « quelle quantité » ; sens 1 : « somme, quantité finie et déterminée », XVIIIe s., Voltaire ; sens 2 : 1846, Bescherelle). 1. Montant (d'une amende, d'une indemnité, d'une part). 2. Part que chacun doit payer dans une répartition faite au prorata.

QUEBRI n. f. (verlan de *brique* ; 1977, Caradec). Arg. Un million de centimes.

QUÉMANDER v. tr. (de l'anc. fr. *caïmant*, « mendiant », d'origine inconnue ; *caymander*, 1413, *Ordonnance de Charles VI*). Vx. Mendier, demander l'aumône. Syn. *solliciter* • DÉR. **quémandage** n. m. (1896, Goncourt) et **quémanderie** n. f. (1558, Boaystuau). Le fait de quémander • **quémandeur, euse** (1762, *Dict. de l'Acad. fr.* ; *quémandeux* en 1857, G. Sand). Personne qui quémande, qui a l'habitude de quémander.

QUÊTE n. f. (du partic. du vieux verbe *quérir*, « chercher » ; 1262, Jean le Marchant). Action de demander et de recueillir des dons, généralement en argent (pour soi, pour les pauvres, pour une œuvre de bienfaisance, etc.) • DÉR. **quêter** v. tr. (1580, Montaigne). Faire la quête, notamment dans une église • **quéquette** n. f. (1978, Doppagne). En Suisse romande, nom donné à la quête, et au plateau servant à recueillir les dons.

QUEUE n. f. (image visuelle ; sens 1 : 1687, Mme de Sévigné ; sens 2 : 1808, d'Hautel). Vx. 1. Reliquat de compte ; dette. 2. **Ajouter des queues aux zéros**, falsifier des écritures à son profit.

QUIBUS n. m. (de la loc. latine *de quibus sunt omnia*, « au moyen de quoi tout se fait » ; 1462, *Cent nouvelles nouvelles*, recueil anonyme et collectif de nouvelles, inspiré du *Decameron*). Vx. Argent : *Du quibus.*

QUINE n. m. (du latin *quini*, « cinq chacun » ; « au jeu de dés, coup où chacun des dés amène un cinq » ; 1155, Robert Wace, *Roman de Brut*). Vx. À la loterie, série de cinq numéros sortis ensemble ; le gros lot : *Il est sorti de rien du tout. Avec zéro pour enjeu, il a gagné le quine. Ce n'est pas très rare ces fortunes-là* (V. Hugo, *Mille francs de récompense*, 1866).

QUITTANCE n. f. (du verbe *quitter*, « libérer » ; 1250, La Rochelle). Attestation écrite reconnaissant le paiement d'une somme due (dette, redevance, droit) : *Voici ma carte d'électeur, ma carte d'identité, le reçu de mon percepteur, ma dernière quittance de loyer* (Clément Vautel, *Le Fou de l'Élysée*, 1939).

QUOTE-PART n. f. (trad. du lat. *quota pars*, « quelle part » ; *cocte part*, 1490, *Archives historiques de la Gironde*). Part que chacun doit payer ou recevoir quand on répartit une somme : *Pierre, même, avait parfois laissé aller sa tête jusqu'à imaginer un système dans lequel il y aurait des lois impératives qui prélèveraient sur ce que chacun gagnait une petite quote-part* (Aragon, *Les Voyageurs de l'impériale*, 1947). Syn. *contribution, écot.*

RABIOT n. m. (sans doute du gascon *rabiot*, « rebut de la pêche » ; sens 1 : 1832, Corbière ; sens 2 : 1872, Esnault). 1. Excédent, menu profit : *Il faisait du rabiot sur tout : sur le pain, le biscuit, le sucre, le café, l'huile d'armes, le cirage, les bons de tabac, et réalisait ainsi un bénéfice illicite* (A. Bruant) • ABRÉV. **rab** (fin du XIXe s.). 2. Solde avantageux, rabais • VAR. **rabiau** n. m. (1879, Huysmans). Bénéfice • DÉR. **rabiage** n. m. (1821, Ansiaume). Vx. Rente. • **rabioter** v. tr. (sens 1 : vers 1885-1890 ; sens 2 : 1962, Robert). 1. Prendre sur la part des autres. 2. S'approprier indûment • **rabioteur** n. m. (1848, Barbier). Homme qui rabiote.

RACKET n. m. (empr. à l'anglo-amér. *racket*, en anglais « tapage, tintamarre » ; 1931, Cendrars). Extorsion d'argent ou d'objets, répétée et organisée, obtenue par chantage, intimidation ou violence : *Tu sais pas ce que c'est que le racket ? C'est pourtant facile à comprendre. Tu vas… tu vas chez n'importe qui, un particulier, un commerçant de préférence quoi, quelqu'un qui a un étal et tu lui dis : « T'as une tête qui m'revient pas, toi… Alors j'ai décidé de te mettre à l'amende. Alors tu vas me donner tout de suite un million ou sinon j'casse tout !* » (F. Raynaud, vers 1960) • DÉR. **racketter** v. tr. (1961, Höfler). Soumettre qqn au racket : *Des policiers des* Forces nouvelles *règlent tout aussi vainement qu'à Abidjan une circulation chaotique. Et rackettent les conducteurs pour moins cher que dans la capitale* (C. Châtelot, *Le Monde*, 12 février 2010) • **racketteur** n. m. (citat. de l'angl. *racketeer* dès 1930, P. Morand). Malfaiteur qui pratique le racket.

RACLER v. tr. (du prov. *rasclar*, « passer la racloire sur une mesure de grains pour faire tomber ce qui s'élève au-dessus du bord » ; 1579, Henri Estienne). S'approprier complètement et avec vigueur : *Ses potes étaient passés avant moi, et ils les lui avaient raclées à zéro, les poches* (A. Simonin, *Le Cave se rebiffe*, 1954).

RADE n. m. (abrègement de *(pas un) radis* ; 1822, Mézière). Vx. Pièce, sou.

RADEAU DE LA MÉDUSE n. m. (de l'œuvre de Géricault, 1819 ; 1867, Delvau). Misère extrême : *Être sur le radeau de la Méduse.*

RADIN, E adj. et n. (p.-ê. de *radin*, « gousset », 1835, Raspail ; nom 1920, adj. 1955, Esnault). Fam. Qui répugne à la dépense : *Les derniers temps qu'on cassait ensemble, il devenait radin, j'avais bien remarqué. « T'as des oursins dans le morlingue »* (Alphonse Boudard, *La Métamorphose des cloportes*, 1962) • Var. **redin** (1885, Esnault). V. *morlingue.*

RADIS n. m. (métaphore du légume sans valeur nutritive ; 1842, Bourgeois et Brisebarre). Pop. Sou (pièce de 5 centimes). Souvent dans un contexte négatif : *C'est pas le tout d'être fringué, quand y a pus de radis à la clé, triste !* (Oscar Méténier, 1885).

RAF(F)ALE n. f. (emploi figuré du terme de marine ; 1836, Vidocq). Vx. État de misère • DÉR. **raffalé** adj. et n. m. (« qui a essuyé une tempête » ; sens 1 : 1810, Esnault ; sens 2 : 1821, Esnault). Vx. 1. Qui a tout perdu au jeu. 2. Homme ruiné, misérable : *Vingt-cinq dieux ! papa Galand, nous prenez-vous pour des rafalés ? C'est la fine rémoulade qu'il nous faut* (Vidocq, *Mémoires*, 1828) • **se rafaler** v. pr. (1867, Delvau). Vx. Devenir pauvre, tomber dans la misère.

RAFLE n. f. (du moyen haut-all. *raffel*, « instrument pour racler le feu » ; sens 1 : 1585, Cholières ; sens 2 : *faire rafle*, « enlever tout », 1645, Corneille ; sens 3 : 1589, Jean-Antoine de Baïf). 1. Vx. Butin. 2. Action de s'emparer de tout ce qui tombe sous la main sans rien laisser. 3. Coup où chacun des dés amène le même point et fait gagner toute la mise • DÉR. **rafler** v. tr. (1573, Baïf). S'emparer de tout ce qui tombe sous la main, sans rien laisser : *Je sautai la séparation, pénétrai dans la cabine grillagée de la caisse et commençai à rafler les espèces* (Léo Malet, *Trilogie noire*, 1948). Syn. *faucher* • **rafleur, euse** n. (1958, A. Arnoux). Rare. Individu qui rafle tout.

1. RAIDE adj. (1886, Esnault). Pop. Démuni d'argent • Renforcements : **raide à blanc** et **comme la justice** (1935, Simonin et Bazin), **comme un passe-lacet** (1919, Esnault). Totalement démuni : *Raides comme passe-lacets, avec au moins deux mois de carrée impayés, ils étaient à cette heure* [...] *en train de faire les beaux* (A. Simonin, *Touchez pas au grisbi*, 1953).

2. RAIDE ou **RAIDILLARD** n. m. (anc. image du rouleau de pièces, vers 1840, Esnault). Billet de 100 anciens francs (1926, Esnault) ou de 100 nouveaux francs (1977, Caradec) : *Le moins qu'il pouvait avoir emplâtré dans cette course, Tintin, c'était cent raides* (A. Simonin, *Le Cave se rebiffe*, 1954).

R

RAIDER n. m. (mot angl. « pillard » ; 1985, Robert). Personne physique ou morale qui lance une offre publique d'achat hostile sur une société en vue d'en prendre le contrôle ou de la revendre à un meilleur cours : *Les Frères de la Côte somaliens sont aussi bien organisés que les raiders de Wall Street* (Y. Mamou, *Le Monde*, 2 avril 2010). V. *offre*.

RAIGUISÉ, E ou **RÉGUISÉ, E** adj. (littéral. « aminci à la meule du rémouleur » ; 1846, *Intérieur des prisons)*. Vx. Ruiné.

RÂLEUR, EUSE n. (de *râler* ; 1867, Delvau). Vx. Client(e) difficile, qui bouleverse tout sans rien acheter • **râleux** n. m. (1901, A. Bruant). Vx. Avare.

RAMASTIQUER v. tr. (suffixation arg. de *ramasser* ; 1835, Raspail). Pratiquer l'escroquerie dite *ramastique* • DÉR. **ramastic** n. m. ou **ramastique** n. f. (1835, Raspail pour *ramastic* ; 1844, *Dict. complet* pour *ramastique*). Arg. anc. Type d'escroquerie autour d'un faux bijou que l'on laisse tomber à terre et qu'un complice, l'ayant ramassé, propose à une dupe de passage, avec « expertise » d'un savant tiers ! • **ramastique** et **ramastiqueur** n. m. (1829, Vidocq). Escroc qui pratique ce type de filouterie.

RANCKÉ n. m. (origine obscure ; 1883, Fustier). Vx. Pièce de deux francs.

RANÇON n. f. (du lat. *redemptio*, « rachat » ; vers 1130). Somme d'argent, prix exigé pour la délivrance d'un prisonnier, d'un otage : *Chaque propriétaire* [somalien] *d'une Kalachnikov ou d'un pistolet se voit octroyer une « action de classe A », laquelle, comme à la Bourse, ouvre droit à un pourcentage de la rançon future* (Y. Mamou, *Le Monde,* 2 avril 2010) • DÉR. **rançonner** v. tr. (1260). Soumettre à une demande de rançon : *Heureusement, j'ai changé d'adresse. Ils ne peuvent plus me rançonner* (Patrick Modiano, *L'Horizon,* 2010) • **rançonneur, euse** n. (1409). Individu qui exige une rançon • **rançonnement** n. m. (1690, Furetière, au sens de « rapine »). Action de rançonner (rare).

RAND n. m. (monnaie créée le 14 février 1961, lors du retrait du Commonwealth et de la fondation de la République d'Afrique du Sud, pour remplacer la livre sud-africaine). Unité monétaire d'Afrique du Sud.

RAPACE n. m. (emprunt au latin *rapax,* « ravisseur, pillard », de *rapere*, « prendre, saisir » ; « âpre au gain », 1455, Georges Chastellain). Péj. Individu qui recherche âprement le gain, le profit, le plus souvent au détriment d'autrui. Syn. *requin, vautour.*

RÂPE n. f. (analogie de fonction ; 1901, Rossignol). Vx et Pop. Personne avare • VAR. **rapin** n. m. (1842, A. Peter). En Suisse romande, équivalent d'*avare.*

RÂPÉ, E adj. et n. (part. passé du verbe *râper* ; 1853, Ponsard). Pop. Se dit d'une personne démunie, dont l'aspect extérieur est misérable.

RAPIA(T) adj. et n. (du lat. *rapere*, « ravir, prendre » ; 1836, Vidocq). Pop. Avare. (Personne) qui regarde trop à la dépense ; qui a le goût des petits profits, des petites économies (pour Vidocq, un *rapiat* ne pouvait être qu'un Auvergnat ou un Savoyard : l'application de ce mot, aujourd'hui, a nettement débordé ces provinces !). Syn. *pingre, radin.*

RAPPORTER v. tr. et intr. (1538, R. Estienne). Procurer de l'argent, des revenus : *On lui prouva qu'il était fou de conserver des terres qui lui rapportaient à grand'peine quarante mille francs par* an (E. Gaboriau, *L'Argent des autres*, 1874). *L'assassinat quand c'est bien fait/c'est fatigant mais ça rapporte* (Bernard Dimey, *Poèmes voyous*, 1978). Syn. fam. *payer* • DÉR. **rapport** n. m. (1851, Murger). Action de produire un profit, un revenu : *Immeuble ou maison de rapport.*

RAQUER v. intr. et tr. (forme régionale, issue de l'anc. français *rachier*, verbe d'origine onomatopéique, « cracher » ; vers 1890-1893 ; encore 2007, *Lexik des cités*). Pop. Débourser (sous une certaine contrainte) : *Des poseurs de lapins/Qui veul'nt raquer en monnaie d'singe* (A. Bruant)

• DÉR. **raquement** n. m. (1896, Esnault) et **raquage** n. m. (1899, Nouguier). Arg. paiement • **raqueur** n. m. (1899, Nouguier). Celui qui paie • **raquedal** n. m. (1901, Esnault) Arg. Sobriquet d'avare.

1. RAT n. m. (emploi métaphorique de l'animal intelligent et fouineur ; 1821, Ansiaume). Vx. Voleur qui sévissait dans les auberges et les hôtels. Aujourd'hui, on emploie en ce sens la loc. **rat d'hôtel** (1907, Larousse). / **Courir le rat** (1836, Vidocq), voler la nuit dans les auberges • DÉR. **raton** (id.) Petit voleur d'une dizaine d'années que leurs aînés introduisent le soir dans les boutiques.

2. RAT adj. et n. m. (métaphore de l'animal qui amasse ; adj. 1867, Delvau ; n. m. 1846, Balzac). Syn. d'*avare.*

RÂTEAU n. m. et adj. (1928, Pierrehumbert). En Suisse romande, syn. d'*avare.*

RATISSER v. tr. (emploi imagé du verbe usuel ; 1867, Delvau aux sens 1 et 2). Pop. 1. Voler. 2. Dépouiller, ruiner (notamment au jeu) • DÉR. **ratissage** n. m. (sens 1 : 1901, Bruant ; sens 2 : 1877, Zola). 1. Vol : *Il y avait à peine deux jours qu'il était sorti de prison qu'on le repinçait pour ratissage d'une pelisse dans un café* (Bruant). 2. Dénuement, ruine.

RÉAL n. m. (mot espagnol, « royal » ; 1363). Ancienne monnaie d'Espagne, du Portugal, de certains pays d'Amérique centrale et du Sud, parfois encore utilisée comme unité de compte (valant un quart de peseta en Espagne).

RÉALISER v. tr. (emploi « réaliste » du verbe usuel ; sens 1 : 1720, « convertir en espèces » ; sens 2 : 1835, Stendhal) 1. Convertir (des valeurs, des titres, des biens) en argent liquide, par une vente. 2. Obtenir comme bénéfice, comme gain : *Avant la fin de la semaine, Thaller aura fait son* *coup, réalisé on ne sait combien de millions* (E. Gaboriau, *L'Argent des autres*, 1874).

RECELER ou **RECÉLER** v. tr. (1398, « cacher frauduleusement »). Détenir sciemment une chose obtenue (par autrui) de manière délictueuse ou donner asile à qqn ayant commis certains délits punis par la loi • **recel** (*mener grant recel* « bien dissimuler », 1375, Jean Cuvelier) ou **recèlement** n. m. (1835, *Dict. de l'Acad. fr.*). Action de receler • **receleur** ou **recéleur, euse** n. (1321, *Dict.* de Godefroy). Personne coupable de recel : *Mais serait-ce un voleur ou un receleur qui, pour se livrer plus sûrement à son commerce, affecterait la bêtise, l'impuissance, et vivrait en mendiant ?* (Balzac, *Le Père Goriot*, 1834).

RÉCESSION n. f. (du lat. *recessio*, « action de se retirer » ; 1954, J. Morand). Ralentissement de l'activité économique d'un pays, avec diminution de l'investissement et augmentation du chômage, mais n'affectant pas nécessairement le mouvement des prix : *Après avoir connu sa plus grande récession depuis 1946, l'économie américaine renoue avec une forte croissance* (P.-A. Delhommais, *Le Monde*, 31 janvier 2010).

RECETTE n. f. (du latin *recipere*, « recevoir » ; *recoite*, « total des sommes d'argent reçues », 1283, Philippe de Beaumanoir). Montant total de l'argent reçu ; rentrée d'argent. Il n'y a pas vraiment de recette pour devenir riche !... Contr. *dépense*. • DÉR. **chanteur-recette** n. m. Arg. du théâtre (1878, Rigaud). Vx. Artiste lyrique dont le nom attire le public.

RÉCOMPENSER v. tr. (issu du bas-lat. et du latin chrétien *recompensare*, « donner en retour, payer » ; dernier quart du XIVe s., Froissart). Dédommager • DÉR. **récompense** n. f. (« bien matériel ou moral accordé à quelqu'un pour une action, un service, un mérite » : 1413, *Journal* de Nicolas de Baye). Compensation, dédommagement.

RECTA adj. et adv. (de l'adv. lat. *recta*, « tout droit, en ligne droite » ; adv. « ponctuellement, exactement » ; 1725, Grandval ; adj. 1947, Giono). Fam. Conforme, conformément aux normes, à la règle, aux obligations : *Perroni avait de grosses responsabilités – fichiers, factures, bordereaux, paye du personnel –, et lorsqu'on a de grosses responsabilités, il faut que les choses fonctionnent recta et au cordeau* (Jean Malaquais, *Les Javanais*, 1939). *Payer recta.* Syn. *net.*

RECTIFIER v. tr. (emploi spécialisé du verbe usuel ; 1955, Le Breton). Fam. Dépouiller, ruiner.

REÇU n. m. (de *recevoir* ; 1611, Cotgrave). Écrit dans lequel une personne reconnaît avoir reçu une somme d'argent pour divers règlements. V. citat. à *quittance.*

REDEVANCE n. f. (du verbe *devoir* et du préfixe *re-* ; dès 1260, « somme payable à dates fixes, taxe » ; auj. 1981). Anc. Somme devant être payée à échéances fixes à titre de rente ou de dette : *Moyennant une redevance sur chaque cargaison, il apposait son sceau sur les papiers* (Henri de Monfreid, *Les Secrets de la mer Rouge*, 1932) ; auj. Droit perçu sur les usagers d'un service public par le gestionnaire de ce service public et généralement proportionnel au service rendu • DÉR. **redevancier** n. m. (1612, Le Proust, Loudun). Vx. Personne astreinte à une redevance.

REFAIRE v. tr. (dès 1700, selon Esnault). Fam. Duper, voler. / **Être refait au même** loc. (idée de « rendre la pareille » ; 1846, Balzac). Être trompé par qqn que l'on avait trompé antérieurement.

RÉGALER SON SUISSE loc. (1867, Delvau). Vx. Payer chacun son écot, quand on joue à deux.

REGARDER À LA DÉPENSE loc. (1867, Delvau). Ne pas vouloir dépenser trop d'argent • DÉR. **regardant, e** adj. (1690, Furetière). Qui dépense avec parcimonie.

RÉGLER v. tr. (de *règle* ; 1690, Furetière). Payer le montant qui est dû : *Ils ont toujours réglé d'avance. Jamais un sou de dette. Même au milieu des pires déboires* (L.-F. Céline, *Mort à crédit*, 1936). *Elle craignait qu'il ne lui demande comment elle réglait sa note d'hôtel* (Patrick Modiano, *L'Horizon,* 2010) • DÉR. **règlement** n. m. Paiement, liquidation ; somme réglée : *Règlement par chèques, en espèces.*

REGON n. m. (mot berrichon, « remous » ; 1821, Mézière, encore en 1867, Delvau). Vx. Dette • DÉR. **regonser** v. intr. (1867, Delvau). Devoir de l'argent.

RÉGUISÉ, E adj. V. *raiguisé.*

REIS n. m. (mot portugais, plur. de *real*, nom d'une monnaie portugaise attestée depuis 1035). Petite monnaie divisionnaire naguère en usage au Portugal et au Brésil.

RELEVER v. intr. (emploi expressif du verbe usuel, « émerger » ; 1867, Delvau). Sortir d'un état de gêne • v. tr. **Relever les compteurs** loc. verbale (1938, Esnault) ou **le chandelier** (1883, Fustier). Arg. Récupérer le bénéfice quotidien de la prostitution : *Rue Blondel, c'est « relever les compteurs » qu'on entend. Le proxo qui vient ramasser sa comptée « relève ses compteurs »* (Claude Dubois, *En parlant un peu de Paris,* nov. 1988).

R

RELIQUAT n. m. (part. passé subst. de *reliquare*, « redevoir quelque chose sur un compte » ; dès 1409, *rendre compte* *et relicat* (*Ordonnances des rois de France*) Reste d'une somme à percevoir ou à payer • DÉR. **reliquataire** n. (1566, Bloch-Wartburg). Personne qui est redevable d'un reliquat après avoir rendu ses comptes.

REMBOURSER v. tr. (du préf. *re-* et du verbe ancien *embourser*, « mettre en bourse » ; 1393, Isambert). Rendre à qqn une somme qui a été avancée ou déboursée : *Et sa sœur, comment s'en est-elle tirée avec son mari ? – Dame ! Elle s'en est tirée que l'père Bourdin a tout remboursé* (Henri Monnier, *Scènes populaires*, 1835) • DÉR. **remboursement** n. m. (1432, *Journal de l'abbé Jean de Clercq*). Action de rembourser • **remboursable** (même date). adj. Qui peut ou doit être remboursé : *Comme ce ne sera qu'une avance remboursable, bien que sans intérêt, ça doit se trouver* (Clément Vautel, *Le Fou de l'Élysée*, 1939). V. *emprunt*.

REMETTRE (À FLOT) loc. verbale (image maritime ; 1830, Lamartine). Rétablir la situation financière de qqn ; souvent à la voix pron. Retrouver sa situation financière antérieure : *Il compte, pour se remettre à flot, sur une négociation avec les Soviets… Il s'agit de pétroles, je crois…* (I. Némirovsky, *David Golder*, 1929).

REMISE n. f. (du verbe *remettre*, « rendre » ; 1680, *Dict.* de Richelet). Commission accordée par un fournisseur à un vendeur, ou réduction de prix accordée à un client. Syn. *ristourne* • **remisier** n. m. (1857, J. Vallès). Commerçant qui reçoit de ses clients des ordres de bourse, les transmet à un agent de change et en surveille l'exécution, moyennant une rémunération de la part du donneur d'ordre et une « remise », c.-à-d. un pourcentage sur le montant du courtage : *Aussi les bureaux du* Pilote financier *étaient-ils pleins, lorsque M. de Trégars et Maxence y arrivèrent* : *spéculateurs, remisiers venus là pour discuter les fluctuations du jour* (E. Gaboriau, *L'Argent des autres*, 1874).

REMONTER SUR SA BÊTE loc. (métaphore du cavalier désarçonné ; 1883, Delvau). Vx. Rétablir ses affaires, sa fortune.

REMPLUMER v. tr. (image expressive ; 1400, Eustache Deschamps). Réparer les pertes d'argent de qqn (souvent à la voix pron. **se remplumer**, « reconstituer son avoir »). V. citat. à *verdure*.

RÉMUNÉRER v. tr. (du lat. *remunerari*, proprement « donner un présent (*munus*) en retour », vers 1330, Girart de Roussillon). Payer qqn pour un travail ou un service fourni : *Pourquoi aller chercher si loin ce qu'on peut trouver ici même, c'est-à-dire un emploi stable, honorable et bien rémunéré ?* (Jean L'Hôte, *La Communale*, 1957). / N. B. On évitera le barbarisme **rénumérer*, verbe... inexistant, de même que le substantif **rénumération* et l'adj. **rénumérateur* !. Syn. *rétribuer* • **rémunération** n. f. (du lat. *remuneratio*, même sens ; 1300). Paiement accordé pour un travail ou un service. Syn. *rétribution* • **rémunératoire** adj. (1514). En termes de droit, qui se rapporte aux rémunérations ou qui sert à rémunérer des services rendus ; à distinguer de : **rémunérateur, trice** adj. (début du XIVe s., emprunt au lat. chrétien de Tertullien (IIIe s.) : *remunerator*, « celui qui récompense »). Qui procure des bénéfices intéressants : *Mon oncle a été conduit à rechercher pour mon bien des placements plus rémunérateurs* (Georges Darien, *Le Voleur*, 1897).

RENARD n. m. (du sens de « vomissure », c.-à-d. ce qu'on fait cracher au client ; 1866, Delvau). Vx. Pourboire.

RENDEMENT n. m. (de *rendre*, au sens de « rapporter » ; sens 1, « rendement des terres ou des capitaux », 1846, Proudhon ; sens 2 : « rapport entre le travail utile d'une machine et le travail moteur qu'elle reçoit », 1870, Littré). 1. Production, travail exprimé, de manière implicite ou

R

explicite, par rapport à une unité de référence. 2. Rapport entre une production, un travail et la totalité des valeurs, des unités qui permettent de l'obtenir. V. *actuaire*.

RENDEZ-MOI n. m. (de l'expression « Rendez-moi ma monnaie » ; 1836, Vidocq, nombreuses variantes jusque dans les années 1930 : *rendez, rendem, rendèche*, etc.). Arg. **Vol au rendez-moi**, escroquerie consistant à réclamer à un commerçant la monnaie d'une grosse pièce ou d'un gros billet... qu'on ne lui a pas donné : *Les dupes du rendem sont nombreuses à Paris et plus encore en province* (G. Macé, *Mon musée criminel*, 1890).

RENTABLE adj. (d'abord en 1290, de l'anc. picard *rentavle*, « qui rapporte une rente » ; encore absent de Littré, en 1870 ; sens moderne, fin XIXe s. Dauzat). Qui procure un bénéfice, un revenu satisfaisant par rapport au capital investi : *Sanofi-Aventis, qui vient de détrôner Total à la première place du CAC 40, et se trouve donc être l'entreprise la plus rentable de France* (*Le Canard enchaîné*, 17 mars 2010) • **rentabilité** n. f. (1909, Charles Gide). Capacité pour un investissement en capital de produire un revenu satisfaisant, un bénéfice appréciable : *Pour d'évidentes raisons de rentabilité, la Poste souhaiterait ne pas se limiter aux PME, mais pouvoir distribuer des crédits à toutes les entreprises* (A. Michel, *Le Monde*, 1er avril 2010) • **rentabiliser** v. tr. (1962, René Dumont). Rendre rentable, faire en sorte que soit bénéficiaire une opération financière, une entreprise, une exploitation • **rentabilisation** n. f. (1973, M. Bosquet). Action de rentabiliser ; résultat de cette action.

RENTE n. f. (provient, comme l'ital. *rendita*, le catalan et l'anc. prov. *renda*, d'un lat. pop. **rendita*, issu du verbe *reddere*, « rendre » ; « redevance, tribut à payer régulièrement pour un bien mobilier ou immobilier dont on a la jouissance », vers 1119, Philippe de Thaon ; p. ext. « revenu, rémunération », 1737, Marivaux). Revenu périodique, généralement annuel, à l'exception de celui du travail : *On l'dit immensément riche. – Quatre-vingt mille livres de rente en maisons* (Henri Monnier, *Scènes populaires*, 1835). *Il aurait pu ne plus travailler, vivre de ses rentes, du revenu de sa ferme et de ses terres* (Georges Simenon, *Le Riche Homme*, 1970) • DÉR. **rentier, ère** n. (« possesseur de rentes », 1356 ; « personne inactive vivant de ses rentes », 1755, Mirabeau). Souvent péj. (avec une nuance d'envie !). Celui, celle qui a des rentes, qui vit de revenus non professionnels. Il paraît que ça existe encore (ils se cachent peut-être sous le nom sportif de *parachutiste doré* ?) : *Êtes-vous journaliste, / Peintre, sculpteur, rentier, / Poète ou pianiste ?... / Quel est votre métier ?* (A. Bruant).

RENTOILER (SE) v. pron. (emploi métaphorique de « remettre une toile neuve », argot des artistes ; 1867, Delvau). Vx. Refaire sa fortune, récupérer ses biens.

REQUIN n. m. (métaphore de l'animal cupide et féroce ; 1790, *Documents et datations lexicogr.*). Pop. Personnage avide et sans pitié : *À côté des r'quins de la finance / et des crabes du gouvernement* [...] */ i n'était pas méchant, Frédo* (Bernard Dimey, *Poèmes voyous*, 1978). Syn. *rapace, vautour.* / **Requin de terre** (1867, Delvau). Vx. Huissier.

RÉQUISITION n. f. (du lat. *requisitio*, « recherche » ; 1936, René Capitant). **Réquisition (de paiement)**, ordre écrit par lequel un ordonnateur contraint un comptable à affecter le paiement d'un mandat ou d'une ordonnance que celui-ci aurait refusé de payer pour irrégularité budgétaire.

RESH ou **REISCH** n. m. (sans doute abrév. de *Reichst(h)aler*, monnaie allemande, 1834, Boiste ; 1901, A. Bruant). Vx. Pièce de cinq centimes (= un sou). V. citat. à *rotin*.

RESSOURCES n. f. (part. passé fém. subst. de l'a. verbe *ressourdre*, « ressusciter » ; fin xe s., *Passion* ; « recours utilisé pour faire face à une situation difficile », 1422, Alain Chartier). Moyens pécuniaires dont dispose une personne pour assurer son existence. Syn. *moyens*.

RETENUE n. f. (du part. passé du verbe *retenir* ; 1765, *Encyclopédie*). Ce qui est déduit sur un salaire, un traitement, un revenu, pour les cotisations sociales obligatoires ou volontaires. / **Retenue à la source** (1967, Raymond Barraine), prélèvement effectué par certains débiteurs au profit du fisc sur les sommes qu'ils doivent à leur créancier de manière à acquitter directement l'impôt à la charge de ce créancier ; modalité de perception de certains impôts directs par prélèvement au moment du paiement des revenus.

RETIRER v. tr. **Retirer le pain de la bouche à qqn** (1867, Delvau), le ruiner, lui enlever son emploi.

RETOURNER SA VESTE ou **SON PALETOT** loc. (image expressive ; 1867, Delvau). Vx. Faire faillite.

RETRAIT n. m. (du vieux verbe *retraire*, syn. de *retirer* ; *retrait d'argent*, 1836, Gozlan). Opération par laquelle le client demande à son banquier de lui remettre une certaine somme en espèces, dont le montant sera porté au débit de son compte.

RETRAITE n. f. État d'une personne qui a cessé toute fonction, tout emploi, en raison de son âge ou d'une incapacité et qui a droit à une pension : *Faut bien mourir un jour ! – Comme vous y allez ! Je n'ai pas envie de mourir sans avoir profité de ma retraite !* (Jean L'Hôte, *La Communale*, 1957). *Retraite anticipée, complémentaire, retraite des cadres.* / **Pension de retraite** ou simpl. **retraite**, pension assurée aux fonctionnaires civils ou aux militaires admis à prendre leur retraite et dont le capital provient de retenues mensuelles opérées sur leur traitement ou leur solde pendant leur temps d'activité : *Je ne fais pas d'économies et ne suis assuré d'aucune retraite* (Clément Vautel, *Le Fou de l'Élysée*, 1939). / **Retraite-chapeau,** complément de la retraite légale, généralement réservée aux cadres dirigeants ou stratégiques, sous forme d'une provision calculée par rapport à un pourcentage fixe négocié (entre 10 % et 20 %) du salaire en fin de carrière (art. 39 du CGI, *Code général des impôts*) : *Mais si l'on souhaite remettre en question les privilèges, alors parlons de tous les privilèges, des retraites-chapeaux phénoménales* [...], *des inégalités hommes-femmes* (Bruno Palier, *Le Monde*, 14 février 2010). V. citat. à *stock-option* • DÉR. **pré-retraite** (1964, Robert). Retraite anticipée proposée aux salariés en période de crise de l'emploi • **pré-retraité, e** (même date). Personne mise en pré-retraite. • **semi-retraite** n. f. (1979, *Le Point*). Cessation partielle des activités.

RÉTRIBUER n. m. (du lat. *retribuere*, « donner en échange, en retour » ; 1370-1372, Oresme). Accorder à quelqu'un quelque chose en contrepartie de son travail, de ses services • **rétribution** n. f. (emprunt au bas-lat. *retributio*, « récompense, riposte, renvoi » ; *retributiun*, « salaire déterminé d'un service, d'un travail », 1re moitié du XIIe s., *Psautier d'Oxford*). Avantage en nature, somme d'argent que l'on donne ou que l'on reçoit en échange d'un travail, d'un service.

REVENANT-BON n. m. (*de revenant*, part. prés. de *revenir* au sens de « rapporter » et de *bon* ; 1690, Furetière). Anc. Profit résultant d'une affaire, d'une activité, d'un métier. Syn. *gain*.

REVENDRE v. tr. (du préf *re-* et de *vendre* ; sens 1 : 1200, Guiot de Provins ; sens 2 : 1836, Gozlan). 1. Vendre ce qu'on a acheté ou ce qui vous appartient. V. citat. à *adjuger*. 2.

Vendre un produit que l'on a transformé, manutentionné • DÉR. **revendeur, euse** (sens 1 : masc. *revendeor*, 1198, Évrat ; sens 2 : vers 1950 ; sens 3 : 1919, Estaunié). 1. Personne qui revend des marchandises, qui achète en gros pour revendre au détail. 2. Commerçant(e) ou représentant(e) attaché(e) à une société, à une entreprise. 3. Brocanteur, bouquiniste. / **Revendeuse à la toilette** n. f. (1851, Nerval). Anc. Femme qui achetait de vieux vêtements et des bijoux pour les revendre à domicile • **revente** n. f. (1538, Henri Estienne). Nouvelle vente (d'un bien acheté).

REVENIR v. tr. ind. (en parlant d'une somme, 1530, Palsgrave). Se monter à, avoir tel coût • **revenu** n. m. (part. passé subst. du verbe *revenir,* au sens de « rapporter » ; dès 1360, « ce qui revient annuellement à qqn d'un bien, d'une pension » ; 1608, Mathurin Régnier, au fig. « profit, avantage »). Profit en nature ou en argent qui revient à un individu, à un groupe d'individus, à une institution, pour une période déterminée, à titre de rente ou de rémunération de son activité : *Elle* [la serveuse] *a senti venir le choc à l'automne. D'abord, la diminution du nombre de clients, donc du nombre d'heures supplémentaires, donc des revenus* (J.-Th. Ceccaldi, revue *XXI*, n° 8, automne 2009). / **R.M.I.** acronyme de **Revenu minimum (d'insertion)** (1988) : allocation versée à des personnes ne disposant d'aucun revenu, et censée les inciter à rechercher un emploi : *En 2006, la France dépense 12 milliards d'euros pour payer un revenu miminum aux plus pauvres* (Jacques Attali, *Une Brève Histoire de l'avenir,* 2006). Le R.M.I. a été remplacé à/c. du 1er juin 2009 par le **R.S.A.**, acronyme de **Revenu de Solidarité Active** • DÉR. **RMiste** ou **érémiste** n. Personne qui touche le R.M.I.

REVIDAGE n. m. (du verbe *vider*, emploi expressif ; 1867, Delvau). Vx. Partage, entre brocanteurs, de lots achetés trop cher, en vue de les revendre.

RICHE adj. et n. (d'un ancien bas-francique **riki*, « puissant », auquel on peut rattacher l'italien *ricco*, l'espagnol et le portugais *rico*, le provençal et le catalan *ric* ; vers 1050, *Vie de Saint Alexis*). Qui vit dans l'aisance, qui a de la fortune : *A-t-on vu quelque part le pauvre obtenir justice contre le riche, toutes les fois qu'il n'y a point plus à gagner à poursuivre le riche qu'à se laisser corrompre ?* (Condorcet, *Réflexions sur l'esclavage des nègres*, 1781). *Nous nous foutons des riches, / Nous leur faisons des niches, / Et nous chantons, le soir, / Au cabaret du Chat Noir !* (A. Bruant, 1884). *C'était les potiches, des si hautes, si grosses qu'on aurait pu se cacher dedans. Ils en avaient mis partout. Ils étaient très riches ces gens-là* (L.-F. Céline, *Mort à crédit*, 1936) • **richissime** adj. (début du XIVe s.). Superlatif synthétique de *riche* : *Ce richissime ex-banquier, Arthur Pogott, traitant M. Philox Lorris en homme digne de le comprendre, exposa ses plans avec tranquillité quand il fit visiter son petit hôtel à son acheteur* (Albert Robida, *La Vie électrique*, 1890). On trouve même **richissime à millions** chez Balzac, en 1842 ! / N. B. Avez-vous remarqué qu'il manque à la langue française le superlatif symétrique **pauvrissime* ? Il est vrai qu'il y a tant de synonymes de *pauvre*, comme l'a souligné avec pertinence l'humoriste belge Philippe Geluck ! • **nouveau riche** n. m. (J. Giraudoux, *Siegfried et le Limousin*, 1922). Péj. Personne qui s'est enrichie rapidement et de façon souvent douteuse : *Ils parlent tous à la fois, reconstruisent « la société », bousculent les bourgeois et les nouveaux riches* (Eugène Dabit, *Petit-Louis*, 1930) • VAR. **rico** adj. : « *C'est fiesta aujourd'hui ? s'informa-t-elle. Vous êtes devenu rico ?* » *Riche à millions, tout à l'heure, il l'a presque été* (1939, Jean Malaquais) • DÉR. **richard** adj. et n. m. (1466, Pierre Michault). Fam. et vieilli, légèrement péjoratif. Homme riche : *Y en a des richards et des ouvriers dans c'patelin-là !* (Jean Lorrain, *La Maison Philibert*, 1904).

RICHELIEU n. m. (à l'effigie du cardinal ; 1963, A. Boudard). Billet de 10 nouveaux francs ou de 1000 anciens francs.

RICHESSE n. f. (de *riche* ; *richeise* « puissance », 1121-1134, Philippe de Thaon). Abondance de biens, de moyens, de revenus ; état, condition d'une personne qui jouit de cette abondance : *La prospérité du commerce, la richesse nationale ne peuvent être mises en balance avec la justice* (Condorcet, *Réflexions sur l'esclavage des nègres*, 1781). Syn. *fortune, opulence.* Contr. *besoin, dénuement, misère, pauvreté.*

RIFFAUDEUR n. m. (de *riffauder*, « chauffer » ; 1822, Mézière). Syn. de *chauffeur.*

RIFLER v. tr. (de l'anc. haut-all. *riffilôn, «* déchirer en frottant » ; 1867, Delvau). Vx. Piller, voler.

RIFLOT n. m. (du vieux verbe *rifler*, « goinfrer » ; 1905, Esnault). Vx. Homme riche • VAR. **riflard** n. m. (1836, Vidocq).

RINCER v. tr. (emploi expressif du verbe usuel ; sens 1 : 1821, Ansiaume ; sens 2 : 2007, *Lexik des cités*). 1. Vx. Dépouiller, ruiner : *Viens avec moi, je suis maître d'une cambriole, que je rincerai ce soir* (Vidocq, *Mémoires*, 1829). 2. Payer qqch., notamment une consommation (à qqn).

RINGGIT n. m. (mot malais). Unité monétaire principale de la Malaisie : *Le premier ministre malaisien, Mohamad Mahatir, furieux de la chute du ringgit, avait dénoncé le « complot juif new-yorkais »* (P.-A. Delhommais, *Le Monde*, 14 mars 2010). Syn. *dollar de la Malaisie.*

ROBER v. tr. (de *robe,* au sens du germ. occidental *rauba*, « butin » ; fin du XIIe s., *Couronnement de Louis,* repris en 1831 par Balzac). Anc. Voler (qqn ou qqch.), dérober.

ROBIGNOLE ou **ROUBIGNOLE** n. f. (de *robin,* « testicule », dans le Maine ; 1836, Vidocq ; *roubignole* 1862, Canler). Anc. Syn. de *cocange* (v. ce mot) ; ce jeu lui-même • DÉR. **robignoleur** (1836, Vidocq) ou **roubignoleur** (1867, Delvau) n. m. Tenancier du jeu de la cocange.

ROCKFELLER n. m. (nom d'un industriel américain, mort en 1937, fondateur de la Standard Oil et archétype du « richard » ; 1955, Le Breton). Souvent employé comme interjection, au sens (souvent ironique) de « richard » : *Ça va, Rockfeller ! Mais méfie-toi d'ce genre de tickets ! Ça peut t'mener loin* (A. Le Breton, *La Loi des rues*, 1955).

ROMAGNOL ou **ROMAGNON** n. m. (origine obscure, p.-ê. d'un nom propre ; 1836, Vidocq). Anc. Trésor caché.

ROND n. m. (forme de la pièce de monnaie ; dès 1566, Rasse des Nœuds, Esnault). Sou : *Quatre sous de tabac, ça fait dix ; quatre sous à déjeuner ; quatorze, quinze sous à dîner ; un ou deux sous d'eau-de-vie, ça me fait dans les environs de trente ronds par jour* (E. Sue, *Les Mystères de Paris,* 1842). *I'nous auraient dépensé tout/Petit à p'tit jusqu'au dernier/ Mêm'pus un rond pour aller boire* (Bernard Dimey, *Poèmes voyous*, 1978). / **Des ronds** (1905, id.), de l'argent : *Avoir des ronds*, être en fonds. / **Pour pas un rond**, pour rien • Arg. anc. **Rond de six balles** écu de 6 livres (1847, *Dict. nain*) ; pièce de 5 francs (1851, Esnault)

R

RONDELLE n. f. (diminutif de *rond* ; 1907, Esnault). Arg. et Vx. Pièce d'or.

RONDIN n. m. (de *rond* ; 1829, Vidocq). Arg. Écu de cinq francs. / **Rondin jaune**, pièce d'or • DÉR. **rondiner** v. intr. (1866, Delvau). Arg. Dépenser son argent • **dérondiner** v. tr. (1848, Pierre). Payer • **se dérondiner** v. pron. (1867, Delvau). Dépenser son argent.

1. ROSSIGNOL n. m. (quand il ouvre bien, il « chante » ; dès 1406, selon Sainéan). Pop. Fausse clé : *Les types de l'identité judiciaire ne relevaient aucune des éraillures qu'aurait pu laisser la pesée d'un rossignol prenant appui sur l'entrée de cuivre de la serrure* (A. Simonin, *Le Cave se rebiffe*, 1954) • DÉR. **rossignoler** v. tr. (1832, Festeau). Vx. Cambrioler • **rossignoleur** n. m. (1844, *Dictionnaire complet*). Cambrioleur.

2. ROSSIGNOL n. m. (d'abord « livre invendu, et qui reste « perché » sur les rayons des libraires », 1839, Balzac). Fam. Marchandise démodée, défraîchie, difficilement vendable : *Grand-mère elle arrêtait pas d'aller à la remonte... d'aller piquer du « rossignol » à la salle des ventes* (L.-F. Céline, *Mort à crédit*, 1936) • DÉR. **rossignoliser** v. intr. (1883, Fustier). Vx. Vendre des objets sans valeur, difficiles à écouler.

ROTIN n. m. (jeu de mots probable sur *jonc*, « or en métal ou en monnaie » ; 1835, Raspail). Sou, le plus souvent dans un contexte négatif : *J'ai pus un rotin... pus un bourgue.../ Pus un reisch !... Et nib dans l'battant* (Léon de Bercy) • DÉR. **rotinette** n. f. (dimin. de *rotin* ; 1901, A. Bruant). Vx. Pièce d'argent de 0,50 franc (= dix sous).

RÔTIR LE BALAI loc. (« en être réduit à brûler son balai pour se chauffer » ; 1867, Delvau). Vx. Mener une vie misérable.

ROTSCHILD n. pr. (du nom d'un banquier allemand mort en 1812 et fondateur d'une dynastie prodigieuse). *C'est là* [à Londres] *que, en 1815, la première structure financière multinationale, venue de Francfort, la banque des Rotschild, impose son art des marchés* (Jacques Attali, *Une Brève Histoire de l'avenir,* 2006). Homme très riche : *Les Rotschild sont des rupins « or normes »* !

ROUBIGNOLE n. f. V. *robignole.*

ROUBLE n. m. (emprunt au russe *rubl'*, de même sens, probablement du verbe *rubit'*, «couper», l'ancien rouble étant coupé dans une barre d'argent ; 1606). Unité monétaire de la Russie tsariste puis de l'U.R.S.S., divisée en cent kopecks : *Les Soviets désiraient obtenir des U.S.A. un prêt de 23 000 000 roubles-or* (I. Némirovsky, *David Golder*, 1929). *Hou ha ! souffle-t-il, saisissant à pleines mains le pactole. Hou ha ! D'or, les roubles. Des roubles d'or, princesse* (Jean Malaquais, *Les Javanais*, 1939).

ROUE n. f. (vieille et amusante image de la diligence, dont les roues arrière étaient d'un diamètre supérieur à celui des roues avant). **Roue de derrière** n. f. Pop. et Vx. Écu de six livres (1747, Esnault) ou pièce d'argent de cinq francs (avant 1765, Caylus). On appela également cette dernière **roue de brouette** (1912, Esnault). / **Roue de devant** n. f. Pièce d'argent de trois francs (1827, Demoraine), puis de deux francs (1836, Vidocq) • DÉR. **rouelle jaune** n. f. (xve s., Esnault). Arg. anc. Pièce d'or.

ROUEN n. pr. **Aller à Rouen** (jeu de mots sur *Rouen-ruine* ; 1836, Vidocq). Arg. anc. Se ruiner.

ROUGET n. m. (métonymie de la couleur ; 1821, Ansiaume). Vx. Cuivre (le plus souvent volé).

ROULANT DE CÉ (1847, *Dictionnaire nain)* n. m. Arg. anc. Écu de six livres. V. *cé*.

ROULER v. tr. (1834, Balzac). Fam. Abuser, tromper qqn pour en tirer profit ou avantage : *Votre bonhomme au nom anglais, fit Joseph un instant plus tard, il va, si je lui vends mon ours, essayer de me rouler* (G. Duhamel, *La Passion de Joseph Pasquier*, 1945). / **Rouler dans la farine** (1866, Delvau), (vx) **dans la pâte** (1885, Maupassant), tromper de façon habile, en profitant de la crédulité de la victime.

R

ROULOTTE n. f. (du verbe *rouler* : ce mot désigne de très bonne heure n'importe quel véhicule à roues ; 1821, Ansiaume). Vx. Charrette, camion. / **Grinchir une roulotte en salade** (1836, Vidocq, ainsi que les loc. qui suivent), voler la cargaison d'un véhicule, à la diable et sans choix préétabli. / **À la roulotte** loc. adv. Vx. Se disait de l'action de celui qui volait dans des véhicules. **Grinchir, voler à la roulotte** : *Ça dégringole en cascade ! Un gonze se fait serrer à la roulotte, dix douze suivent...* (Alphonse Boudard, *La Métamorphose des cloportes*, 1962). *Âgés d'une vingtaine d'années, ils s'étaient spécialisés dans les vols de voitures, vols à la roulotte et le cambriolage* (titre de *L'Est Républicain,* 21 janvier 2010) • DÉR. **roulottage** n. m. (1836, Vidocq). Vx. Vol dans les véhicules • **roulottier** n. m. (1835, Raspail ; encore usuel aujourd'hui), (vx) **rouletier** (1829, Vidocq) ou **roulier** (1845, Esnault). Pilleur de voitures en stationnement : *Des classes entières de voleurs étaient aux abois, de ce nombre était celle des* rouletiers *(qui dérobent les chargements sur les voitures)* (Vidocq, *Mémoires*).

ROUPIE n. f. (1614 *rupia* ; empr., par l'intermédiaire du portugais *rupia*, à l'hindoustani, lui-même issu du sanskrit *rupya*, « argent »). Unité monétaire principale de l'Inde, de l'Indonésie (**rupiah**), des Maldives (**rufiah**), de l'île Maurice, du Népal, du Pakistan, des Seychelles et du Sri Lanka : *As-tu de l'argent ? – Oui, j'ai avec moi 2000 roupies, mais le reste viendra là où nous irons* (Henri de Monfreid, *Les Secrets de la mer Rouge*, 1932).

ROUSTIR v. tr. (du prov. *rousti*, « rôtir » ; sens 1 : 1789, Larchey ; sens 2 : 1844, Esnault). Arg. 1. Tromper, escroquer. 2. Voler (qqch. ou qqn) • DÉR. Vx. **roustisseur** n. m. (1867, Delvau). Voleur • **roustissure** n. f. (id.). Escroquerie.

ROY DAVID ou **DAVYOT** n. m. (même image que dans *monseigneur*, v. ce mot, avec sans doute influence du mot *davier*,

« instrument d'extraction utilisé par le dentiste » ; 1455, *Coquillards*). Arg. anc. Pince de crocheteur de serrure.

ROYALTIES n. m. pl. (de l'angl. *royalty*, empr. à l'a. fr. *roialté, royauté* ; sens 1 : 1865, *droit de royalty* ; sens 2 : 1910). 1. Redevances dues, en échange d'un droit d'exploitation ou de passage, au propriétaire d'un terrain, au gouvernement d'un pays étranger par la société qui exploite un gisement. 2. Redevances dues, en échange d'un droit d'exploitation, à l'auteur d'une œuvre littéraire ou artistique, à un inventeur propriétaire d'un brevet par la personne physique ou morale qui exploite l'œuvre de cet auteur, la découverte de cet inventeur.

RUBIS SUR PIEU (*pieu* pour *peau* ; 1867, Delvau). Arg. Argent comptant (forme ancienne et pop. équivalant à *payer rubis sur l'ongle*).

RUE BARRÉE ou **RUE OÙ ON PAVE** loc. nominale (emploi euphémique : rue à éviter, quand on a des dettes ! 1867, Delvau). Vx. Rue, passage où demeure un créancier.

RUÉE VERS L'OR n. f. (*ruée* est issu du vieux verbe *ruer*, « se précipiter, s'élancer », 1170, Chrétien de Troyes ; ici, influence de l'angl. *rush*, attesté depuis 1850 à propos de la ruée vers les champs aurifères). Mouvement migrateur à partir du milieu du XIXe s., qui entraîna des populations à la recherche de l'or, de l'est vers le centre et l'ouest des États-Unis d'Amérique et l'Alaska : *Il y a pénurie de magistrats et au moment de la ruée, aucune autorité n'a prise sur ces foules cosmopolites assoiffées d'or* (Blaise Cendrars, *L'Or*, 1925). *Tous les récits se rapportant aux ruées vers l'or débutent par un épisode où il est moins question d'un évènement que d'un avènement, de la venue de ce qu'on n'attendait plus, d'une apparition qui nous plonge tous dans la stupeur et l'émerveillement* (Pierre Gascar, *L'Or*, 1967).

RUINE n. f. (emprunt au lat. *ruina,* « chute, écroulement » ; 1680, Richelet). Perte des biens, de la fortune : *Je suis au bord de la ruine et vous me parlez de construire !* (G. Duhamel, *La Passion de Joseph Pasquier,* 1945). • DÉR. **ruiner** v. tr. (du lat. médiéval *ruinare* ; vers 1350, Gilles Li Muisis). Faire perdre ses biens, sa fortune à qqn : *La destruction de l'esclavage ne ruinerait ni les colonies ni le commerce ; elle rendrait les colonies plus florissantes, elle augmenterait le commerce* (Condorcet, *Réflexions sur l'esclavage des nègres,* 1781) • **ruine-maison** n. m. (1867, Delvau). Vx. Homme d'une folle prodigalité.

RUOLZ n. m. (du nom du chimiste fr. *Ruolz,* qui inventa ce procédé en 1841). Alliage sans valeur à base de cuivre, argenté ou doré • DÉR. **ruolzé, e** adj. (1867, Delvau). Vx. Qui brille de façon factice, qui ne vaut pas grand-chose (au propre et au fig.).

RUPIN, E adj. et n. (vieux mot français d'origine incertaine ; 1630, « richard », *Responce* (anonyme), selon Esnault). Pop. Riche : *Ah ! il en vient ici plus souvent qu'on ne croit, des rupins en quête de primeurs* [...], *ça jette les sigues comme nous les thunes* (Jean Lorrain, *La Maison Philibert,* 1904) • ABRÉV. **rup** (1855, Esnault).

RUSQUIN n. m. (sans doute de l'ital. *ruspo,* « neuf, brillant », avec influence de *sequin* ; 1596, Péchon de Ruby). Anc. Écu.

SAC n. m. (contenu du sac ; 1846, Esnault). Vx. Somme de 1000 anciens francs : *Ça t'va/cett'rob'de dix sacs/tes cheveux en vrac* (Léo Ferré, *Ça t'va*, 1960). V. citat. à *gagner.* / Vx. **Avoir le sac** ou **être au sac** (1883, Fustier), être riche, et **homme au sac**, homme riche : *Attends encore un peu et je te le dis, quand on aura le sac, mais alors là ce qui s'appelle le sac, nous filerons à l'étranger* (Léo Malet, *Trilogie noire*, 1948). / **Le (gros) sac**, la fortune : *Le gros sac, vous l'avez chez vous, pas vrai, gros père* ? (Jean Lorrain, *La Maison Philibert*, 1904). / **La main dans le sac** (1823, Las Cases, *Mémorial de Ste-Hélène)*, en flagrant délit de vol : *Je reçus en conséquence l'ordre de me porter à leur recherche, et de tâcher de les prendre, comme on dit, la main dans le sac* (Vidocq, *Mémoires*, 1828) • DÉR. **sacard** n. m. Vx. Homme riche (1867, Delvau) • **être saqué** (1867, Delvau), syn. de *être au sac.*

SAIGNER v. tr. (1690, Furetière). Fam. Tirer de quelqu'un une somme très importante. / **Saigner à blanc**, dépouiller qqn jusqu'au dernier cent. / **Se saigner (à blanc** ou **aux quatre veines)** v. pron. (*se saigner*, 1669, Molière ;*...à blanc,* 1867, Delvau ;*...aux quatre membres,* 1885, Maupassant ;*...aux quatre veines,* 1936, Aragon). Consentir un gros effort financier, généralement pour un parent ou un ami : *J'ai été élevé par mon grand-père. Il s'est saigné aux quatre veines pour moi. À quinze ans, je l'ai quitté* (Léo Malet, *Trilogie noire*, 1948) • DÉR. **saignée** n. f. (1659, Molière). Gros prélèvement financier. / **Faire** ou **pratiquer**

S

une saignée (blanche) loc. (« c'est une rude saignée qu'on lui a faite », 1694, *Dict. de l'Acad. fr.* ; encore ce sens chez Delvau, 1866). Syn. de *saigner (à blanc).*

SAINT-CRÉPIN n. m. (d'abord « sac contenant les outils du cordonnier » ; puis « économies », venant sans doute de la loc. *avoir saint-crépin,* « avoir argent comptant », 1845, Bescherelle). Vx. Économies, pécule.

SAINTE-TOUCHE n. f. (du verbe *toucher (sa paye),* fête d'une sainte imaginaire ; 1866, Delvau). Pop. Jour de la paye (souvent suivi, hélas ! de la **saint-lundi**, jour variable, où on dépense presque toute ladite paye).

SAISIE n. f. (de *saisir* ; 1506, Melun, « procédure par laquelle la justice appréhende un bien mobilier ou immobilier »). Action de saisir un bien (meuble ou immeuble) entre les mains de qui ce bien est détenu et de contraindre un débiteur à l'exécution des obligations qu'il a contractées à l'égard de son ou de ses créanciers : *Monsieur l'huissier, je vais vous dire. Mon père ne sait pas qu'il y a une saisie et qu'on va vendre* (V. Hugo, *Mille francs de récompense*, 1866) • **saisie-arrêt** n. f. (*saisie et arrêt*, 1690, Furetière). Acte par lequel un créancier (le saisissant) arrête les deniers appartenant à son débiteur (le saisi) et existant entre les mains d'un tiers (le tiers saisi).

SALAIRE n. m. (du latin *salarium*, « ration de sel » (d'un soldat, d'un magistrat) ; solde pour acheter du sel ; « émoluments, traitement, gages » ; 1260, Étienne Boileau, « rémunération d'un travail, d'un service »). Somme d'argent remise au salarié, qui représente le prix de sa force de travail et dont le montant est fixé d'après la valeur des subsistances nécessaires, la nature du travail, la qualification des travailleurs, la forme de propriété des moyens de production, etc. : *Dans l'état de liberté, c'est la concurrence* *réciproque des travailleurs et des propriétaires qui fixe le prix des salaires et non le calcul que fait l'avidité de l'état de détresse où l'on peut réduire un homme* (Condorcet, *Réflexions sur l'esclavage des nègres*, 1781). *Qu'est-ce donc que l'accusé ? Un simple journalier, gagnant par jour un modique salaire, qui pouvait le faire vivre honorablement* (Henri Monnier, *Scènes populaires*, 1830). / **S.M.I.G.** (1964, Robert), acronyme de *Salaire Minimum Interprofessionnel Garanti*: *La loi du 2 janvier 1970 a remplacé le* SMIG *par le Salaire Minimum Interprofessionnel de Croissance* (SMIC). V. *pouvoir d'achat* • **smigard e,** n. Fam. Personne dont le salaire était le S.M.I.G. • **smicard, e** n. (1971, *La Croix*). Fam. Personne dont le salaire est le S.M.I.C. • **salariat** n. m. (sens 1 : 1845-1846, Bescherelle ; sens 2 : 1869, L. A. Blanqui ; sens 3 : 1846, Proudhon). 1. État, condition de salarié. 2. Mode de rémunération du travail par le salaire : *Ces élites marchandes* [...] *contournent l'apologie chrétienne de la pauvreté et utilisent dans leurs ateliers, leurs entrepôts, sur leurs bateaux ou dans leurs banques, un travail un peu plus libre que l'esclavage ou le servage : le salariat* (Jacques Attali, *Une Brève Histoire de l'avenir*, 2006). 3. Ensemble des salariés.

SALÉ ou **MORCEAU DE SALÉ** n. m. (argot des typographes, métaphore de ce qui est préparé, apprêté avant d'être consommé ; 1867, Delvau). Vx. Acompte ; travail payé d'avance.

SALER v. tr. (de *sel*, au sens d'ajout excessif ; *saler qqn*, 1819, Boiste ; *saler une note*, 1866, Delvau, qui ajoute la loc. *répandre la salière dessus*). Fam. Présenter à qqn une addition, une facture, une note dont le montant est excessif. Syn. Vx. *poivrer.* / **Salé, e** (part. employé comme adj.). D'un montant trop élevé : *« Trousseaux de travailleurs », ça s'appelait... Seulement comme prix, c'était salé ! Ça faisait un terrible sacrifice !...* (L.-F. Céline, *Mort à crédit*, 1936).

S

L'addition est salée : 7000 francs par mois, plus de deux fois le budget moyen d'une famille parisienne [fin 1942] (Alain Dag'Naud, *Le Canard enchaîné*, 24 février 2010).

SANGLÉ adj. m. (de *sangle*, équivaut à : *qui se sert la ceinture* ; 1867, Delvau). Vx. Qui est à court d'argent.

SANGSUE n. f. (métaphore évidente ; *sensüe*, début du XIVe s., Chastie Musart). Personne avide, qui soutire de l'argent par tous les moyens. Delvau a inventé, en 1866, un joli verbe dérivé, en forme de calembour : **sangsurer**, faire de nombreuses saignées à la bourse de qqn !

SANS-ABRI n. m. invar. (de la prép. *sans* et du nom *abri* ; 1928, Malraux). Personne qui n'a pas ou qui n'a plus de logement : *Dans les bas-fonds de Londres, c'est l'horreur. Deux mois durant, Jack London partage la vie sordide des sans-abri qui, toute la nuit, par milliers, arpentent les rues sous la pluie* (Jean-Luc Porquet, *La Débine*, 1987) • SYN. **sans-logis** n. m. invar. (1893, *Petit Parisien*, in Guérin). Cette variante est auj. vieillie, supplantée par *sans-abri* et *SDF* (v. ce mot).

SANS-CŒUR n. m. (qualification évidente ! 1836, Vidocq). Vx. Usurier de bagne ou de prison.

SANS-LE-SOU adj. et n. (de la prép. *sans*, de l'article *le* et du nom *sou* ; *n'avoir jamais le sou*, 1834, Balzac). Se dit d'un individu démuni : *Le lendemain Sutter court la poste sur la route de Paris. Arrivé à Paris, il est de nouveau sans le sou* (Blaise Cendrars, *L'Or*, 1925) • VAR. **sans-le-rond** et **sans-pognon** n. m. (1901, A. Bruant). Vx. Individu misérable : *C'était la loi de la rue. Leur loi à eux, les traîne-patins, les sans-famille, les sans-pognon* (A. Le Breton, *La Loi des rues*, 1955) • **sans un** loc. adj. (1910, Colette) : *J'me suis r'trouvé sans un, dix-huit mois militaire* (Bernard Dimey, *Poèmes voyous*, 1978).

SAQUÉ, E adj. (de *sac* ; 1866, Delvau). Vx. Riche.

SARDINE n. f. (1935, Esnault). Vx. Pièce de 0,50 fr. (= dix sous).

SAUT n. m. Vx. **Faire le saut** (1798, bandits d'Orgères), détourner à son profit au moment d'un partage • DÉR. **sauter** (qqn) v. tr. (1895, Esnault). Vx. Frustrer. / **Sauter le pas** (1867, Delvau). Vx. Faire faillite • v. intr. **sauter à la perche** (1867, Delvau), être dépossédé, lésé. / **Faire sauter** (qqch.) (idée de vol habile, d'escamotage ; 1617, d'Aubigné ; encore en 1867, Delvau). Vx. Dérober, voler. / **Faire sauter la banque**, v. *banque* • **sautage** n. m. (1821, Ansiaume). Vx. Pillage de diligence • **sauteur** n. m. (1850, Clémens). Fripon, filou.

SAUTE-RONDOLLES n. m. (de *sauter* et de *rondelle*, « celui qui fait sauter les écus », v. ces mots ; 1848, Pierre). Pop. Banquier • VAR. **sauterolles** et **saute-ronds** (1878, Larchey).

SAUVETTE (À LA -) loc. adv. V. *acheteur*.

SAVATE n. f. (de l'ital. *zavata,* « savate » : la chaussure et la bourse ont en commun la matière, c.-à-d. le cuir ; 1566, Rasse des Nœuds). Arg. anc. Bourse • VAR. **sauvette** n. f. (avec jeu de mots ? 1883, Fustier). Vx. Argent.

SAVON n. m. (pour se faire « blanchir » ; 1901, A. Bruant). Vx. Argent donné à un avocat.

S

SAVONNETTE n. f. (analogie approximative de forme ; 1957, Sandry & Carrère). Au casino, plaque d'un million d'anciens francs.

SDF sigle de **sans domicile fixe** (1982, B. Pelman). Syn. de *sans-abri*.

SECOUER v. tr. (image pittoresque : il faut « secouer » l'arbre pour récolter ses fruits ; 1879, Esnault). Arg. Voler, rafler : *Ils venaient le mettre en l'air, le Théo, pour lui secouer son artiche* (A. Simonin, *Le Cave se rebiffe*, 1954).

SEMAINE n. m. (métonymie : la durée pour la somme ; sens 1 : 1846, Labiche ; sens 2 : 1867, Delvau). 1. Rémunération du travail effectué pendant cette période. 2. Argent de poche donné à un jeune par ses parents pour cette période. V. *mois.*

SÉNAQUI n. m. (du romani *sonacai*, « or » ; 1836, Vidocq). Vx. Pièce d'or.

SEQUIN n. m. (de l'ital. *zecchino*, issu de l'arabe *sikka*, « poinçon, coin, monnaie » ; vers 1530). Ancienne monnaie d'or de Venise, qui avait cours dans différents États italiens et dans le Levant. / N.-B. Avez-vous remarqué comme ce nom de monnaie rime bien avec... *coquin* et *faquin* ?

SERGOLE n. f. (origine peu claire, p.-ê. du verbe *serrer* ; 1829, *Mémoires d'un forban*). Arg. anc. Ceinture dans laquelle on cache son argent • VAR. **sercouille** n. f. (suffixation à sens grivois ; 1847, *Dict. nain).*

SERINETTE n. f. (du nom d'une petite boîte à musique utilisée autrefois pour apprendre à chanter... aux serins ; 1840, Esnault). Vx. Syn. de *maître-chanteur.*

SERPENT n. m. (métaphore visuelle, et jeu de mots sur *serrer* ; 1833, Esnault). Vx. Ceinture de cuir dans laquelle le soldat serrait son argent.

SERRÉ, E adj. (image qui se rapproche de la « ceinture » ; sens 1 : 1873, Zola ; sens 2 : 1865, Goncourt). 1. Pauvre, qui n'a que peu de ressources. 2. Avare.

SESTERCE n. m. (du lat. class. *sestertius*, composé de *semis*, « moitié de l'as » et de *tertius*, « troisième » ; 1521). Anc. Principale unité monétaire romaine, valant deux as et demi et frappée à l'origine en argent à l'effigie de la déesse Rome et des Dioscures.

SHEKEL n. m. (mot hébreu). Unité monétaire principale d'Israël, qui depuis 1980 a remplacé la livre anglaise.

SHILLING n. m. (mot anglais, d'origine obscure ; *chelin*, 1558, E. Perlin). Unité monétaire anglaise qui représentait jusqu'en 1971 le vingtième de la livre sterling et équivalait à douze pence : *Aujourd'hui je me contenterai de faire savoir aux amateurs qu'une livre (ou* pound*) est toujours, à Londres, 20 shillings d'argent, alors qu'elle équivaut à 124 francs de boutons de culottes, dits « francs français »* (Léon Daudet, *Mémoires,* 1929) • Unité monétaire principale du Kenya, de l'Ouganda, de la Somalie et de la Tanzanie.

SIFFLER v. tr. (image de la consommation rapide ; 1837, Balzac). Fam. Dépenser très rapidement, dilapider.

SIGLER ou **CIGLER** v. tr. (de *sigle, v.* **sigue** ; 1925, Esnault). Vx. Payer : *Si, à l'issue de ce repas, vous déclinez l'offre de participer à l'Affaire, et vous devrez le faire souvent, essayez de cigler l'addition* (A. Simonin, *Le Savoir-vivre chez les truands*, 1967).

SIGNE n. m. (probable allusion à la croix, figurant souvent sur les pièces ; 1800, bandits d'Orgères). Arg. anc. Pièce d'or (notamment louis) : *Pour eun'thune a'r'tir'son chapeau, / Pour deux thunes a'r'tir'son manteau, / Pour un signe on la déshabille / À la Bastille* (A. Bruant, 1880).

SIGUE n. m. (origine obscure : *cigare, cigale, etc.* ! ? 1815, Vidocq), **sigard** (1878, Esnault), **sigle** (1836, Vidocq : « pièce

S

d'or de 20 à 24 fr.»), **sigotin** (1926, Esnault), **zigue** (1904, J. Lorrain). Anc. Louis, puis pièce de vingt francs à partir de 1803 : *V'là plus de cinq sigues que je mange pour les beaux yeux d'la reine d'Madagascar* (Jean Lorrain, *La Maison Philibert*, 1904) • VAR. **cigue** (1821, Ansiaume) ou **cigaillon** (1928, Lacassagne). / N. B. Comme on peut le constater, il y a beaucoup de confusion dans les désignations argotiques de la pièce d'or : manque de pratique et de manipulation réelle ?

SIMILI-ARGENT, SIMILARGENT ou **SIMILI** n. m. (du lat. *similis, « semblable »* ; Pierre Hamp, 1909). Alliage métallique qui ressemble à l'argent • **similor** n. m. (1742, *Mém. de l'Ac. des sc.*). Alliage de cuivre jaune et de zinc qui imite l'or.

SIMONIE n. f. (de *Simon*, nom d'un magicien qui avait tenté de corrompre les apôtres Pierre et Jean pour obtenir un pouvoir spirituel ; 1170-1180, Guillaume de Saint-Pair). Volonté délibérée de vendre ou d'acheter un bien spirituel (bénédictions, grâces, bénéfices ou dignités ecclésiastiques) pour un prix temporel (somme d'argent, présent matériel, protection ou recommandation) • DÉR. **simoniaque** adj. (du lat. chrét. *simoniacus*, fin du VIe s.). Qui se rapporte à la simonie ; qui est coupable de simonie.

SINVE ou **SINVRE** adj. et n. (origine obscure ; chanson du XVIIIe s., selon Esnault, encore en 1836, chez Vidocq). Arg. anc. Se disait d'un homme facile à duper : *Je remouche au coin du rifle / Un sinve qui roupillait, / J'ai sondé dans ses profondes* (Chanson, in Vidocq).

SIRE n. m. (vieille appellation du « maître », ici ironique ; 1455, *Coquillards*). Arg. anc. Homme facile à duper. Syn. *blanc, dupe.*

SOLDAT (FAIRE -) loc. verbale (1901, M. Barrès). Anc. Garder la plus grosse part du partage.

1. SOLDE n. m. (de l'ital. *saldo,* de *saldare*, « solder » ; sens 1 : fin du XVIe s. ; sens 2 : 1866, Delvau, « reste d'étoffe, coupon, dans l'argot des marchands »). 1. Différence qui apparaît lors de la clôture d'un compte entre le débit et le crédit : *Solde créditeur* ou *débiteur* : *Les quatre plus grosses banques grecques […] ont demandé de pouvoir toucher le solde d'un plan de soutien concocté par le précédent gouvernement grec en 2008* (Ph. Ricard et M. Roche, *Le Monde,* 9 avril 2010). 2. Vente à prix réduit : *Des soldes très avantageux* • DÉR. **solder** v. tr. (sens 1 : *souder un Conte,* 1636, Monet ; sens 2 : 1842, Louis Reybaud). 1. Arrêter un compte, en payer le reliquat 2. Vendre des marchandises au rabais.

2. SOLDE n. f. (de l'ital. *soldo*, « paie, salaire du militaire » ; dès 1464). Traitement versé aux militaires ou à certains fonctionnaires civils assimilés : *Une solde de sous-off* • DÉR. **solder** v. tr. (*soulder*, 1527, Seyssel). Vx. Rétribuer (un salarié).

SOLEIL n. m. (du nom d'un directeur de banque nommé Soleil ! 1953, Esnault). Vx. Un million d'anciens francs.

SOLIR v. tr. (du lat. *solvere,* « payer, acquitter » ; 1628, Chéreau). Arg. Vendre : *Chou-Fleur jacte avec le Gros Pierrot qui solit des briquets de toutes les formes et de toutes les couleurs* (A. Nolat, *Les Voyageurs du petit jour*, 2004). / **Solir à la poigne** (1850, Clemens). Vendre « à la main », sur les foires • DÉR. (tous désuets) **solissage** n. m. (de *solir* ; 1836, Vidocq). Arg. anc. Vente • **solisseur** ou **solliceur** n. m. (de *solir* ; 1807, Esnault). Marchand • **solliceur à la pogne**, marchand ambulant et **solliceur à la goure**, celui qui vend un objet très au-dessus de sa valeur (tous deux en

1836, Vidocq) • **solisseuse** n. f. (de *solir*; 1822, Mézière). Arg. anc. Vendeuse • **resolir** v. tr. (1836, Vidocq). Revendre.

SOLVABLE adj. (du lat. *solvere*, « payer » ; sens 1 et 2 : vers 1312, Bretagne). 1. Qui peut répondre d'une dette. 2. Se dit de ce qui peut être payé • DÉR. **solvabilité** n. f. (1662, Colbert). État, qualité de celui qui est solvable : *Les imprudences d'établissements financiers qui ont pris des risques mortels de solvabilité ou de liquidité* (Michel Pébereau, *Le Monde*, 12 mars 2010). V. *insolvable.*

SOMME n. f. (du lat. *summa*, dérivé de *super*, « la place la plus haute, le point le plus élevé ; total, montant, ensemble » ; vers 1175, Benoît de Sainte-Maure). Quantité d'argent dont le montant est précisé ou pourrait l'être : *Un homme se présente à moi et me dit : Donnez-moi une telle somme et je serai votre esclave. Je lui délivre la somme, il l'emploie librement (sans cela le marché serait absurde)* ; *ai-je le droit de le retenir en esclavage ?* (Condorcet, *Réflexions sur l'esclavage des nègres*, 1781). *Ce secret, quand je l'ai dévoilé à Rudolf, il y a attaché tant d'importance qu'il m'a donné une grosse somme d'argent pour acheter mon silence* (Maurice Leblanc, *813,* 1910). Syn. *chiffre, montant.*

SOMPTUAIRE adj. (du lat. *sumptuarius*, « qui concerne la dépense » ; 1690, Furetière ; la confusion règne depuis longtemps avec l'adj. *somptueux*, du lat. *sumptuosus*, « coûteux, onéreux, fastueux » : pas étonnant, dans la mesure où les deux adj. latins remontent au subst. *sumptus*, « dépense, frais » ; on peut cependant trouver que *dépense somptuaire* est fortement pléonastique). Qui a pour objet de régler les dépenses des citoyens et plus particulièrement de restreindre les dépenses de luxe ; relatif aux dépenses (surtout aux dépenses de luxe).

SONNETTES n. f. pl. (du verbe *sonner* ; 1798, bandits d'Orgères). Vx. Pièces d'argent, « sonnantes et trébuchantes ».

SORDIDE adj. (du lat. *sordidus*, « sale, ignoble, avare » ; 1561, Ronsard). Qualifie un comportement mesquin ou une personne très avare. V. citat. à *étriller.*

SOU n. m. (emprunt substantivé de l'adj. latin *solidus*, « massif, entier » ; vers 1130, *Lois de Guillaume le Conquérant*). Pièce de monnaie, à l'origine d'or puis d'argent, enfin de métal vil, et valant en France un vingtième de l'ancienne livre, soit douze deniers, symbole chez nous de « l'argent » : *Un sou par là, deux sous par ci ! / La bonne femme dit merci. / C'est avec les gros sous de cuivre / Que l'on achète de quoi vivre* (Jean Richepin, *La Chanson des gueux,* 1876). *Vous comprenez, l'autorité militaire force ceux qui tiennent du vin à le vendre quinze sous. Quinze sous ! Quelle misère que c'te maudite guerre ! On y perd, à quinze sous, monsieur* (Henri Barbusse, *Le Feu*, 1915). V. citat à *rond* et à *tirelire.* / **Avoir des sous** (1867, Delvau), disposer d'une certaine aisance : *Si j'avais des sous / On m'd'manderait / « Où les as-tu gagnés / Sans avoir trimé / Pour la société ? »* (Léo Ferré, *Graine d'ananar*, 1955). / **Ne pas avoir un sou** (cf. 1690, Furetière : *un Gascon qui n'a pas un sol vaillant*, c.-à-d. « qui vaille quelque chose »), être complètement démuni. / **Ça vaut pas un sou**, cela ne vaut rien. / **Trois francs six sous**, une somme dérisoire : *Pour trois francs six sous, il s'est acheté une (bonne) conscience.* /**Les deux sous du garçon** (1867, Delvau), le pourboire quasi obligatoire pour être bien servi ! / **Sous de poche**, syn. anc. *d'argent de poche*, v. *argent.* /**Machine à sous**, v. *bandit manchot*, etc. / N. B. L'invention de l'euro a rendu obsolètes la plupart de ces expressions ! • VAR. La forme ancienne **sol**, au plur. **sols**, est restée très longtemps en usage : *Trente sols un lavement ! Je suis votre serviteur, je vous l'ai déjà dit. Vous ne me les avez mis dans les autres parties qu'à vingt sols, et vingt sols en langage d'apothicaire, c'est-à-dire dix sols ; les voilà, dix sols* (Molière, *Le Malade imaginaire*, 1673). Le lexicographe Féraud déplorait cet archaïsme, en 1768 :

S

Quelques-uns l'écrivent encore ; et qui pis est, le prononcent de même. On le rencontre en littérature jusqu'au XXe s. dans un contexte de pastiche, par ex. en 1919, dans le *Colas Breugnon* de R. Rolland. Au Québec, **sou** s'emploie encore comme équivalent du *cent* (1990, J. Mercier). V. *rond.*

SOUDURE n. f. (emploi humoristique du mot technique : l'argent est ce qui permet de « joindre les deux bouts » ; 1935, Simonin & Bazin). Pop. Argent : *Question soudure, Théo avait jamais plaisanté, et il demeurait ferme sur ses principes* (A. Simonin, *Le Cave se rebiffe*, 1954). / **Envoyer la soudure** (id.). Payer, régler. / **Faire la soudure** (1949, Larousse). Fam. 1. Syn. de *joindre les deux bouts.* 2. Constituer une avance financière bienvenue.

SOULAGER v. tr. (emploi humoristique du verbe usuel, signifiant « délivrer qqn d'un fardeau » ; 1867, Delvau). Vx. Voler à qqn sa bourse ou sa montre.

SOULEVER v. tr. (emploi spécialisé du verbe usuel ; 1828, Vidocq). Arg. anc. Voler.

SOURIS n. f. **Faire la souris** (1867, Delvau). Vx. Pour une prostituée, voler délicatement son argent à un client au moment psychologique…

SOUVERAIN n. m. (de l'angl. *sovereign*, issu du fr. *souverain* désignant depuis 1503 une pièce d'or frappée du règne de Henry VII à celui de Charles Ier, puis une pièce d'or d'une valeur de vingt shillings ayant cours depuis 1817 ; 1829, Boiste). Pièce d'or anglaise d'une valeur équivalente à celle de la livre (vingt shillings), qui eut cours jusqu'en 1914 et est encore cotée en Bourse aujourd'hui.

SPÉCULATION n. f. (du bas-latin *speculatio*, « lieu d'observation » ; « calculs sur les opérations de banque, les cours boursiers », 1755, Cantillon). Opération financière, commerciale faite pour tirer profit des variations du marché : *Les pertes qu'ont fait éprouver à ton avoir mes spéculations malheureuses montent à deux cent mille francs environ* (Georges Darien, *Le Voleur*, 1897) • **spéculer** v. tr. (emprunt au lat. *speculari*, « observer, guetter, épier » ; 1792, *Discours* de Robespierre). Faire des opérations financières, commerciales pour tirer profit des variations du marché : *Quoi ! fit-il d'un ton d'écrasante ironie, c'est ce soir seulement que vous découvrez que je spéculais !* (E. Gaboriau, *L'Argent des autres*, 1874). *Soifer avait été ruiné par l'inflation, puis il avait spéculé sur le franc et regagné tout ce qu'il avait perdu* (I. Némirovsky, *David Golder*, 1929) • DÉR. **spéculateur, trice** n. (de *spéculer* ; 1745, Claude Dupin). Celui, celle qui spécule. V. citat. à *affaires* • **spéculatif** adj. V. *fonds*.

STAGFLATION n. f. (mot-valise d'origine américaine, qui lie étroitement *stagnation* et *inflation* ; 1970, *L'Express*). Conjoncture qui associe contradictoirement l'inflation des prix et la stagnation de l'activité économique.

STIFF n. m. (de l'anglo-américain *stiff*, « raide, ankylosé », employé au sens de « clochard » par Tom Kromer, auteur de *Waiting for Nothing* (1934), publié en français sous le titre *Les vagabonds de la faim*, cité par J.-L. Porquet). Chômeur, mendiant par nécessité : *À part nous, la poignée de « stiffs » qui battent le pavé, les rues sont désertes. Qu'est-ce qu'un stiff ? Ce terme est le seul qui me paraisse désigner correctement les types que je rencontre au fil des jours dans les foyers et les cantines gratuites* (Jean-Luc Porquet, *La Débine*, 1987).

STOCK-OPTION n. f. (emprunt à l'anglais ; 1987, Robert). Système d'option sur achat d'actions, qui accorde un tarif préférentiel aux dirigeants de l'entreprise : *Plus de 2 millions d'euros, plus les stock-options, les retraites-chapeaux, les avantages, ce n'est pas « bien gagner sa vie ». C'est une* *gifle pour tout le monde* (François Bayrou, in *Le Monde*, 22 janvier 2010). N.B. La traduction officiellement recommandée (et fort peu appliquée) est *option sur titre*. V. citat. à *parachute doré*.

STUC n. m. (de l'all. *Stück*, « morceau » ; sens 1 : 1722, arrêt de la Cour du Parlement, selon Delvau ; sens 2 : 1800, bandits d'Orgères). Arg. anc. 1. Part de butin. 2. Partage • VAR. **estuque** n. m. (1836, Vidocq). Part de vol. • DÉR. **stuquer** v. tr. (1821, Mézière). Partager.

STYLE n. m. (Bat'd'Af'; 1863, Esnault). Arg. milit. **Sa bourse a du style**, elle est pleine.

SUBPRIME n. m. (de l'anglais *subprime loan* ou *subprime mortgage* ; 2006). Crédit à risque, à taux plus élevé pour l'emprunteur, avec un rendement plus important pour le prêteur afin de rémunérer le risque de non-remboursement, limité en principe par la garantie hypothécaire prise sur le logement : *Les États-Unis, où est née et a grandi la crise des subprimes, sont en passe de renouer avec une forte croissance* (P.-A. Delhommais, *Le Monde*, 31 janvier 2010).

SUBSIDE n. m. (du lat. *subsidium*, « réserve, troupes de réserve, soutien, renfort, assistance » ; 1220, *succide*, *Cartulaire de Guise*). Somme d'argent versée à un particulier ou à un groupement à titre de secours. Syn. *allocation, subvention* • DÉR. **subsidier** (1978, Doppagne). En Belgique, octroyer des subsides à qqn, l'assister financièrement.

SUBVENTION n. f. (« secours d'argent servant à subvenir à une dépense publique imprévue », fin XIIIe-XIVe s., Dijon). Somme d'argent que l'État, une collectivité locale ou un organisme privé accorde à un groupement, une association, une entreprise ou une personne pour favoriser le développement d'activités d'intérêt général • DÉR. **subventionner** v.

tr. (1832, Musset). Accorder une subvention • **subventionnement** n. m. (1960). Action de donner une subvention ; résultat de cette action.

SUER (faire -) v. tr. (du latin class. *sudare*, « suer » ; dès 1615, selon Esnault). Arg. anc. Dépouiller, exploiter, par le **suage**, c.-à-d. le chauffage des pieds. / **Faire suer l'argent** (1861, Goncourt), le prêter pour en tirer de gros bénéfices • DÉR. **suager** v. tr. (1841, Esnault). Arg. anc. Chauffer (les pieds de la victime) • **suageur** n. m. (1836, Vidocq). Syn. de *chauffeur* • **sueur de chênes** n. m. (1850, Clemens). Vx. Escarpe.

SUIF n. m. (1829, Vidocq). Arg. anc. Gain, profit. Syn. *graisse, gras.*

SURPRODUCTION n. f. V. *produire.*

SURTAXER v. tr. (sens 1 : 1559, Amyot ; sens 2 : 1875, Larousse). 1. Taxer excessivement. 2. Frapper d'une surtaxe • DÉR. **surtaxe** n. f. (de *surtaxer*, d'après *surtaux*, « taux injuste et trop élevé », XVIe s., J. Duret). Majoration d'une taxe ; taxe supplémentaire : *Y'a pas vingt kilos de bicarbonate, y'en a vingt kilos et cinq cents grammes... Alors faut payer une surtaxe de 2,50 F pour les cinq cents grammes* (F. Raynaud, vers 1960) ; en partic., à la poste, taxe supplémentaire payée en cas d'affranchissement insuffisant ou de non-affranchissement • **surtaxation** n. f. (1976, *Nouvel Observateur*). Le fait d'infliger une taxe supplémentaire.

S

SYMBOLE n. m. (jeu de mots sur *crédit*, *credo*, « symbole des apôtres » ; 1866, Delvau). Anc. Crédit chez le cabaretier.

T

TAF n. m. (origine inconnue, p.-ê. de *tafouilleux*, « chiffonnier », issu de *fouiller* ; sens 1 : 1899, Nouguier ; sens 2 : 1946, Dijon, chez Esnault). Arg. 1. Part, ration. 2. Prix.

TAFFETAS n. m. (emploi imagé du mot désignant un tissu sans envers, à armure simple ; 1925, Esnault) (surtout au plur.). Arg. Billet de banque : *C'est des menteries ! hurla le « bourgeois », je l'ai vu recevoir des taffetas de cette brune-là, de la main à la main !* (Jean Galtier-Boissière, *La Fleur au fusil*, 1928).

1. TAILLE n. f. (du verbe *tailler* ; 1160-1174, Wace, *Roman de Rou*). Anc. Imposition levée sur les personnes ou sur les biens, longtemps perçue par les seigneurs sur leurs serfs et censitaires, levée aussi parfois par eux pour le compte du roi, et qui, au XVe siècle, devint uniquement royale, permanente, et désormais fut toujours une des principales ressources du budget : *Sylvain de ses deniers a acquis de la naissance et un autre nom : il est seigneur de la paroisse où ses aïeuls payaient la taille* (La Bruyère, *Les Caractères*, 1688).

2. TAILLE n. f. (du verbe *tailler*, idée de « rogner sur tout » ; 1960, Le Breton). Arg. **Pierre de taille**, avare fieffé.

TALBIN ou **TALB** n. m. (orig. incertaine, p.-ê. du verbe *tailler*, avec un suffixe obscur ; *tailbin*, « billet de complaisance », 1837, Vidocq ; d'où 1844, *Dict. complet,* au sens moderne). Arg. Billet de banque : *Il lui aurait fallu* *le coffre à domicile, et puis quoi encore, les clefs ? La combinaison ? Qu'on lui compte aussi les talbins, pour qu'il ne se fatigue pas ?* (Alphonse Boudard, *La Métamorphose des cloportes*, 1962).

TALENT n. m. (emprunt au lat. *talentum* ; 1530, Palsgrave). Dans la Grèce ancienne, monnaie de compte équivalant au poids d'un talent d'or ou d'argent (20 à 27 kilos).

TANTE (MA -) n. f. (appellation pop. traduite de l'ital. *zio, zia*, « oncle, tante » = mont-de-piété, institution d'origine italienne ; 1827, *Un Monsieur comme il faut*). Pop. Le mont-de-piété : *Quiens... ton baluchon qui s'défait ! / Y te l'ont refusé chez ma « Tante » ?* (Jehan Rictus, *Le Cœur populaire*, vers 1900).

TANTIÈME n. m. (dérivé de *tant* ; « sorte de taxe ou d'escompte à prélever sur une somme » ; *tantième pour franc*, 1824, Raymond). Pourcentage sur les bénéfices nets de l'exercice attribué aux administrateurs d'une société anonyme à titre de rémunération de leurs fonctions.

TAPER v. tr. (origine onomatopéique de ce verbe ; 1866, Delvau). Fam. Soumettre qqn à une demande d'argent • DÉR. **tapeur, euse** n. (id.). Personne qui emprunte : *Boscart recevait un courrier qui grossissait de jour en jour et où abondaient les lettres de tapeurs, de victimes d'injustices, de persécutions* (Clément Vautel, *Le Fou de l'Élysée*, 1939) • **tape** n. f. (id.) ou **tapage** n. m. (1878, Rigaud). Vx. Emprunt d'argent.

TARIF n. m. (emprunt à l'ital. *tariffa*, 1358, issu lui-même de *tarif*, mot arabe : « notification, information ; définition, détermination » ; dès le début du XVIIe s. en France). Tableau indiquant le montant des droits à acquitter pour certaines opérations, les prix fixés pour certaines marchandises, la rémunération due pour la prestation d'un service : *Ma sœur a dit comm'ça, v'nez donc voir mes tarifs / J'ai d'l'amour à la chaîne et des prix collectifs !* (Bernard Dimey, *Poèmes voyous*, 1978). V. citat. à *decry.* / **Payer plein tarif, demi-tarif** ; iron. *Vous connaissez le tarif ?*

TÂTEUR n. m. (du verbe *tâter* ; 1881, Esnault) et **tâteuse** n. f. (1889, Macé). Arg. anc. Fausse clé.

TAUPE n. f. (mot genevois ; 1990, Nicollier). Collecte organisée par les étudiants, à Genève • DÉR. **tauper** v. tr. (*toper,* « appliquer », proche de l'interj. des joueurs *tope !* présente dans de nombreux dialectes, et notamment en Suisse romande ; 1900, H. Snell). Solliciter l'appui financier de qqn.

TAXE n. f. (de *taxer,* issu du latin médiév. *taxa* et de l'anc. prov. *tacsa*, « action d'estimer la valeur de quelque chose », 1326). Perception opérée par une collectivité publique à l'occasion de la fourniture à l'administré d'une contrepartie individualisable : *Il y a dans notre Europe une nation célèbre par son équité et pour sa valeur, qui ne paie aucune taxe. C'est le peuple helvétien* (Voltaire, *L'Homme aux quarante écus,* 1768). *Une taxe sur les terres, sur les personnes, sur les consommations, peut être injuste, parce qu'elle attaque la propriété et la liberté, toutes les fois qu'elle n'est pas une condition, ou nécessaire au maintien de la société, ou utile à celui qui paye l'impôt* (Condorcet, *Réflexions sur l'esclavage des nègres*, 1781). / **Taxe d'apprentissage, taxe d'enlèvement des ordures ménagères**. Syn. *redevance.* / **Taxe militaire** (1990, A. Nicollier), impôt payé par les citoyens suisses dispensés du service militaire • DÉR. **taxer** v. tr. (1690, Furetière). Mettre une taxe, un impôt sur qqch. : *La qualité de la vie en France est telle que, malgré sa fiscalité, peu de gens, même parmi les plus taxés, la quittent* (Jacques Attali, *Une Brève Histoire de l'avenir,* 2006) • **taxable** adj. (1482, *Lettre de Louis XI*).

T

Qui peut être soumis à une taxe • **taxateur** n. m. (début du XVIIIe s.). Personne qui fixe le montant d'une taxe (en droit, en commerce). V. *surtaxer* et *écotaxe.*

TCHERVONETS ou **TCHERVONETZ** n.m. (mot russe, désignant à l'origine une monnaie d'or frappée sous Ivan III (1440-1505). Billet de banque valant dix roubles et qui eut cours en U.R.S.S. de 1922 à 1947.

TERME n. m. (emploi spécialisé du mot générique, issu du lat. *terminus,* « borne, limite, extrémité » ; sens 1 : 1100, *Chanson de Roland* ; sens 2 : 1688, Richelet). 1. Date limite jusqu'à laquelle est retardée l'exécution d'une obligation *(terme suspensif),* ou à laquelle est fixée l'extinction d'une obligation *(terme extinctif).* 2. Époque fixée pour le paiement des baux à loyer ou à terme et durée (généralement de trois mois) pendant laquelle un logement est loué : *Au terme de janvier, Grand-mère Caroline se tapait Asnières pour toucher l'argent de ses loyers* (L.-F. Céline, *Mort à crédit,* 1936). V. citat. à *contribution* et *panier percé.*

TESTAMENT n. m. (du lat. *testamentum,* « testament, dernières volontés », de *testari,* « prendre à témoin » ; vers 1175, Benoît-de-Sainte-Maure). Acte écrit unilatéral, révocable par son auteur, qui prend ainsi des dispositions pour le temps qui suivra son décès, pour l'exécution de ses dernières volontés comme pour la disposition des biens qu'il laissera à sa mort : *On n'a aucune idée de l'endroit où Guillaume Avril a mis en sûreté sa fortune. Seul le testament nous le dira* (P. Véry, *Les Héritiers d'Avril,* 1959) • DÉR. **testamenter** v. intr. (1844, G. Sand). Syn. vx ou régional de *tester* • **tester** v. intr. (emprunt au lat. *testari* ; vers 1406). Faire son testament par écrit • **testateur, trice** (XIIIe s.) ou **testataire** (rare ; 1945, H. Bosco). n. Auteur(e) d'un testament. V. *léguer.*

THALER n. m. (abrév. de *Joachimsthaler*, proprement « monnaie frappée avec l'argent de Sankt Joachimstal (ville de Bohème) » ; 1566, monnaie allemande). Monnaie d'argent adoptée comme unité monétaire dans l'empire des Habsbourg à partir du XVIe jusqu'à la fin du XIXe s. / **Thaler** (de Marie-Thérèse), monnaie d'argent qui avait cours en Éthiopie et au Yémen jusque dans les années 1960 : *Je n'ai à bord que 12 livres, en comptant les deux trouvées chez les zaranigs, plus les 50 thalers, cela ne fait pas lourd et je n'ose proposer si peu à cet homme* (Henri de Monfreid, *Les Secrets de la mer Rouge*, 1932). V. *dollar.*

THÉSAURISER v. tr. (du lat. chrét. *thesaurizare*, dér. de *thesaurus,* « trésor » ; 1350, Gilles le Muisit). Amasser, accumuler de l'argent sans le dépenser ou l'investir : *Un noble prince n'a jamais un sou. Thésauriser est faict de villain* (François Rabelais, *Gargantua,* 1532). *Est-ce un effet de la crise ? Les Français se remettent à thésauriser. Plus de 4 millions de pièces de collection de 5, 10, 15 et 25 euros en argent et de pièces de 100 et 250 euros en or ont été vendues entre 2008 et 2009* (M. Picouët, *Le Monde*, 14 mars 2010) • DÉR. **thésauriseur, euse** n. (dès 1571 comme adj.). Celui, celle qui thésaurise : *Du Thésauriseur et du singe,* titre d'une fable de La Fontaine, 1685 • VAR. **thésaurisateur** n. m. (1946, E. Mounier ; syn. rare).

THUNE ou **TUNE** n. f. (origine obscure, la référence au Roi de Thunes (= Tunis) est farfelue ; dès 1628, au sens d'aumône » ; 1835, « pièce de 5 fr. » Raspail). Arg. anc. Pièce ou somme de 5 francs : *Y revenait toujours de là empestant la gonzesse, mais la gonzesse rupine, des odeurs chères, et rasé de frais, bien coiffé, avec des thunes plein ses poches* (Jean Lorrain, *La Maison Philibert*, 1904). *Mets deux tunes dans l'bastringue* (titre d'une chanson de Jean Constantin, 1954). / Auj. **De la tune** (1987, J.-L. Porquet), de l'argent • DÉR. **tunard** n. m. (1883, Macé). Vx. Somme de 5 francs •

tunarder v. intr. (1935, Simonin-Bazin). Ne risquer que de faibles mises • **tuner** v. intr. (1836, Vidocq). Vx. Mendier • **tuneur** n. m. (1829, *Mémoires d'un forban*). Mendiant.

TICHE n. f. (abréviation de *artiche* ; 1866, Delvau). Vx. Bénéfice plus ou moins licite.

TICKET n. m. (analogie de forme ; 1937, Esnault). Vx. Billet de mille anciens francs.

TIMBALIÈRE n. f. (de *timbale* : homonymie entre le nom du Directeur de la *Société générale*, dont on s'arrachait les titres, et celui d'un fabricant d'excellentes *timbales milanaises* ; 1881, J. Claretie). Vx. Femme qui jouait à la Bourse.

TINCHE ou **TANCHE** n. f. (origine obscure ; 1928, Lacassagne). Collecte faite pour venir en aide à un ami (notamment, un détenu) : *Léa deux-Thunes dont le mari tire trois longes de placard et pour laquelle on a fait deux tinches* (A. Nolat, *Les Voyageurs du petit jour*, 2004).

TINTINS n. m. pl. (du verbe *tinter,* « en parlant de pièces de monnaie » ; 1918, Esnault). Vx. Espèces sonnantes.

TIPER v. tr. (sans doute de l'all. *tippen* ; 1983, C. Hadacek, *Lexique romand-français*). En Suisse romande, inscrire les achats dans une caisse enregistreuse.

TIQUER v. tr. (de l'arg. ital. *tik-tik*, « vol au rendez-moi » ; 1836, Vidocq). Syn. vx de *voler à la care*.

TIRELIRE n. f. (probabl. même mot que *tire-lire*, refrain de chanson imitant le cri de l'alouette ; 1223, Gautier de Coinci, *Miracles de N.-D.*). Petit récipient qui porte une fente à sa partie supérieure, où l'on peut introduire de la monnaie pour constituer des économies : *Hélas ! déjà l'heure de* *partir. Je paie mon café : six sous, et un sou pour la tirelire de Marguerite* (Eugène Dabit, *Petit-Louis*, 1930) • VAR. **tirelingue** et **tireloche** (1936, écoliers, Esnault). V. *cache-maille* et *grenouille.*

TIRER v. tr. (emploi très spécialisé du verbe usuel ; sens 1, 1566, Rasse des Nœuds ; sens 2, 1821, Ansiaume). Arg. 1. Arracher brutalement pour voler. 2. Extraire adroitement d'une poche. / **Tirer la langue (d'un pied de long)** et **tirer le diable par la queue** (1640, Oudin). Vx. Vivre dans le dénuement • DÉR. **tire** n. f. ou **vol à la tire** n. m. (1836, Vidocq). Procédé de celui qui vole en tirant l'argent de la poche • **tireur, euse** n. (1829, *Mémoires d'un forban*). Vx. Voleur, euse « à la tire » : *Les tireurs ou voleurs à la tire, sont ceux qui dérobent dans les poches les bourses, les montres, les tabatières. Ils sont en général bien couverts et ne portent jamais ni cannes ni gants ; car non seulement ils ont besoin de toute la liberté de leurs mains, mais encore de toute la délicatesse de leur toucher* (Vidocq, *Mémoires,* 1829) • **tire-laine** n. m. (début du XVIIe s.). Arg. anc. Voleur de manteau • **tire-bogue** n. m. (1867, Delvau). Vx. Voleur spécialisé dans les montres.

TIROIR-CAISSE n. m. (1889, Macé). Tiroir dans lequel un commerçant range l'argent (chèques, espèces).

TITRE n. m. (emploi spécialisé du mot usuel ; 1897, Darien). Certificat représentatif d'une valeur de bourse : *J'ignore ce que tu as l'intention d'entreprendre, m'a dit mon oncle lorsqu'il m'a remis les titres qui m'appartiennent* (Georges Darien, *Le Voleur,* 1897). *Titre de bourse, titre de rente, titre nominatif, à ordre,* etc. • DÉR. **titriser** v. tr. (loi du 23 décembre 1988). Transférer à des investisseurs des actifs financiers en les transformant, par le passage à travers une société *ad hoc*, en titres financiers émis sur le marché des capitaux : *Le gros des pertes annoncées – 1,2 milliard*

T

d'euros – est en effet lié aux portefeuilles titrisés adossés à des prêts immobiliers résidentiels américains (P. Briançon, *Le Monde*, 15 janvier 2010) • **titrisation** (*Securitization* en anglais ; contemporain). Action de titriser.

TOC n. m. (onomatopée : « ce qui *sonne* faux » ; 1835-1836, Raspail et Vidocq). Imitation sans valeur d'une matière ou d'un objet précieux (bijou notamment, en cuivre doré) : *C'est du toc !* Syn. *camelote, pacotille* • adj. Sans valeur réelle, faux.

TOGOS n. m. pl. (monnaie ivoirienne ; 2007, *Lexik des cités*). Arg. Argent.

TONTINE n. f. (du nom du financier napolitain Leonardo Tonti (1630-1695), qui proposa à Mazarin, en 1653, cette forme d'association ; sens 1 : 1653, édit de Louis XIV ; sens 2 : 1737). 1. Association mutuelle dans laquelle chaque associé verse une certaine somme pour en constituer une rente viagère : *Judet trouvait commode la vieille formule paresseuse des feuilles d'opposition qui consistait alors à solliciter les capitaux de républicains modérés, d'impérialistes, de royalistes, à constituer une tontine vague, une espèce de bouillie pour les chats* (Léon Daudet, *Mémoires,* vers 1900). 2. Jeu de cartes auquel peuvent prendre part douze, quinze et même vingt personnes • DÉR. **tontinier, ère** n. (1830, Balzac). Personne qui fait partie d'une tontine.

TOQUET DE LOUTRE n. f. (ces femmes à la mode étaient richement coiffées de cette fourrure ; 1883, Fustier). Vx. Femme du monde qui spéculait en bourse.

TOTOR n. m. (à l'effigie de Victor Hugo ; 1963, A. Boudard). Vx. Billet de cinq nouveaux francs (= cinq cents anciens francs).

TOUCHER v. tr. (emploi spécialisé du verbe sensoriel ; 1311, « recevoir une somme d'argent »). Obtenir comme gain, comme salaire : *Une bonne place ? – Je crois bien ! Tu toucheras cent sous par jour* (Eugène Dabit, *Petit-Louis*, 1930).

TOURNOIS adj. invar. (du lat. *Turonensis*, « qui concerne la région de Tours » ; fin du XIIe s.). Se disait au Moyen Âge d'une monnaie qui avait été frappée à Tours et est devenue plus tard monnaie royale : *Denier, livre tournois.* V. *parisis.*

TOXIQUE adj. (2008-2009). Se dit d'un actif, d'une action, d'un produit bancaire sans valeur dont la circulation et le trafic effréné ont été une des causes de la crise financière mondiale de 2008 : *Une bonne dose d'optimisme, une faible exposition des banques aux produits toxiques et un goût des Italiens pour l'épargne semblent avoir mis la péninsule à l'abri du risque* (P. Ridet, *Le Monde*, 12 février 2010). Syn. *pourri.*

TRADER n. m. (mot anglais, « marchand » ; vers 1980, Robert). Opérateur de marchés financiers : *Les traders pourront désormais apprendre la valeur de l'argent* (titre du *Monde,* 7 février 2010). Syn. *broker.*

TRAFIC n. m. (d'abord 1339, *traffic*, « commerce », lettre de Philippe de Valois ; puis 1541 *traffique*, « commerce immoral ou illicite, fait de monnayer des choses non vénales », à propos des indulgences, J. Calvin). Péj. Commerce illicite et souvent clandestin • DÉR. **trafiquer** v. intr. (1581, Du Bartas). Se livrer à un commerce illicite, peu avouable • **trafiquant, e** n. (de *trafiquer* ; 1833, Mérimée) ou (vx) **trafiqueur, euse** (1541, Calvin). Personne qui se livre à un commerce illicite ou malhonnête • **traficoter** v. intr. (1933, *trafiquotter*, Malraux). Faire quelque chose de plus ou moins secret, illégal ou malhonnête • **traficotage** (1976, *La Croix*). Activité médiocre et

T

malhonnête • **traficoteur, euse** n. (1981, *L'Express*) Péj. Personne qui se livre au traficotage.

TRAÎNARD n. m. (du verbe *traîner*; 1829, *Mémoires d'un forçat* au sens a; 1910, Esnault au sens b). Arg. des joueurs. Argent a) oublié sur le tapis ou b) perdu au jeu.

TRAÎNE-PATINS n. m. (de *traîner* et *patin*, au sens générique de « chaussure en piètre état », ou de syn. de *misère*; 1953, Sandry-Carrère). Fam. Miséreux, vagabond • VAR. nombreuses, de **traîne-savates** (1794, Enckell) à **traîne-la-dèche** (2001, v. ci-dessous): *C'était un de ses charmes* [à Schwob], *en même temps que son infinie bonté à l'égard des purotins et des traîne-la-savate, auxquels il distribuait sans compter ses quatre sous* (Léon Daudet, *Mémoires,* 1895). *C'est un va-nu-pieds, un traîne-misère/Il t'en f'ra voir de tout's les couleurs* (Michel Emer, chanson *J'm'en fous pas mal,* 1945). *Ses chaussures usées, son costard élimé désignaient le traîne-la-dèche* (P. Pécherot, *Les Brouillards de la Butte*, 2001).

TRAITE n. f. (du verbe *traire,* « tirer »; « action de retirer l'argent d'une lettre de change », 1675, Savary). Syn. de *lettre de change*: Étiennette – *Après-demain ?* Rousseline – *Échéance d'une traite de vingt-cinq mille francs signée Zucchimo.* – Étiennette – *Vingt-cinq mille francs !* (V. Hugo, *Mille francs de récompense*, 1866). *On allait trouver quoi dans ce coffre ? Il connaissait ça ! Des traites, des chèques, les cahiers de comptabilité* (Alphonse Boudard, *La Métamorphose des cloportes*, 1962). *Tirer une traite.*

TRAITEMENT n. m. (dérivé du verbe *traiter*; 1533, *traictement* « appointements », *Pap. de Granvelle*). Rémunération principale des fonctionnaires publics, civils et militaires, payable par douzième mensuel et variable: *Y a pas que les gardiens de phare qui perçoivent des traitements « pharamineux » !* Syn. *salaire.*

TRAVAILLER v. intr. 1. Arg. anc. Pratiquer le vol : *Des voleurs ! repris-je. Qu'en savez-vous ? – Ce que vous en allez savoir vous-même tout à 'heure, si vous voulez me suivre, car il y a gros à parier que nous n'irons pas bien loin sans les voir « travailler »* (Vidocq, *Mémoires*, 1828). / **Travailler à l'esbrouffe** (1821, Ansiaume), voler en usant de violence. / **Travailler en peinard** (1899, Nouguier), voler sans complice. / **Travailler dans le bâtiment** (1879, Esnault), cambrioler. 2. **Travailler pour la gloire** (1867, Delvau) ou **pour le roi de Prusse** (1845, Bescherelle), faire un travail sous-payé ou pas payé du tout • DÉR. **travailleur** n. m. (sens 1 : 1877, Esnault ; sens 2 : 1883, Fustier). Vx. 1. Tricheur. 2. Voleur.

TRÉBUCHET n. m. (du verbe *trébucher* ; dès 1326). Vx. Petite balance de précision dont la moindre augmentation de poids faisait trébucher, c.-à-d. pencher le plateau chargé, et qui servait à vérifier le poids des pièces de monnaie : *Le marchand [...] a un trébuchet afin que celui à qui il l'a livrée* [la marchandise] *la lui paye en or qui soit de poids* (La Bruyère, *Les Caractères*, 1688). De là vient l'appellation, aujourd'hui ironique, d'**espèces sonnantes et trébuchantes** (1854, Du Camp, au sens d'« argent liquide »). V. *espèces.*

TRÈFLE n. m. (emploi métaphorique du mot usuel : plante fourragère qui pousse en abondance, et dont certaines feuilles portent chance ! 1864, Esnault). Arg. anc. Argent : *Y détache les clebs que leurs mémères tiennent en laisse dans les endroits ou y a du trèfle et les embarque chez lui* (A. Le Breton, *La Loi des rues*, 1955). V. citat. à *caire.*

T

TRÉSOR n. m. (du latin *thesaurus*, « trésor (caché, enfoui) » ; désigne d'abord les ressources financières dont dispose un souverain (les biens de celui-ci et ceux de l'État étant à l'origine confondus) ; vers 1050, *Vie de Saint Alexis*). Ensemble de choses de valeur (or, argent, objets précieux, pierreries, titres, etc.) accumulées et souvent soigneusement cachées : *Il y avait une fois, à Damas, un vieillard riche, très riche, qu'on appelait le Bienfaisant, parce qu'il n'usait de ses trésors que pour adoucir les maux du peuple* (Charles Nodier, *Les Quatre Talismans*, 1838). / **Trésor public** (1832, Jean-Baptiste Say). Ensemble des moyens financiers dont dispose l'État ; administration qui gère ces moyens • DÉR. **trésorerie** n. f. Ensemble des capitaux immédiatement disponibles ou réalisables à court terme (liquidités, titres, bons, etc.) dont dispose une entreprise pour faire face à ses dépenses ; moyens financiers en général : *Le gouvernement a judicieusement apporté de la trésorerie aux entreprises à deux moments critiques* (Chr. Saint-Étienne, *Le Monde*, 5 février 2010) • **trésorier, ère** n. Personne dont le rôle est de gérer les biens, les finances d'une association, d'une collectivité, d'un parti. / **Trésorier(-)payeur (général)** (1931, Jean-Richard Bloch). Haut fonctionnaire du ministère des Finances, qui dirige les services du Trésor public dans un département.

TRIBUT n. m. (emprunt au lat. class. *tributum* « taxe, impôt, contribution », du verbe *tribuere*, au sens premier, « répartir entre les tribus » ; 1485, *Mistère du Viel Testament*). Anc. Contribution payée à un seigneur par ses sujets, à un État par les citoyens.

TRIMARDEUR ou **TRIMARDEUX** n. m. (de *trimard*, « chemin » ; *trimardeur :* 1712, Esnault ; *trimardeux* : 1561, Rasse des Nœuds). Vx. Voleur de grand chemin.

TRINGLE n. m. (celle du rideau, idée de fermeture, de privation). **Se mettre la tringle** (1905, Esnault), être privé de qqch. • interj. **Tringle !** (1867, Delvau). Rien du tout, zéro !

TRIPOTER v. intr. (de *tripot* ; dès 1581, N. de Montand). Se livrer à des opérations financières louches • DÉR. **tripotage** n. m. (« manœuvres, intrigues », 1478-1480, *Coquillards*). Affaire financière douteuse • **tripoteur, euse** (1802). n. Celui, celle qui se livre au tripotage : *Le jour où j'élèverai la voix pour accuser, je verrai se dresser tout ce que Paris compte de financiers suspects, de louches industriels, de tripoteurs véreux, tous les faiseurs enrichis, tous ceux dont la fortune est greffée sur une gredinerie* (E. Gaboriau, *L'Argent des autres*, 1874) • **tripatouiller** v. intr. (avec influence de *patouiller* ; 1920, H. Bauche). Se compromettre dans des opérations louches, tremper dans des affaires peu honnêtes • **tripatouillage** n. m. (vers 1900, A. France). Ensemble de manœuvres frauduleuses, de tractations douteuses • **tripatouilleur, euse** n. (1889, Fustier). Personne malhonnête, qui embrouille les affaires.

TRUAND n. m. (mot d'origine gauloise ; *trüant, trüande*, « individu qui vagabonde, qui mendie », vers 1165, Chrétien de Troyes ; sens 1 : 1906, Esnault ; sens 2, 1935, Simonin-Bazin). 1. Homme du milieu, voleur, voyou. 2. Personne sans scrupules qui abuse de la confiance ou de la naïveté d'autrui • DÉR. **truander** v. (a : vers 1165, Chrétien de Troyes ; b) 1975, *Lexis*). a) intr. Anc. Vivre de mendicité ; b) tr. Tromper quelqu'un en abusant de sa confiance ou de sa naïveté ; voler, escroquer • **truanderie** n. f. (sens 1 : 1330, G. de Digulleville ; sens 2 : 1409 ; sens 3 : 1935, Esnault). 1. Mendicité, gueuserie. 2. Parole de truand, tromperie, mensonge. 3. Milieu des truands • **truandaille** n. f. (1893, L. Bloy). Vx. Ramassis de gens méprisables • **truandise** n. f. (XIIe s., Chrétien de Troyes). Vx. Mendicité.

T

TRUCHER v. intr. (de *truc ;* 1628, O. Chéreau, *Jargon ou langage de l'argot réformé*). Arg. anc. Pratiquer la fausse mendicité • VAR. **truquer** v. tr. **Truquer de la pogne** (de *truc* ; 1846, *Intérieur des prisons*). Vx. Mendier

• DÉR. **truche** n. f. Art de mendier frauduleusement • **trucheur** (1632, Chéreau) ou **trucheux** (1725, Grandval). n. m. Mendiant.

TUILE n. f. (analogie de forme ; sens 1 : 1901, A. Bruant ; sens 2 : 1958, A. Simonin). 1. Arg. anc. Pièce de cinq francs 2. Grosse somme (génér. un million d'anciens francs).

U

UNITÉ n. f. (emploi euphémique du terme usuel, très vague, adaptable à toutes sortes de valeurs monétaires ; 1929, Esnault). Un million d'anciens francs : *Il raconta à Joseph qu'il avait garé « deux petits millions » – on ne disait pas encore deux* unités (Léon Daudet, *Mémoires,* 1927). Syn. *brique.*

USURE n. f. (du latin *usura*, « intérêt de l'argent », du verbe *uti*, « se servir de » ; 1656, Pascal, *8ᵉ Provinciale*). Fait de prêter de l'argent à un taux d'intérêt supérieur à la coutume ou à la loi : *Mon oncle* […] *ne se souvient plus de ce que je lui ai entendu dire bien des fois, dans ses moments de cynisme : que la charité est la conséquence de l'usure et son arc-boutant naturel* (Georges Darien, *Le Voleur,* 1897) • DÉR. **usurier** n. m. (1174-1178 *usurer*, Estienne de Gougères). Individu qui pratique l'usure : *Nous lui disions : « Vous n'êtes pas de ces personnes qui, millionnaires, et ayant un ami dans le besoin, se mettent à dix pour examiner son cas et lui chercher un usurier capable d'avancer 500 francs »* (Léon Daudet, *Mémoires,* vers 1900). V. citat. à *liard*. Syn. *carcagnio, chancre, crocodile, oncle.*

VACATION n. f. (emprunt au lat. *vacatio*, « exemption, dispense », du verbe *vacare*, « être libre, inoccupé » ; au plur. « honoraires alloués aux gens de loi » : 1668, Racine, *Les Plaideurs*). Rémunération versée pour une séance de travail dont la durée s'exprime généralement en heures ou demi-journées, qu'une personne dûment mandatée consacre à une activité • DÉR. **vacataire** n. (1963, *Combat)*. Personne qui, sans être titulaire de son emploi, travaille à une tâche précise pour un temps déterminé et est rémunérée à la vacation.

VACHE À LAIT n. f. (image de l'animal nourricier par excellence ; 1848, Chateaubriand). Fam. Personne ou organisme dont on soutire des ressources inépuisables : *M. Bouygues a critiqué les nouvelles taxes instaurées par son, pourtant, ami proche, Nicolas Sarkozy : 'Les télécoms sont devenus la vache à lait de l'État'* (I. Rey-Lefebvre, *Le Monde*, 5 mars 2010). *Les automobilistes se plaignent souvent d'être les vaches à lait du Ministère des Finances, et en disent* pis *que pendre, essayant de se sous*-traire *aux taxes…*

VAGUE n. m. (de *vaguenaude*, var. de *baguenaude*, « poche » ; 1835, Raspail). Arg. anc. **Pousser, lâcher, donner du vague**, être voleur. / **Coup de vague** ou **vague**, vol improvisé (1843, Esnault) ou étudié (1849, id.) • DÉR. **vaguer** v. tr. et intr. (à partir de 1846, *Intérieur des prisons*). Voler, fouiller, détrousser.

VAISSELLE DE POCHE n. f. (1810, *Datations et documents lexicographiques*). Pop. Argent en espèces, disponible : *Mon petit, décidément tu es plus fort que moi... Allons, faisons* *avancer la vaisselle de poche* (Goncourt, *Zemganno*, 1879) • VAR. **vaisselle de fouille** n. f. (1955, Trignol) : *Quand le char du refroidi est parti avec tout son cortège, j'ai compté ma vaisselle de fouille* (Brice Pelman, *In vino veritas*, 1982).

VALEUR n. f. (du lat. *valor* « valeur » ; « ce que vaut une chose pécuniairement », vers 1260, *Récits d'un ménestrel de Reims* ; 1705, Regnard). Titre négociable en bourse : *Il fallait bien trouver de la place pour les valeurs que j'ai retirées de la banque afin de faire opérer les transferts* (Georges Darien, *Le Voleur*, 1897). *La seule bonne affaire, c'est prendre son argent, le transformer en valeurs sûres – s'il s'en trouve – s'asseoir dessus et le couver comme une vieille poule* (I. Némirovsky, *David Golder*, 1929). / **Valeur nominale** ou **faciale**, celle qui est inscrite sur la monnaie, l'effet de commerce ou la valeur mobilière, correspondant à la valeur théorique d'émission et de remboursement et qui peut être différente de sa valeur actualisée ; *Le montant global de la somme présumée disparue, le nombre et la valeur des pièces si c'étaient des pièces* (Jean Malaquais, *Les Javanais*, 1939). / **Valeur à turban** (1883, Fustier). Vx. Valeur turque • DÉR. **non-valeur** n. f. (sens 1 : vers 1461 ; sens 2 : 1840, Proudhon). 1. Absence de rendement financier. 2. Marchandise non vendue qu'on ne peut porter en recette • **contre-valeur** n. f. (1837, Balzac). Valeur donnée en échange d'une autre.

VALOIR v. intr. (*valeir*, 1050, *Vie de saint Alexis*). Être estimé à un certain prix, correspondre à une certaine valeur. Syn. *coûter*. / **Valoir son pesant d'or** (*sun pesant d'or*, « l'équivalent de son poids en or », 1160-1174, Wace), avoir une très grande valeur.

VALTREUSIER n. m. (de *valtreuse*, suffixation arg. de *valise* ; 1836, Vidocq). Arg. anc. Voleur de valises, de malles.

VANAGE n. m. (de *vaner*, issu du prov. *vanar*, « tromper » ; sens 1 : 1836, Vidocq ; sens 2 : 1928, Esnault). Arg. 1. Au jeu, le fait de laisser gagner d'abord celui qu'on va ensuite « plumer ». 2. Escamotage.

VANTERNIER OU VENTERNIER n. m. (de *venterne,* « fenêtre », issu de l'esp. *ventana,* « venteuse » ; 1836, Vidocq). Arg. anc. Voleur qui passe par les fenêtres : *Il serait facile de mettre les venterniers dans l'impossibilité de nuire ; il suffirait pour cela de fermer à la tombée de la nuit et même durant les plus grandes chaleurs, toutes les fenêtres, pour ne les ouvrir que le lendemain matin* (Vidocq, *Les Voleurs*) • VAR. **venternien** n. m. (1848, Pierre et 1862, Canler).

VA-NU-PIEDS n. m. (mot composé expressif ; 1668, Fauvelet du Toc). Péj. Personne très pauvre, qui vit misérablement ; vagabond : *Les gueux, les va-nu-pieds, s'en vont tout grelottants* (Jean Richepin, *La Chanson des gueux,* 1876). Syn. *traîne-savate.*

VAUTOUR n. m. (emploi violemment métaphorique ; dès 1660, Racan, pour désigner une personne rapace, puis *Monsieur Vautour*, « propriétaire », d'après l'opéra-comique de Dalayrac, *Maison à vendre*, en 1800, cité par Delvau en 1867). Péj. Individu qui recherche gain et profit avec férocité. Syn. *rapace, requin.*

VEILLEUSE (1901, A. Bruant). Arg. anc. Pièce d'un franc. / **Petite veilleuse** (id.). Pièce de 0,50 franc.

VELOURS n. m. (le velours du tapis de jeu ; 1935, Esnault). Fam. Profit (obtenu surtout au jeu) : *Sans doute les filles pouvaient se faire un peu de velours... quelques biffetons supplémentaires avec des clients généreux* (A. Boudard, *La Fermeture*, 1986). / **Jouer sur le velours** (« jouer avec l'argent qu'on a déjà gagné», 1740, *Dict. de l'Ac. fr.* ; 1883, Fustier). Jouer avec de l'argent emprunté.

VENDRE v. tr. (du latin *vendere*, «céder contre argent» ; fin du XIIe s. dans une *Passion*). Céder qqch. en échange d'argent, d'un paiement : *Sais-tu si c'est qu'il a vendu son chien de chasse ? – Faut croire que oui... j'ne le vois plus avec. – Il l'aura vendu* (Henri Monnier, *Scènes populaires*, 1835). *Si je vends mon bordel à Monseigneur l'évêque, / Mes p'tites en s'ront ravies, ell's en prendront bien soin* (Bernard Dimey, *Poèmes voyous*, 1978). / **Vendre à perte**, syn. de *brader : Au prochain «pépin», comme disait si bien le señor Obregon, il prendrait la résolution de se débarrasser de l'affaire, de la revendre, même à perte* (G. Duhamel, *La Passion de Joseph Pasquier,* 1945). • DÉR. **vendeur, euse** n. (*vendeour, venderesse*, 1er quart du XIIIe s., Reclus de Mollien). Personne qui cède un bien contre de l'argent, contre paiement : *Je remarquai, dans la rue Montmartre, un individu qui me sembla être un vendeur ambulant* (A. France, *Crainquebille*, 1904) • **vendable** adj. (en moyen fr. *vendible*, «qui se vend facilement», 1530, Palsgrave ; *vendable* 1834, Balzac). Qui peut être vendu. Contr. **invendable** : *Des centaines de 4 x 4 invendus et invendables attendent un improbable client* [en Islande] (G. Lemarquis, *Le Monde*, 12 février 2010) • **invendu** adj. et n. m. (adj. 1706, *Dict.* de Richelet ; n. 1893, *Dict. général*). Se dit d'un produit qui n'a pas été ou n'a pas pu être vendu • **revendre** v. tr. (1200, Guiot de Provins). Vendre ce que l'on a acheté ou qui vous appartient : *En supposant qu'on sauve la vie du Nègre qu'on achète, on ne commet pas moins un crime en l'achetant, si c'est pour le revendre ou le réduire en esclavage* (Condorcet, *Réflexions sur l'esclavage des nègres*, 1781).

VENTE n. f. (du part. passé fém. *vendita*, du latin *vendere* ; 1200, Jean Bodel). Action de céder un bien contre de l'argent, contre paiement, avec ou sans contrat liant vendeur et acheteur.

VERDURE adj. (idée de « laisser en plant, pour 'reverdir' ; 1re attestation ci-dessous). Vx. et pop. Démuni : *Mon vieux, faudrait voir à me remplumer, sans ça, en redescendant, j'suis verdure* (Henri Barbusse, *Le Feu*, 1915).

VÉREUX, EUSE adj. (de *ver* ; 1559, Amyot, *Vie de Caton*). Se dit d'une personne ou d'une institution moralement corrompue, vénale : *On est sûr d'émouvoir dans les chaumières en affirmant que des financiers américains plus ou moins véreux veulent détruire notre monnaie* (P.-A. Delhommais, *Le Monde*, 14 mars 2010).

VIATIQUE n. m. (emprunt au lat. *viaticum*, « provisions et argent donnés (notamment à un religieux) pour le voyage », 1420, puis 1690, Furetière). Vieilli. Argent, provisions que l'on emporte pour voyager.

VIDER v. tr. (emploi spécialisé du verbe usuel ; sens 1 : 1774, Beaumarchais ; sens 2 : 1632, Corneille). Vieilli. 1. **Vider sa bourse,** dépenser tout l'argent qu'on a sur soi. 2. **Vider la bourse à qqn**, lui prendre tout son argent.

VIOLON n. m. **Sentir le violon** (jeu de mots sur « usé jusqu'à la corde… de violon » ; 1836, Vidocq). Arg. anc. Être proche de la misère • DÉR. **violoné, e** n. (id.). Se dit d'un individu qui est misérablement vêtu.

VIRER v. tr. (*virer partie*, « payer par virement », 1636 Monet). Faire passer, transférer une somme d'un compte à un autre compte • DÉR. **virement** n. m. (*virement de fonds*, 1839). Ordre donné par le titulaire d'un compte bancaire de prélever sur son compte une somme pour la transférer au crédit d'une tierce personne : *L'Allemand a hoché la tête*

[…]. *Il a proposé un virement bancaire, et List s'est mis à rêver* (Yves Ravey, *L'Épave,* 2006).

VOL n. m. (déverbal de *voler* ; 1606, J. Bertaut). Le fait de s'emparer frauduleusement du bien d'autrui : *J'ai reconnu que toute la justice sociale reposait sur ces deux axiomes : le vol est condamnable ; le produit du vol est sacré* (A. France, *Crainquebille*, 1904). / **Vol domestique** (1648, Patin), **qualifié** (1690, Furetière), (vx) **à l'américaine** (1862, Canler), **à l'étalage** (1844), **à main armée, avec effraction, à la roulotte** (1821, Ansiaume), **à la tire** et **au rendez-moi** (1836, Vidocq), **au bonjour**, **à la carre** et **à l'esbrouf(f)e** (1821, Ansiaume), **à la cire** (1836, Vidocq), **à l'écornage** (1843), **au poivrier** (1855), **au pot** (1836, Vidocq), **au voyageur** (id.), etc. etc. Voir à l'ordre alphabétique, mais mollo ! Pas trop de définitions ! (cet honorable dico n'est quand même pas un manuel de détroussage des caves, qu'on se le dise !).

VOLER v. tr. (vers 1175, en fauconnerie le sujet désigne un chasseur : « pratiquer la chasse au vol », XIIe s., Benoît de Sainte-Maure ; sens moderne, 1539, Estienne ; ce verbe a supplanté *rober* et *embler*, v. ces mots). S'emparer frauduleusement et quel que soit le procédé utilisé, de ce qui appartient à autrui, avec l'intention de le faire sien : *Lui ayant tous juré foi et fidélité, ils commencèrent à détrousser et voler ceux qui par malheur se rencontrèrent devant eux sur le chemin* (*Histoire de la vie des voleurs*, texte anonyme de 1718). *Le vieux précepte « Tu ne voleras pas » est excellent ; mais il exige aujourd'hui un corollaire : « Tu ne te laisseras pas voler ». Et dans quelle mesure faut-il ne pas voler, afin de ne point se laisser voler* ? (Georges Darien, *Le Voleur*, 1897) • DICTON : **Qui vole un œuf vole un bœuf** : pas si sûr, faut avoir de la place ; l'inverse **Qui vole un bœuf vole un œuf** est bien plus simple, et moins encombrant… Syn. *dérober, prendre, soustraire, subtiliser* • DÉR. **volerie** n. f. (de *voler* ; 1540, *Amadis*). Anc. Action de commettre en secret et avec adresse un vol, une série de vols de peu d'importance.

VOLEUR, EUSE adj. et n. (de *voler* ; 1516, *Journal d'un bourgeois de Paris sous le règne de François Ier*). Personne qui s'approprie indûment le bien d'autrui : *La loi peut avoir des motifs pour traiter différemment le voleur et son complice ou son instigateur, mais en morale le délit est le même* (Condorcet, *Réflexions sur l'esclavage des nègres*, 1781). *En les dépouillant d'une partie de leurs biens, en donnant de l'air aux trésors enfouis, les bons voleurs ont rétabli l'équilibre* (Octave Mirbeau, *Le Journal d'une femme de chambre*, 1900). *Contrairement à l'usage, il* [le directeur de la prison] *n'exigeait pas des voleuses et des entremetteuses qu'elles fussent parfaites parce qu'elles étaient punies* (A. France, *Crainquebille*, 1904). *C'est à la Santé justement que j'ai appris à reconnaître la dégaine et la physionomie internationale des voleurs, ces excellents Européens, ennemis des frontières – et des douanes* (Léon Daudet, *Mémoires,* 1928).

VOLTAIRE n. m. (à l'effigie du philosophe ; 1967, Léo Malet). Billet de mille anciens francs.

VRENELI n. m. (origine obscure ; 1978, Université de Neuchâtel). En Suisse romande, pièce de vingt francs, en or, de valeur supérieure au billet.

WON n. m. Unité monétaire principale des deux Corées : *En Corée du Nord, on ne plaisante pas avec les réformes ratées. Pour avoir réévalué le won et provoqué un désastre monétaire, le ministre des Finances Pak-Nam-Ki a été fusillé* (*Le Canard enchaîné*, 24 mars 2010). Voilà, si je ne m'abuse, un exemple authentique de rigueur budgétaire !

Y ALLER DE loc. fam. (1863, Littré). Risquer (une somme, débourser).

YEN n. m. (mot japonais ; 1892, Goncourt). Unité monétaire du Japon : *Comme dit l'avide Hamlet de l'Empire du Soleil Levant : Yen a, or yen a pas* ?

YUAN n. m. (mot chinois signifiant « rond » ; 1949). Unité monétaire de la République populaire de Chine : *Karel de Gucht* [membre d'une Commission de Bruxelles] *au commerce, s'en prend avec un franc-parler inédit, à la « sous-évaluation » du yuan chinois* (P. Ricard, *Le Monde*, 15 janvier 2010).

ZÉYO n. m. (origine peu sûre, p.-ê. verlan de *oseille* ; 2007, *Lexik des cités*). Arg. Argent.

ZINC n. m. (1872, D. Poulot). Pop. Menue monnaie de métal. Syn. *ferraille*, *mitraille*.

ZINZINS V. *emprunter* et *investir.*

ZLOTY n. m. (mot polonais, de *zloto*, « or » ; substitué en avril 1924 au *mark* polonais). Unité monétaire polonaise : *Il simula un tour de passe-passe et fit miroiter une pièce de dix zlotys* (Jean Malaquais, *Les Javanais*, 1939).

ZOZOTTE n. f. (1901, A. Bruant). Vx. Monnaie.

Liste des auteurs mis à contribution (directe)

Lexicographes

Bauche Henri
Bergeron Léandre (Québec)
Cotgrave Randle
Datations et documents lexicographiques
Dict. de l'Acad. fr.
Darmsteter Arsène
Doppagne Albert
FEW (Wartburg)
Furetière Antoine
Godefroy
Haust Jean
La Curne
Larousse Pierre
Littré Émile
Nicollier Alain (CH)
Nicot
Pomey
Rey Alain
Robert
Robert & Collins (bilingue anglais-français)
Sachs-Villatte
Snell Honoré (Genève)
TLF (Atilf de Nancy)
Webster (monolingue américain)

Argotiers

Alhoy
Ansiaume
Ayne Louis
Bruant Aristide
Caradec François
Cellard Jacques
Chéreau Olivier
Clémens
Delvau Alfred
Duneton Claude
Esnault Gaston
Fustier Gustave
Leclair
Lermina et Lévêque
Merle Pierre
Moreau-Christophe
Raspail
Rigaud Lucien
Rossignol Gustave-Armand
Sainéan Lazare
Vidocq
Virmaître Charles

Auteurs

Allais Alphonse
Arrivé Michel
Attali Jacques
Balzac Honoré de
Barbusse Henri
Barrès Maurice
Benacquista Tonino
Bercy (Léon de)
Bernard Tristan
Bloy Léon
Bouchot Henri
Boudard Alphonse
Bove Emmanuel
Bussy-Rabutin

Carco Francis
Céline Louis-Ferdinand
Cendrars Blaise
Chênedollé
Chrétien de Troyes
Condorcet
Courier Paul-Louis
Courteline Georges
Dabit Eugène
Daudet Alphonse
Daudet Léon
Dimey Bernard
Donnay Maurice
Dubois Claude
Dubut de Laforest
Dumas Alexandre
Erckmann-Chatrian
Ferré Léo
France Anatole
Gaboriau Émile
Galtier-Boissière Jean
Gascar Pierre
Goron Marie-François
Hugo Victor
Humbert Alphonse
Jarry Alfred
Jaurès Jean
Kock (Paul de)
La Bruyère
La Fontaine
Leblanc Maurice
Le Breton Auguste
Leroux Gaston
L'Hôte Jean
Lorrain Jean
Malaquais Jean
Malet Léo
Meusy Victor
Mme de Lafayette
Maupassant (Guy de)
Méténier Oscar
Mirbeau Octave
Molière
Monnier Henri
Monfreid (Henri de)
Morand Paul
Némirovsky Irène
Neuter (Adolphe de)
Nodier Charles
Nolat André
Page Alain
Paraz Albert
Pécherot Patrick
Ponchon Raoul
Ponson du Terrail
Porquet Jean-Luc
Prévert Jacques
Rabelais François
Ravey Yves
Raynaud Fernand
Richepin Jean
Rictus Jehan
Robida Albert
Roulet (Daniel de)
Sarrazin Albertine
Simonin Albert
Stendhal
Sue Eugène
Touraine Alain
Trénet Charles
Trignol Fernand
Vallès Jules
Vautel Clément
Véry Pierre
Vidocq
Voltaire

Achevé d'imprimer sur rotative par l'Imprimerie Darantiere à Dijon-Quetigny
en août 2010 - Dépôt légal : août 2010 - N° d'impression : 10-1091

Imprimé en France